U0572682

本书出版得到

国家科技支撑计划课题“文物保护传承和

创新技术应用研究与示范”项目资助

（课题编号：2015BAK01B01）

洛阳大遗址航空摄影考古

中国国家博物馆
洛阳市文物考古研究院　编著

文物出版社

图书在版编目（CIP）数据

洛阳大遗址航空摄影考古 / 中国国家博物馆，洛阳市文物考古研究院编著. -- 北京：文物出版社，2017.7

ISBN 978-7-5010-5098-7

Ⅰ. ①洛…　Ⅱ. ①中…　②洛……　Ⅲ. ①文化遗址—考古—洛阳　Ⅳ. ①K878

中国版本图书馆CIP数据核字（2017）第095641号

洛阳大遗址航空摄影考古

编　　著：中 国 国 家 博 物 馆
洛阳市文物考古研究院

责任编辑：杨新改
装帧设计：李　红
责任印制：梁秋卉

出版发行：文物出版社
社　　址：北京市东直门内北小街2号楼
邮　　编：100007
网　　址：http://www.wenwu.com
邮　　箱：web@wenwu.com
经　　销：新华书店
印　　刷：北京荣宝燕泰印务有限公司
开　　本：889mm × 1194mm　1/16
印　　张：19.25
版　　次：2017年7月第1版
印　　次：2017年7月第1次印刷
书　　号：ISBN 978-7-5010-5098-7
定　　价：460.00元

Aerial Photographic Archaeology of Large Sites in Luoyang

National Museum of China
Luoyang Municipal Institute of Cultural Relics and Archaeology

Cultural Relics Press

本书编辑委员会

主　　任　吕章申

副 主 任　杨　林　朱　亮　史家珍

编　　委（按姓氏音序排列）

陈成军　董　卫　史家珍

杨　林　张　威　周　立

朱凤瀚　朱　亮

主　　编　杨　林

副 主 编　朱　亮　周　立

编　　辑（按姓氏音序排列）

程永建　高　虎　李　刚

吕振洲　商春芳　王　阁

严　辉　姚乐音　俞凉亘

地图编绘　胡小宝　胡　瑞　安　忻

目 录

序言

俞伟超先生是我国航空遥感考古事业的创始人。20 世纪 50 年代，他在北京大学就读时就萌发了在考古研究中运用航空摄影这样一个梦想。在《遥感考古学》序言中，他深情回忆了当时的情景："在书中看到过一些国外的空中拍摄的遗址照片，那时，我国刚会自己制造飞机，田野考古队伍只有数十人，要进行航空摄影考古工作，只能是一个远不可及的梦想，但这个梦想在我以后的考古生涯中，却始终萦念于怀。"

1987 年，时任中国历史博物馆馆长的俞伟超先生赴德国参加学术会议，参观波鸿鲁尔大学历史系，并结识了史前考古专业的平格尔教授和攻读考古专业博士学位的宋宝泉先生，遂开始思考如何在中国推动航空遥感考古工作，由此拉开了中国航空遥感考古筹备工作的序幕。

1992 ~ 1994 年间，波鸿鲁尔大学的平格尔教授、宋宝泉博士与中国历史博物馆进行了密切联系，于 1994 年 3 月签署《在中华人民共和国合作开展现代航空摄影考古意向书》，并促成国家文物局、中国历史博物馆、地质矿产部航遥中心三方组成考察团，于 1994 年 6 月赴德国考察航空摄影考古项目，洽谈中德合作事宜。1994 年 8 月，波鸿鲁尔大学历史系向国家文物局提出在中国开展航空摄影考古项目的正式申请。同年 9 月，中、德航空摄影考古项目获德国大众汽车基金会资助研究经费 100 万马克。中国航空遥感考古工作初见曙光。

在以后一年多的时间里，为解决资金、设备、人员及技术，特别是航空遥感考古项目所涉及的空域管制等诸多问题，做了各种申请和大量疏通与协调工作。经过不懈努力，最终获得相关部门有条件的许可，中国航空遥感考古工作开始步入实施的日程。

1996年3月，国家文物局正式批准在中国历史博物馆成立航空摄影考古工作小组，俞伟超馆长兼任组长。同时，文化部、国家文物局将发展遥感与航空摄影考古列入“中国文博事业九五发展规划和2010年远景目标”，并将在中国启动“航空摄影考古”工作列为文化部1996年工作重点。

经过中、德双方的紧张筹备和对调查目标的谨慎选择，在通过军方空域审批后，最终决定将洛阳盆地作为中国航空摄影考古的首个航空摄影研究区。在此期间，国家文物局考古处的关强同志在项目筹备和实施过程中给予了很大支持。

1996年5月11日，中国历史博物馆、波鸿鲁尔大学、洛阳市文物管理委员会办公室的航空考古人员搭乘运5型飞机，历经11天，13次起降，完成了洛阳盆地的二里头遗址、偃师商城遗址、汉魏洛阳城遗址、隋唐洛阳城遗址、邙山墓群五大遗址的航空摄影调查。为试验不同机型在航空摄影考古中的适应性，在第二轮航空摄影调查中使用R22型直升机，于5月21 ~ 27日，6次起降，再次飞越上述五大遗址进行空中观察与航摄。以上两种机型执行的两轮飞行，共拍摄遗迹90余处。这次航空摄影考古调查规模庞大，内容复杂，飞行区域地跨洛阳、偃师、巩义、郑州及安阳等地，锻炼了队伍，成功地翻开了中国航空遥感考古事业的第一页。由于实施季节适宜，地表植被标志较为显著，发现了诸多麦田长势异常现象，尤其是在二里头遗址、偃师商城遗址、汉魏洛阳城遗址拍摄的彩色航片，为地下遗迹的判读提供了线索。洛阳大遗址航空摄影考古项目实施之后，中国历史博物馆的航空摄影考古工作小组升格为遥感与航空摄影考古研究中心，以后又陆续执行了内蒙古东南部航空摄影考古、内蒙古中部航空摄影考古项目。

2003年2月，中国国家博物馆在中国历史博物馆和中国革命博物馆基础上重新组建，我馆的航空遥感考古工作进入一个新的历史时期。2004～2005年，我馆遥感与航空摄影考古研究中心与陕西省考古研究所合作，用高光谱及热红外遥感结合地面考察方式探寻西周初的王陵；2006年，与内蒙古文物考古研究合作，在内蒙古额济纳旗首次使用低空数字航摄技术，对居延遗址群及黑城遗址进行了考古勘察。在相对困难的条件下，遥感与航空摄影考古研究中心与地方考古部门通力合作，在与国际学术界接轨方面也付出了艰辛的努力。

2011年3月，中国国家博物馆新馆建成并对外开放，我馆各项事业实现了历史性跨越，航空遥感考古工作也迎来新的历史发展契机。尽管卫星遥感和无人机遥感技术虽已日趋普及，但从综合技术水平和执行效率考虑，载人机航空遥感在今后仍然是不可替代的。只有继续发扬勇于开拓创新的精神，提高机载设备的研发、集成和数据综合处理水平，我们才能为我国的航空遥感考古事业做出新的贡献。因此，《洛阳大遗址航空摄影考古》一书的出版，不仅是为了纪念中国航空遥感考古开展20周年，回顾20年前那些令人难以忘怀的洛阳大遗址载人机航空摄影考古工作，亦是我馆乃至我国航空遥感考古事业谋求更大发展的新起点。

吕章申

中国国家博物馆馆长

前言

近年来随着我国社会的发展和科学技术的进步，遥感考古工作已在全国范围内广泛开展起来，并取得了辉煌的成就。而在这一领域的初步尝试则是于20世纪90年代中期在著名古都洛阳开始的。

1996年4月26日~5月28日，在我国著名考古学家俞伟超先生的主持下，中国历史博物馆（现中国国家博物馆）航空摄影考古工作小组与洛阳市文物管理委员会办公室（现洛阳市文物局）等单位合作进行了我国历史上首次航空摄影考古勘察实践，有效勘察飞行时间40多小时，飞行范围1000多平方千米，勘察拍摄了大量珍贵的考古影像资料，为我国航空摄影考古工作积累了宝贵经验。

由于这次航空摄影考古工作带有试验性，而且主持和参加工作的部分同志相继离开了工作小组，使得这批重要的考古资料未能及时进行整理研究，被长期搁置。为了使这次考古工作的成果早日在学术界发挥作用，也为了配合正在进行的洛阳大遗址保护工作，2006年，在国家文物局领导的支持下，中国国家博物馆和洛阳市文物工作队决定再度合作，共同完成这批资料的整理出版任务。同时为了使研究内容更加丰富和全面，决定由中国国家博物馆提供一批20世纪60~70年代的航空照片作为参考资料，并将此次航空勘察拍摄中未能涉及的东周王城和隋唐洛阳城遗址也收入其中。

我们开展这项工作的初衷是对1996年洛阳航空摄影资料进行全面、系统地整理，出版研究报告，但是由于当时的工作尚处于起步阶段，特别是参与整理工作的地方业务人员大多缺乏航空考古知识和经验，难以达到预期的目的。因此，在整理工作中我们在公布此次航空考古资料的同时，结合洛阳近年的考古成果对洛阳五大都城遗址和邙山陵墓群遗址进行全面展示和介绍（对东周王城和隋唐洛阳城遗址的介绍则以洛阳考古资料为主），以求对洛阳大遗址有更加清晰和全面的认识，为洛阳的大遗址保护工作提供借鉴。而航片中的另一部分内容如龙门石窟、洛阳老城、巩义宋陵等，则暂时未予涉及。

2005年以来，国家实施了大遗址保护工程，洛阳作为我国著名的古都和历史文化名城，以其丰厚的历史文化蕴蓄和文物资源，成为国家文物局重点支持的大遗址保护片区之一。在这里的洛河沿岸东西不足50千米的范围内，分布着五座古代都城遗址，其中二里头、偃师商城、汉魏洛阳故城、隋唐洛阳城遗址被列为国家文物局和财政部在《全国大遗址保护规划纲要》中首批确定的36处重点保护对象。东周王城遗址已于近期被批准为全国重点文物保护单位。位于洛阳北部和东北部的邙山陵墓群则被列入“十一五”期间国家重点保护的100处大遗址名单。大遗址保护是历史文化遗产保护中的新领域，呼唤从科技理念、技术手段等方面的创新和多学科合作。我们把航空考古的成果与地面考古成果结合起来，应用到大遗址保护工作中，希望能够更好地推动洛阳大遗址保护工作的健康发展。

周 立

洛阳市文物考古研究院党总支书记、副院长

洛阳地理环境与历史沿革

◎ 朱 亮

洛阳位于我国黄河中下游交汇地带的南岸，素有“天下之中”、“九州腹地”之称。现属河南省西部，市辖7区、8县和1个县级市，市域面积15208平方千米，地理坐标为北纬33°39′～35°05′，东经111°08′～113°00′，为秦岭山地和黄土高原的东部边缘。地势西南高东北低，处于我国地势的第二阶梯和第三阶梯之间，具有向东部冲积平原过渡的明显态势。洛阳地貌复杂多样，三面环山，北亘黄河。山地多分布在西南至东南部一线，主要山脉有崤山、熊耳山、伏牛山、外方山等。西部和北部主要为黄土丘陵地带。域内山水纵横，形势险要。洛河和伊河是域内最大的两条河流。它们分别发源于栾川西部山地和陕西南部的秦巴山地，在偃师境内汇合为伊洛河，至巩义的洛口村注入黄河。在两河的下游形成了呈三级阶地的冲积平原（图1）。

伊、洛河下游平原外围群山环抱，形成了在中国文明史上具有重要意义的洛阳盆地。盆地平面呈椭圆形，东西狭长，西北部为邙山黄土丘陵，西南部为崤山支脉的周山，东南部为嵩山及其余脉万安山低山丘陵。其中邙山海拔300米左右，是黄河与洛河的分水岭，也是古洛阳的北部屏障。中岳嵩山是洛河与汝河、颍河等淮河水系的分水岭，它与万安山、伏牛山共同构成了洛阳的东、南部屏障。洛阳盆地在地质学上属凹陷盆地，其地势自西向东倾斜，海拔约120～200米，总面积达1000平方千米以上。盆地内西高东低，中部平坦，伊、洛、瀍、涧诸水纵横其间，土地肥美，物产丰饶，农业经济发达。相对封闭的自然环境有利于盆地内部的安全防卫，周围山峦相交处形成的天然交通孔道便利内外通行。在各重要道路的险要处历代多设有关隘要塞，即所谓西据崤函，东扼虎牢，南对伊阙、轘辕，北有黄河天险。诚如明代顾炎武所赞“河山拱戴，形胜甲于天下”[1]，自古为兵家必争之战略要地（图 2、3）。

洛阳属北亚热带向暖温带过渡的气候带，四季分明，温和多样，平均气温 14.7°C；年平均降雨量 546 毫米左右，全年光照充足，无霜期长达 250 天左右，十分适宜多元性农业经济的发展，属于我国粟作农业和稻作农业的过渡地带。

考古资料和研究显示，洛阳自古以来就有十分优越的自然环境和气候条件。20 世纪中叶以来，在洛阳及其附近的洛宁、汝阳、伊川、嵩县等地都曾发现了属于更新世中期的中国鬣狗、梅氏犀牛的骨骼化石和属更新世晚期的诺氏古菱齿象、普氏野马、

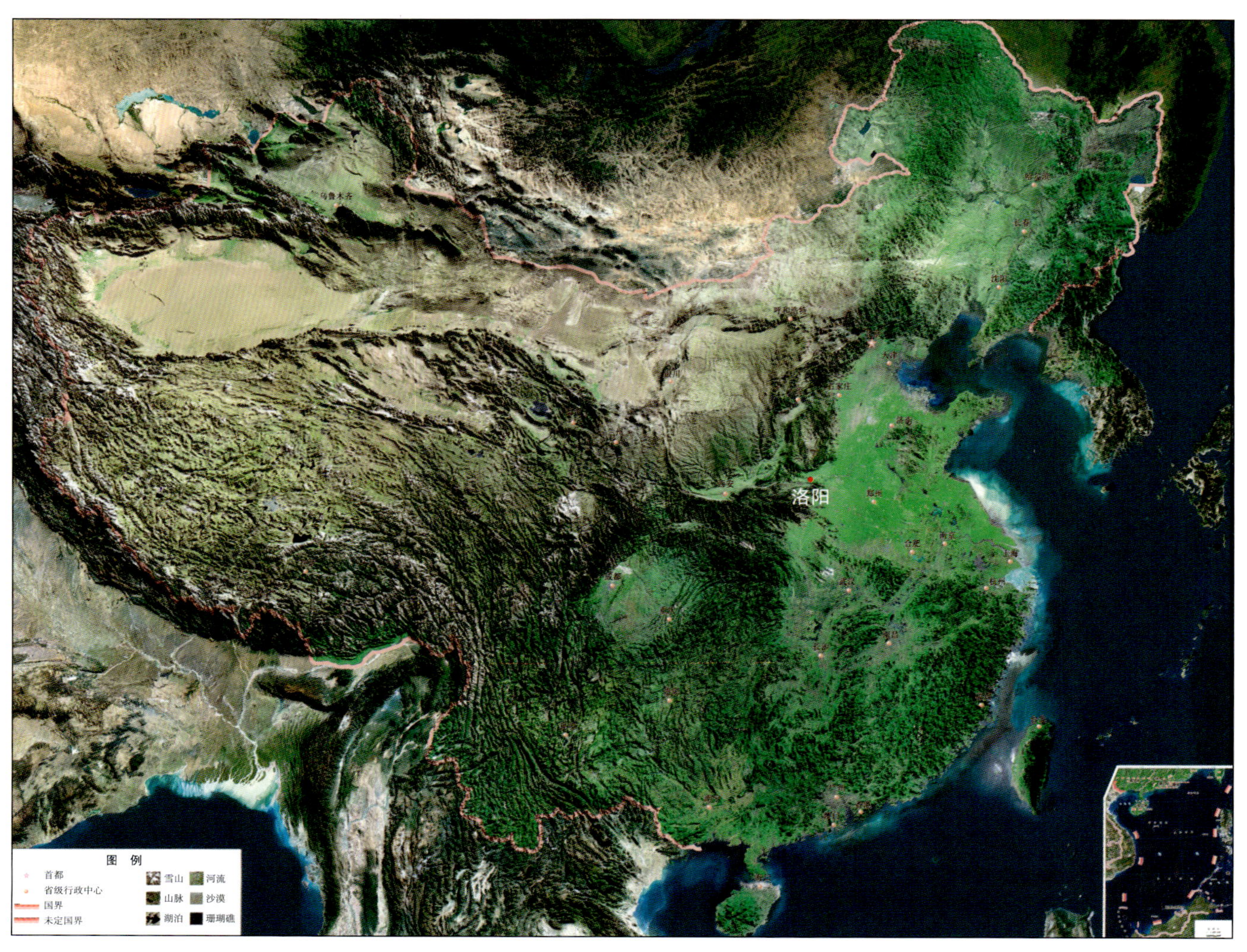

图 1　洛阳地理位置图（由中国资源卫星应用中心提供）

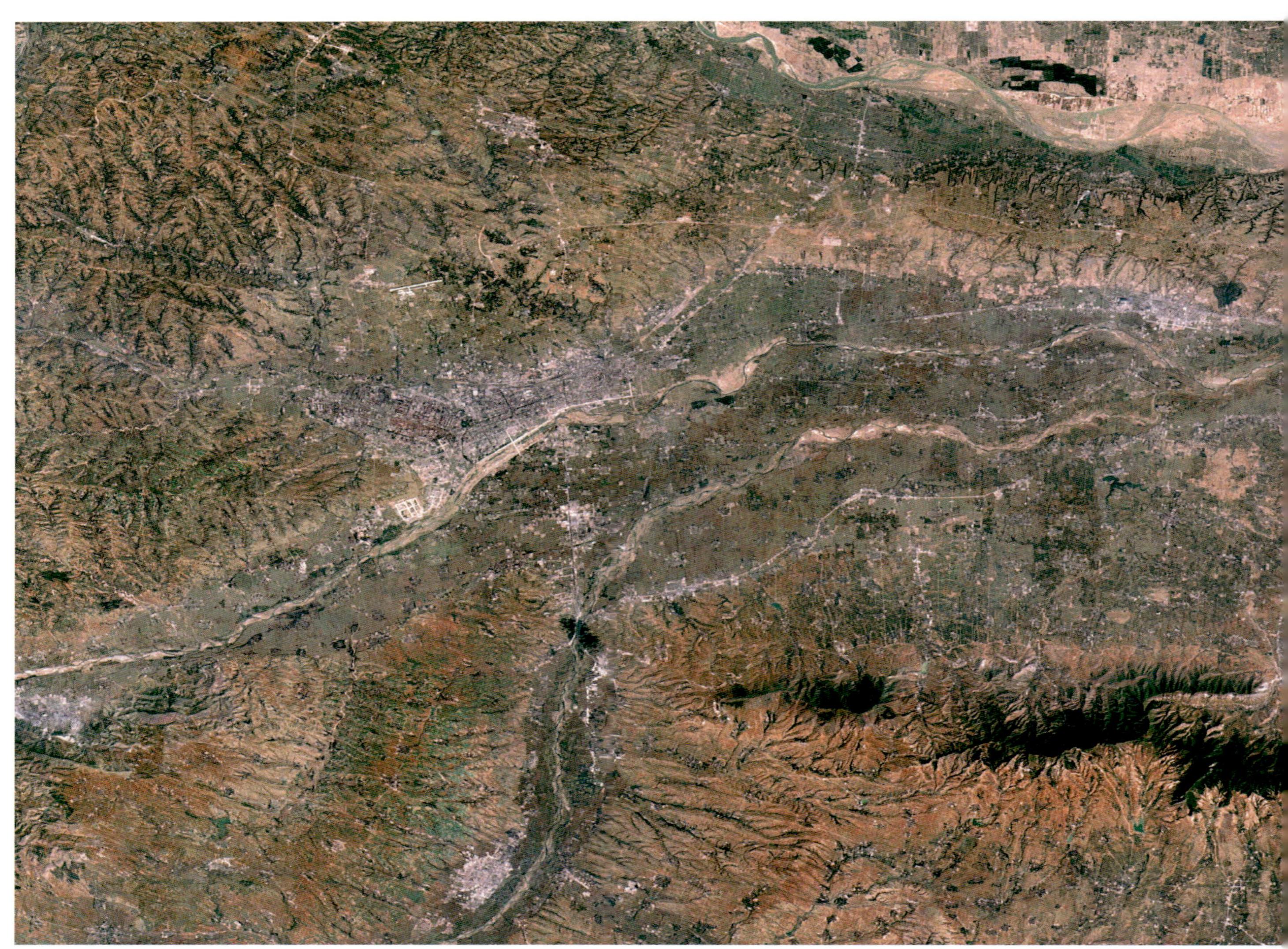

图 2　洛阳盆地地貌图（1996 年）

水牛的牙齿和骨骼化石[2]，有的地点还同时出土打制石器。这些都是研究当时洛阳自然环境和气候变迁的重要资料，表明在更新世中晚期这里是属于温暖而湿润的热带或亚热带气候，分布有河流、沼泽、稀疏的丛林和较高的山脉。虽然更新世晚期时这里接受了大面积马兰黄土的堆积，使得气候状况出现波动，但总体上讲当时的气候环境是有利于古人类劳动生息的[3]。

1998 年洛阳首次科学发掘了北窑旧石器遗址。在层位确定的黄土地层中获得分布

连续的石制品近 800 件，并发现少量动物化石和人类用火的痕迹。这些石器的制作技术具有明显的南方旧石器文化传统的某些特征，而石制品的形态属于北方旧石器文化传统。该遗址反映了旧石器文化的南北交流，对于研究洛阳地区古代气候变迁与人类生存环境具有重要意义。研究者根据石制品的分布、黄土—古土壤序列以及黄土、古土壤磁化率的变化，对古人类活动与气候环境的关系作了分析，认为在距今 10 万 ~ 3 万年间这里一直是古人类活动的场所。第 5 层棕红色古土壤，具剖面中最高的磁化率值，是强烈成土作用的产物，说明当时属温暖湿润的间冰期气候。第 4 层马兰黄土，具剖面中次高的磁化率值，经历过较强的成土作用，反映出比较温暖湿润的气候环境。第 3 层和第 1 层马兰黄土，具剖面中最低的磁化率，成土作用微弱，推测当时已进入末次冰期，气候寒冷干燥[4]。

20 世纪 90 年代以来，随着环境考古学的发展和许多新的科学技术在考古工作中的应用，全新世时期洛阳的自然环境和气候状况得到深入研究。学者们运用对洛河南岸二级阶地上的皂角树遗址考古剖面和孟津县城附近邙山黄土台塬上的寺河南遗址和大阳河遗址发现的全新世的湖沼相堆积剖面（寺河南剖面）和黄土—古土壤剖面（大阳河剖面）沉积特征的野外观察与数据分析等方法，取得较清晰认识。

全新世早期阶段（距今 12000 ~ 8000 年），洛阳的气候特征接近西北草原气候，

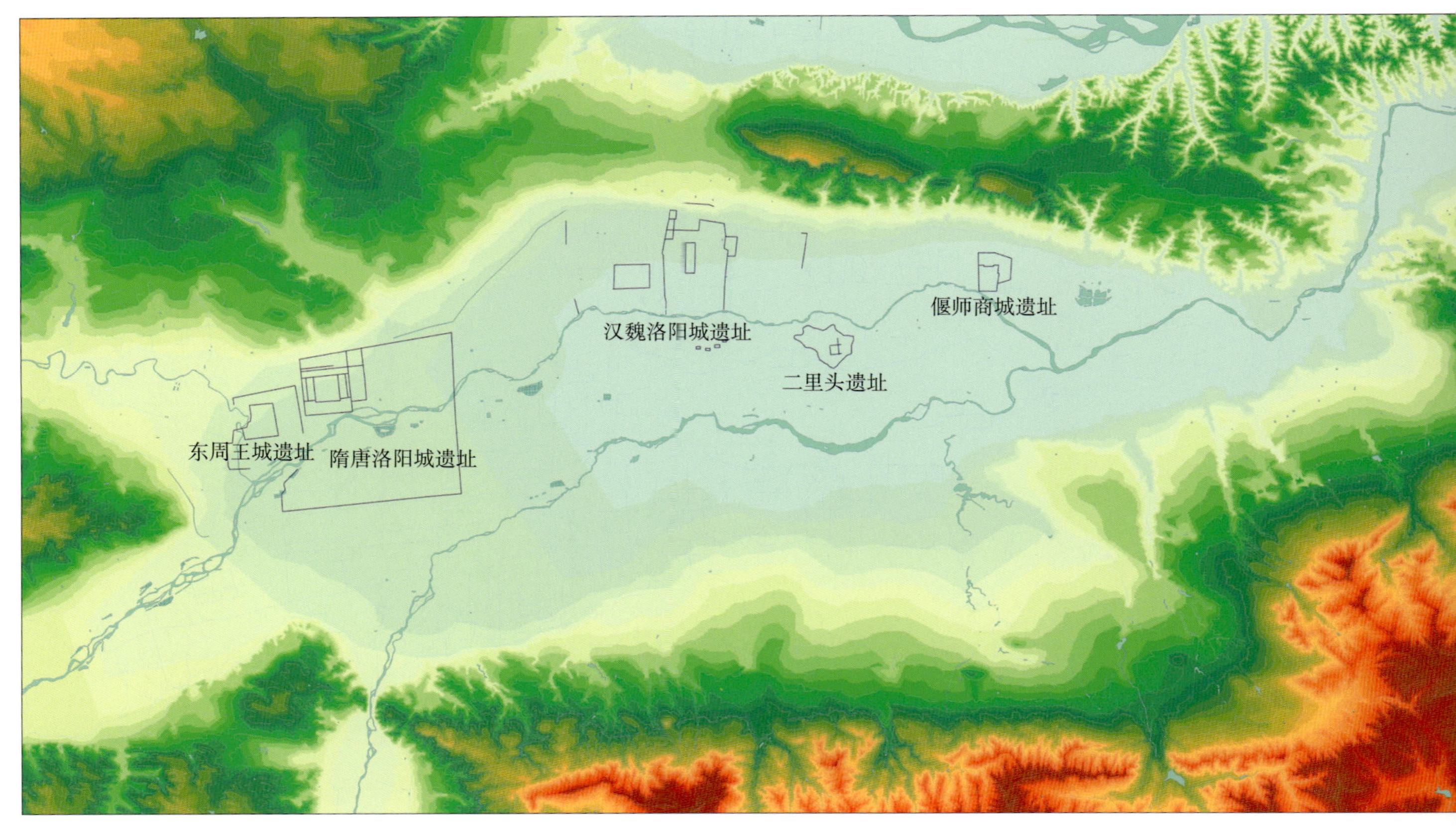

图 3　洛阳盆地 DEM（数字高程模型）

期间存在两干夹一湿趋向的次级气候波动。中期阶段（距今 8000 ~ 3000 年），气候比较温暖湿润，在特征上更向长江中下游现代气候特征靠近。在总体湿润的背景中存在若干相对温度降低、降水减少而变旱的气候次级波动。晚期阶段（距今 3000 年以来），气候趋向干旱化。在此阶段内部仍存在气候波动，汉末唐初以及东周初为相对干冷时段，其余为相对温湿时段[5]。

具体来说，在裴李岗文化晚期至仰韶文化（距今 7020 ~ 5660 年）和河南龙山文化晚期至二里头文化晚期（距今 4610 ~ 3755 年），洛阳地区的气候经历了两次温暖湿润的时期，其间在仰韶文化晚期至河南龙山文化中期（距今 5660 ~ 4610 年）出现了一次气候波动。河南龙山中期以后，由于当时气候温暖湿润，湖泊面积较大，人类主要生活在地势相对较高的湖岸地带，这里古土壤发育，适宜于人类居住。二里头文化中期至商代晚期（距今 3755 ~ 3055 年），湖泊萎缩干涸，古土壤发育停止，被黄土沉积所取代，气候逐渐向冷干方向发展。人类活动向低处转移，直至占据湖积平原[6]。

上述研究成果还得到了寺河南剖面高分辨率孢粉分析的印证[7]。

优越的地理环境和气候条件使洛阳成为华夏文明重要的发祥地和历代王朝争相建都的地方。

多年来，在洛阳南部的栾川县先后发现了属更新世中期至晚期的洞穴遗址和旧石器地点 10 多处。其中龙泉洞遗址内发现了包括动物化石、石器、骨器和灰烬等各类遗物1000多件，其年代经过测定距今约4.5万年，是一处内涵丰富的旧石器时代洞穴遗址。蝙蝠洞遗址中发现了一颗人牙化石，是河南境内发现的第一个含古人类化石的洞穴遗址。近期发掘的孙家洞遗址不仅发现了鹿、牛、羊、熊、鬣狗、野猪、犀等众多的动物化石和石制品，同时还发现了古人类牙齿化石六颗。这是河南境内首次有明确出土地层的中更新世时期的直立人牙齿化石，对于研究人类起源及演化有着重要的科学意义[8]。栾川位于秦岭以南、淮河以北，地理位置处于中国自然地理南北分界线上，是气候和自然环境的过渡地带，该区域是人类迁徙演化和动物群交流的通道，对于研究过渡区域动物群面貌、动物地理区系演化、古环境变迁和南北方古人类文化的交流有重要作用[9]，突出表现出洛阳早期文化的先进性。

古史传说时代，洛阳是“三皇五帝”的主要活动区域，反映在考古学上主要是新石器时代遗存。目前，洛阳已发现各时期聚落遗址 500 余处，经发掘的有 30 多处。这些遗址的文化内涵十分丰富，其中相当一部分包含了仰韶和龙山时期的文化遗存，有的甚至还同时含有裴李岗文化和二里头文化遗存。

目前发现的裴李岗文化遗址主要有孟津寨根、朱寨和偃师高崖、马涧沟等。寨根遗址是一处裴李岗文化至龙山文化时期的遗址[10]。遗址地处黄河南岸的高台地上。裴李岗文化堆积丰富，陶器器形和纹饰表现出了与河南中部同时期遗存的一定差别，特别是厚重无足的长方形石磨盘和短而粗的石磨棒更反映出明显的地方特点。同时该遗址还发现了仰韶文化王湾类型压在裴李岗文化之上的地层叠压关系，为研究两者的渊源关系提供了地层依据。这些发现成为洛阳考古学文化序列中的重要内容和环节。

继裴李岗文化之后的仰韶文化是洛阳新石器文化中最重要的内容之一。在黄河及其支流诸河的岸边台地上均有发现，遗址的密集程度前所未有。1959 ~ 1960年发掘的王湾遗址[11]，文化内涵十分丰富，它不仅包含了大量的仰韶文化和龙山文化遗存，而且发现了介于两者之间具有过渡性质的王湾二期文化遗存。王湾一期文化在洛阳地区仰韶文化遗存中具有代表性。以往研究中常把洛阳的仰韶文化遗存归为庙底沟类型，但从王湾遗址的情况看，其受半坡类型的影响也是显而易见的，文化面貌兼有半坡和庙底沟类型的文化特征又各有区别[12]。同时由于与大河村类型的分布区域相近，两者关系也很密切。因此，许多学者将其单独划为一个类型。在洛阳地区已发掘的这类文化遗存还有西高崖一期、矬李一期、寨根五层等。

王湾二期文化是直接承袭王湾一期文化发展而来的。它的前段属仰韶文化晚期，后段为河南龙山文化早期，其内涵接近于庙底沟二期文化。该文化的发现把这一地区的仰韶文化和龙山文化紧密连接起来，为建立较完备的考古学年代序列创造了条件[13]。

含有王湾二期文化遗存的遗址目前已发现60余处，其中1996年发掘的孟津县妯娌遗址是一处较完整的聚落遗址[14]。在3450平方米的发掘面积中发现了居住区、仓窖区、墓葬区和制作石器的工场以及具有防护作用的壕沟，出土了一大批陶、石、骨、蚌器等遗物，其中直径20厘米的大石璧和造型独特的“铙形品”具有一定的礼仪性质。清理出的56座墓葬中除单人葬墓外，还有一座四人合葬墓和一座长5.15、宽4.05米的大型墓，并且不同形制墓葬的随葬品也表现出明显的等级差别，这对于探讨当时的聚落形态、社会组织和历史发展阶段等具有重要意义。

河南龙山文化遗址在洛阳地区的分布也非常广泛，学术界称之为“王湾类型”。已发掘的重要遗址除王湾外，还有矬李、小潘沟、东杨村、西吕庙等。各遗址的地层关系和陶器演变情况表明，它是由王湾二期文化直接发展而来的。另一方面，王湾类型龙山文化面貌复杂，陶器中所见具有大汶口文化因素的背壶，具有陕西龙山文化因素的单把鬲、单把鼎，具有豫东龙山文化和屈家岭文化因素的爵、甗、觚、高柄杯、平底盆等，都反映出其明显受到周边文化的影响，它的文化内涵已超出王湾三期遗存本身，分布范围也明显扩大。后来在临汝煤山遗址又发现了属于河南龙山文化晚期的煤山一、二期文化遗存，即“煤山类型”[15]。事实上在许多已发掘的王湾类型遗址中都发现了王湾三期遗存和煤山一期遗存共存的现象。通过对煤山、小潘沟、西吕庙等遗址的发掘和分期研究，证明了王湾三期文化发展为煤山一期文化的早晚递嬗关系，它们是同属一种文化的两个发展阶段[16]。煤山、矬李等遗址更是发现了王湾三期、煤山一期和二里头文化的地层叠压关系，进一步清晰地展现出河南龙山文化逐步向文明社会迈进的足迹。

纵观上述考古资料，洛阳的远古文化丰富而连贯，尤其是进入新石器时代以后，从裴李岗文化到以王湾一期为代表的仰韶早、中期文化，到以王湾二期为代表的仰韶晚期和龙山早期文化，到以王湾三期和煤山一期为代表的龙山晚期文化，均表现出一脉相承的文化渊源关系和完整的区域文化体系。

进入文明社会，洛阳是夏王朝立国和活动的中心区域，“昔三代之居，皆在河洛之间”[17]。在王湾三期和煤山一期等河南龙山晚期文化基础上发展而来的二里头文化是这一时期的主要代表。目前在洛阳地区已发现二里头文化遗址近 200 处，居于该文化众多聚落遗址核心地位的是具有早期都邑性质的二里头遗址。二里头遗址位于洛阳市东约 18 千米。遗址东西长约 2400 米，南北最宽约 1900 米，现存面积约 300 万平方米。其中最重要的发现是由多处宫殿建筑、城墙基址和道路等遗迹组成的宫城区以及它们周边的围垣作坊区、祭祀遗存区和若干贵族居住区等。宫城略呈长方形，南北长约 360 米，东西宽 290 余米，面积约 10.8 万平方米。宫城外围的四条大路垂直相交，呈井字形分布，与宫城内外的大面积路土共同形成了纵横交错的主干道网。宫城内已发现两组有明确中轴线的大型建筑基址群。它们分别以 1 号、2 号两座大型基址为中心纵向布列，形成东西对称的格局，似已显示出“左祖右社”的布局[18]。目前共发现夯土建筑基址 30 多处，其中 1 号基址面积达 1 万多平方米，2 号基址的面积也有 4200 多平方米。如此规模的大型建筑基址为东亚地区所首见。其坐北朝南、中轴对称、封闭式结构以及土木建筑的技术工艺等，都与后世中国古代宫室营建规制一脉相承，突显出二里头遗址是一处经缜密规划、布局严整的大型都邑。而规划性的判明，对于探索中国文明的源流具有重要的标尺性意义[19]。

此外，二里头遗址还发现了中国最早的从事青铜器铸造、绿松石器制作的封闭式官营手工业作坊区和与宗教祭祀有关的建筑、墓葬和其他遗迹。在400余座墓葬中出土了中国最早的青铜礼乐器群、兵器群、玉器群等，它们与宫城内的大型礼制建筑一样，用来昭示早期王朝礼制传统，彰显出前所未有的“王朝气象”[20]。

长期以来，学者们通过对大量历史文献和考古资料的深入研究已基本确定了二里头文化是夏文化，二里头遗址则是夏代太康、仲康和桀所居之都城斟鄩[21]。它是洛阳建都史上第一座城址，也是迄今为止可以确认的我国最早的王朝都城遗址，有“华夏第一都”之称，也可谓“最早的中国”[22]。

公元前16世纪，商汤灭夏建立商朝，都西亳，成为在洛阳建都的第二个朝代。商汤灭夏后并没有以斟鄩为都，而是在其附近建设了一座新都城，并很快放弃了原东部的旧亳都迁入新都，史称西亳。“昔汤即桀于鸣条，而大城于亳。”[23]“汤受命而王，应天变夏作殷号……作宫邑于下洛之阳”[24]。1983年在偃师县城西部的尸乡沟一带发现了偃师商城遗址。

偃师商城遗址平面略呈长方形，面积190万平方米，由大城、小城和宫城三重城垣及多组宫殿建筑基址组成。

小城是偃师商城初建时所建，平面长方形，南北长1100米，东西宽740米。城内南部正中为宫城，北部为一般居住区。

宫城平面近方形，长宽各约200米，南面正中有宽敞的门道[25]。自南向北分布有宫殿基址、祭祀遗存和大型人造池苑遗址。其中宫殿建筑基址分为对称的东、西两区。东区的4、5、6号基址为宗庙建筑，西区前部的2、3、7号建筑主要是朝堂，后面的8号宫殿基址则为商王及其王后、嫔妃起居的寝宫。这种宗庙与朝寝左右并列的建筑格局，显然已经确立了宫、庙分离的原则。而西区内宫殿建筑的布局则体现出“前朝后寝”制度。这些原则和制度都为后世所继承。宫城北部的夯土墙内出土了数以百计与祭祀有关的家猪等动物遗骸，同时在一些特殊灰坑中还发现了显然是用于祭祀活动的动物和人的遗骸及大量小麦、水稻等农作物籽粒。这些发现证明商代宫城内有专供商王举行祭祀活动的场所[26]。

小城北部发现有中小型房址、窖穴、水井、灰坑和手工业作坊遗址，为平民和手工业者生活区和作坊区，表现出偃师商城的社会经济功能。

大城是在小城的基础上向北、向东延伸扩建而成的，南北最长为1700米，东西最宽为1215米，城墙厚度17 ~ 19米。从各城墙上钻探发现的缺口和道路走向推测偃师商城共有城门7座，目前经发掘确认的有4座，分别是东城墙上1座，西城墙上3座，其间有道路相通[27]。大城的建成是城市发展的产物，也反映出偃师商城的繁荣。

综上所述，偃师商城是一座规划严密、选址得当、主次分明、布局合理的古代都城。它是继二里头之后洛阳历史上的第二座都城遗址，其建设思想在洛阳都城建设史上起着承前启后的作用。商汤及以后数代帝王在此为都累计200余年，至第十一代商王仲丁时由此迁往隞都。洛阳一度失去了都城地位，但仍是商的军事重镇。

西周时期实行两都制，洛阳是周王朝控制东方，巩固其政权的政治、经济中心和军事基地，时称洛邑、新邑、新大邑、土中、中国等。成王以后又称成周，是与西部的宗周并存的东部都城。

早在灭商之前，周武王已清醒地认识到洛邑的战略地位。为了做好灭商的准备，他于牧野战前两年组织了“八百诸侯会盟津”。公元前1046年，武王率大军从这里渡过黄河，攻入朝歌，推翻了商王朝。灭商后武王率军返回洛邑驻留三月，并迁九鼎于洛邑，确定了建设东都洛邑的战略决策，欲“宅兹中国，自之乂民”[28]，并进行了前期准备和初步营建工作，“营周居于雒邑而后去”[29]。

武王死后周公辅政成王。在完成了平定三监和武庚之乱的东征后，便遵照武王生前的嘱托于成王五年开始大规模营建洛邑。据《逸周书·作雒》载：洛邑“南系洛水，北因于郏山，以为天下之大凑”。《尚书·洛诰》则记载了开工前召公来洛相宅的情况：“我乃卜涧水东、瀍水西，惟洛食；我又卜瀍水东，亦惟洛食。”据此推测西周洛邑的位置应在洛水北岸、邙山南麓的瀍河两岸。自20世纪70年代以来，在今瀍河两岸的岳家村、北窑村、东车站、泰山庙、东花坛、林校等地发现了铸铜作坊遗址、大型祭祀遗址、道路遗址及墓葬群和车马坑等大量西周遗迹。出土青铜器、陶瓷器、玉石器等类遗物数以万计。铜器铭文中涉及周王妃王姒、大保、召公、康伯、毛伯、虢公、蔡叔、荣中、史矢等，他们是西周王朝的高级官吏、封国国君、史官及其后代，也是成周城的管理者。此外，在今洛阳市东约15千米处的汉魏洛阳城遗址下层曾发现时代不晚于西周中晚期的夯土城墙基址[30]，有学者认为此或即武王驻洛时所建之成周遗址[31]。西周洛邑的建设为有效控制东方地区，巩固西周政权起了重要作用。

公元前770年，周平王东迁洛邑，史称东周。洛阳成为周王朝唯一的都城。东周都洛共515年，历二十五王。这一时期洛阳有王城和成周两座都城，均建于东周初年。王城位于涧河东岸，自平王至悼王及战国末年的赧王以此为都，遗址在今洛阳市西工区的大部和涧西区的东部。成周位于王城东北18千米，是在西周遗址上向北扩建而成的。敬王时因避王子朝之乱迁都于此，至慎靓王。此处后来又建成汉魏洛阳城。

王室东迁后的洛邑是全国政治、经济、文化的中心。作为天子和宗庙的所在地，其在都城建设、社会功能等各方面都得到了迅速的发展。关于东周王城的规制，《周礼·考工记》中有明确记载："匠人营国，方九里，旁三门。国中九经九纬。经涂九轨。左祖右社，面朝后市。市朝一夫……"从考古资料看，东周王城遗址平面略呈长方形，四周围有10～15米宽的夯土城墙，面积近10平方千米。王室和宗庙居于城内的西南部，已发现包括墙基、散水、排水、给水设施、池苑、暗渠等重要遗迹在内的各种建筑基址近10处。建筑规模之大，彰显出规格之高。王城内的西北隅集中了制陶、玉、石、骨、铜等多种作坊遗址，是东周王城的手工业作坊区。它与宫殿区东南部发现的80余座地下粮仓都表现了东周王城强大的经济功能。而考古工作中动辄出土数百枚空首布等货币则反映了王城内商业活动的繁荣。正如时人张仪所说："今三川周室，天下之市朝也"[32]。东周时期洛阳已是商遍天下，富冠海内的天下名都。

战国后期王室衰微，内乱不断。公元前441年，考王弑其兄而自立，居成周，封其弟揭于河南（王城），是为西周桓公。公元前367年，公子根背叛"西周"，在巩（今河南巩县西南）即位，周从此分裂为西周和东周两个小国。公元前256年，周赧王在王城向秦昭襄王投降，周王室灭亡。公元前249年秦又灭了在巩的东周封国，"东西周皆入于秦"。

秦灭东周后在洛阳置三川郡，治成周城，并在东周成周城基础上向南有所增扩。

公元前202年刘邦称帝后曾以洛阳为都4个月，后虽迁都长安，但因新宫尚未筑成，处理政务仍多居于洛阳。公元前205年，刘邦改三川郡为河南郡。汉时河南郡辖洛阳等周围22县，其中河南县在东周王城之内，遗址位于王城故址中部，既今洛阳市西工区内。两汉400余年这里一直是河南县城之所在。考古工作中曾发现城墙、道路、房基、粮仓、水井等遗迹。

公元8年，王莽篡汉，国号“新”。以洛阳为东都，改名宜阳。公元23年，新市、平林等农民起义军拥立的更始皇帝刘玄迁都洛阳。

公元25年刘秀建立东汉政权，都洛阳。东汉洛阳城是在两周城址的基础上向南扩展而成的，平面略为长方形，总面积约9.5平方千米。因其南北长约九里，东西宽约六里，故俗称“九六城”。城四面有城墙。城墙外有护城河，称阳渠。每面城墙各设城门3座。城内有纵横街道24条。城内最主要的建筑是南北二宫，宫内各建有宫殿二三十座。宫殿多建于高台之上，其间以阁道相连。古诗云“两宫遥相望，双阙百余尺”[33]，气势雄伟、高峻巍峨。除南北宫外，城内还有永安宫、永乐宫、东宫、西宫等其他大小宫苑和太尉府、司空府、洛阳寺等官署及河南郡、洛阳县的治所。城内外还建有上林苑、芳林苑、西苑等10多处苑囿建筑，为帝王权贵郊猎之所。城外南郊建有明堂、辟雍、灵台、太学等礼制建筑。城西建有中国最早的佛教寺院白马寺。东汉时期洛阳不仅是全国的政治、经济中心，也是科技文化的中心。“地动仪”、“浑天仪”、“蔡侯纸”、《汉书》、《论衡》、《说文解字》等历史上许多伟大的发明和不朽的著作都是在这里诞生的。印度高僧在白马寺中翻译出了中国最早的一批佛学经典。国家最高学府太学内学生达3000人，经学大师桓谭、贾逵、郑玄、马融等在校任教，校门前立有著名的《熹平石经》。作为首都洛阳还是当时最大的商贸城市和对外联系、往来交通的枢纽。城内外设有金市、马市和南市三个工商业市场，经营有铜铁器、纺织品、陶器、漆器等各类商品，品种丰富，货源充足。东汉洛阳漕运发达，建武二十四年（公元48年）重修了阳渠，明帝时又完成了黄河和汴渠的治理，不仅大大地促进了农业的发展，而且形成了更加便利的水运系统。

汉明帝时班超受命出使西域，经艰苦努力击败了亲匈奴势力，稳定了西域局势。永元三年（公元91年），和帝任命班超为西域都护，丝绸之路重新畅通，洛阳成为丝绸之路的东方起点。

东汉末年军阀混战，董卓战败后放火烧城，洛阳遭到历史上最严重的破坏。建安二十五年（220年），汉献帝被迫将皇位禅让给曹丕，东汉灭亡。

曹丕称帝建立魏国，仍都洛阳。对遭到破坏的东汉洛阳城进行了大规模修葺和改造。改变了南北宫对峙的城内布局，将宫城集中于都城北半部，南部设置为官署和居民区。宫城内宫殿密集，主要有太极殿、建始殿、昭阳殿、式乾殿、嘉福殿、仁寿殿、文昌殿、含章殿、徽音殿、云气殿、芙蓉殿、乾元殿等。中部为规模宏大的正殿太极殿，其南正对宫城正门阊阖门。

旧城西北角是全城的制高点，为了加强都城防御，魏明帝时开始在这里向外修建了金墉城。考古发掘显示，金墉城由三座南北相连的小城构成，南北长约1048米，东西宽约225米。城墙为夯土构筑。其中最南部与都城北墙相连的小城为曹魏时所建，另两座为北魏时增建。城内发现大小夯土建筑基址23处。在城墙外侧还发现了中国历史上最早的“马面”建筑[34]。作为帝王离宫和重要的军事堡垒，金墉城在屏障宫城，避险防乱中发挥了重要的作用。魏帝曹芳、曹奂及西晋时惠帝、杨皇后、贾皇后等被废后和北魏孝文帝初到洛时都曾在这里居住，动乱时期的许多战事也发生在这里。

曹魏时期对都城的修葺和改造，使洛阳城更加宏伟和完善，并对后世产生了巨大的影响。其城市布局和建筑形式等大都为西晋、北魏、北周所继承。

咸熙二年（265年），司马炎重演曹丕代汉故事，废魏自立，建立西晋政权，仍都洛阳。西晋时期，洛阳城基本维持了汉魏旧观，仅做了些局部的改动。如重修太学并扩大其规模，新建国子学于太学西侧。这一时期官僚富豪贪婪奢靡成风，除皇家宫室和苑囿外，城内还兴建了许多豪华的私人别墅和园林，著名的如“金谷园”、“潘岳园”、“左思园”等。

西晋末年发生永嘉之乱，匈奴贵族刘聪率军攻陷洛阳，晋怀帝、晋愍帝先后被杀，西晋灭亡。十六国时期后赵、前秦、前燕、后秦等少数民族政权先后占领洛阳，洛阳成为各族军阀混战的战场，再次受到巨大破坏。

北魏太和十七年（493年），孝文帝迁都洛阳，对洛阳城进行了全面修复和持续的扩建。除在汉晋城旧址上修复或重建了城墙、城门、宫城、金墉城及宫城内的大部分宫殿外，还在汉晋旧城之外新建了外郭城和里坊区，形成了从内到外，由宫城、内城和外郭城构成三重城垣的都城布局。宫城和内城基本沿袭了曹魏以来的建设格局，东汉曹魏西晋时的都城这时成为内城，其整体范围基本未变，城内布局略有调整。宫城位于内城北部稍偏西，为规整的长方形，南北长约 1398 米，东西宽 660 米。宫城南部为宫殿区，主要宫殿有太极殿、朝堂、太极前殿、式前殿、显阳殿、太极东堂、太极西堂等。在此范围内已发现夯土建筑遗址二三十处，并对中部的正殿太极殿和南部正门阊阖门进行了全面的考古发掘。太极殿由居中的中心殿址和东西两侧的附属建筑构成，中心殿址东西宽 100 余米，南北进深约 60 米，是目前汉魏洛阳城发现面积最大的单体建筑。其地高出周围地面约 4 米。阊阖门有独特的殿堂式门楼建筑和巨大的夯土双阙，双阙之上有楼观之类的阙楼建筑[35]。宫殿区以北是供王室休闲游乐的宫苑区。

新建的外郭城横跨洛河两岸，南面中部向外突出，整体呈倒置的“凸”字形。其东西和南北的长度均达到了 10 千米。外郭城内有纵横 11 条大道和 220 多个棋盘状格局的里坊以及包括大市、小市和四通市三大市场在内的众多市场。在建设外郭城的同时，这时期还制定和实行了一套严格的城市管理机构和制度。有学者认为将西周以来的里制和汉代以来出现的坊结合起来，按里坊制度布局与管理郭城，是北魏洛阳城的创举。古代里坊制度至此基本定型[36]。

北魏时佛教盛行，文成帝时已将佛教奉为国教，迁都后孝文帝、宣武帝等大兴佛法、广建寺院，洛阳成为佛教圣地，城内佛寺最多时达到 1367 所[37]。孝明帝时所建永宁寺是最著名的寺院，院内有九级木塔，高大宏伟，十分壮观。据《洛阳伽蓝记》卷一载，木塔“架木为之，举九十丈，有刹高十丈，合去地一千尺。去京师百里，已遥见之”。著名的佛教艺术宝库龙门石窟也是这时期开始凿造的。

北魏之后，洛阳又成为东魏、西魏、北齐、北周争斗的战场，在兵燹中再次遭到破坏。北周末年以洛阳为陪都，周宣帝曾对其进行全面修建和经营，但为时太短，终未能恢复昔日的辉煌。

隋开皇元年（581 年）杨坚夺取政权建立隋朝，定都长安。当年在洛阳置东京尚书省；次年置河南道行台省；三年废行台，以洛州刺史领总监；十四年于金墉城别置总监。

仁寿四年（604年）炀帝在长安即位，以洛阳为东京。大业元年（605年）隋炀帝开始在汉魏故城以西10千米处建设新的洛阳城。《隋书·炀帝纪上》：大业元年“三月丁未，诏尚书令杨素、纳言杨达、将作大匠宇文恺营建东京。……二年春正月辛酉，东京成”。新城的建设仅用了不到一年时间。炀帝随即迁都洛阳。同时改洛州为豫州，辖河南、洛阳等18县。大业五年（609年）改东京为东都。

新建的洛阳城西临东周王城遗址，背依邙山，横跨洛水，南对伊阙，平面略呈方形。全城由外郭城（罗城）、皇城、宫城及其他若干小城组成，面积47平方千米。与汉魏洛阳城和隋大兴城相比，虽同为三重城垣结构，但除外郭城的里坊区外，其他诸城均偏居于城址的西北部，形成非对称布局。洛河在都城中部由西向东穿城而过，河面上有著名的天津桥沟通两岸的交通。在洛河以南和洛河以北东半部的外郭城内，以棋盘状格局布置了一百多个里坊和三个大型的商业市场。整体布局科学严谨，整齐划一。建成后的东都，聚集了大量的人口。除跟随炀帝迁都的六宫、百官及眷属等大批贵族外，又迁徙洛州及天下诸州富商大户数万家，以充实洛阳。同时为了满足皇家生活和都城功能的需要，还在都城之西营建了规模宏大、豪华富丽的皇家禁苑——会通苑（西苑）。据《隋书·食货志》载：会通苑内“苑囿连接，北到新安，南及飞山，西于渑池，周围数百里”。又先后开凿了通济渠和漕渠等水利工程，沟通了南北和东西方向的水运通道。城内外建设了含嘉仓、回洛仓、子罗仓等仓储设施。在外郭城正南门建国门外建设了专门接待外国使节和来宾，处理与国外贸易往来等事务的四夷馆。随着大运河的全面开凿和丝绸之路的进一步畅通，新建的洛阳城不仅是全国政治、经济、文化的中心，而且成为著名的商业和国际贸易城市。

隋都洛阳凡14年，大业十四年（618年），王世充废隋皇泰主，在洛阳建立了短暂的政权，国号郑。唐武德四年（621年）唐军攻克洛阳。

唐初建国，都长安，作为隋朝旧都的洛阳曾遭到一定程度的破坏。太宗贞观年间开始逐渐修复，称洛阳宫。高宗显庆二年（657年）在洛阳置东都。武则天光宅元年（684年）改东都为神都。天授元年（690年）武则天称帝，改国号周，定都洛阳。这期间隋唐洛阳城得到大规模的修葺和扩建。神龙元年（705 年）中宗李显复唐国号，并复神都为东都。开元元年（713 年）改洛州为河南府。开元二十一年（733 年）于洛阳置都畿道。天宝年间，改东都为东京。唐玄宗多次行幸洛阳，称两都为“东西两宫”。

唐代洛阳城沿用了隋的建设基础，在规划布局、城市范围、建设形式和结构内容等方面都保留了隋代洛阳城的基本面貌。但随着时代的发展，为了满足不同历史阶段政治、经济和社会等方面的需要，在建设内容和形制上发生了诸多变化，表现出鲜明的时代风格。特别是武周时期尤具特点，且以都城核心区域的宫殿建筑最具代表性。以居于宫城内中轴线中部的正殿为例，隋曰乾阳殿，为传统的殿堂式建筑。唐高祖武德四年（621 年）秦王李世民攻占洛阳后焚毁，高宗麟德二年（665 年）依旧址造乾元殿，高一百二十尺。武后垂拱四年（688 年）毁乾元殿，于其地造明堂，为上圆下方的三层楼阁式建筑，高二百九十四尺，东西南北各广三百尺。下层象四时，各随方色，中层法十二辰，圆盖，盖盘九龙捧之，上层法二十四气，亦圆盖。下施铁渠，以为辟雍之象，号“万象神宫”。武后在此宴飨群臣，受朝贺，发布政令。又于明堂北造天堂，以贮佛像。以明堂、天堂等楼阁式建筑代替乾阳殿、乾元殿等殿堂式建筑，是都城建筑风格最为显著的变化。天册万岁元年（695 年）正月，火烧天堂延及明堂，复命更造明堂、天堂。万岁通天元年（696 年）三月新明堂成，号曰“通天宫”，不复造天堂，于其所为佛光寺。玄宗开元五年（717 年）幸东都，更明堂为乾元殿。开元十年（722 年）复为明堂。开元二十七年（739 年）毁明堂上层，改修下层为新殿。二十八年（740 年）佛光寺火，延烧廊舍，改新殿为含元殿[38]。近年来已对包括明堂、天堂在内的宫城内众多建筑遗址进行了考古发掘，结果基本与记载相合[39]。

唐洛阳城的另一项重要建设是高宗上元二年（675 年）在皇城西南隅外的洛河岸边修建的上阳宫。这所极尽豪华的宫苑既是皇室的休闲居住之所，又是他们举行重要政治活动的地方，高宗、武则天、玄宗等都曾在此设朝听政。上阳宫的建成使洛阳与长安一样成为实行两宫制的都城。

天宝十四年（755 年）发生“安史之乱”，洛阳又遭兵燹之灾，宫室多被毁坏。此后虽恢复了东都之名，并有所修葺，但从此失去了政治中心的地位。

五代时期，后梁、后唐、后晋都曾都于洛。其中以后唐时间最长，期间进行了较大规模的恢复性建设。后晋、后周时洛阳为陪都，称西京，置西京留守，太庙、国子监等仍设洛阳，城市面貌基本如日。

北宋时仍以洛阳为西京。北宋洛阳城在隋唐旧城基础上进行了恢复重建，仍保持了隋唐洛阳城的原有规模和基本格局，而在城市建设的许多方面还有了新的发展，如外郭城中里坊和市由传统的分别设置，改变为居民可面街而住，沿街成市的坊市合一形式。洛阳的商业贸易和社会经济都得到较快的发展。其时，洛阳高官云集，名士荟萃，历史上著名的“洛阳耆英会”、“洛中七友”等都是当时洛阳文人团体的代表。欧阳修的《新唐书》、司马光的《资治通鉴》等历史名著都是在洛阳完成的。程颢、程颐在洛阳创立的哲学理论“洛学”，为后来的“宋明理学”打下了基础。北宋时的洛阳实际上是全国的文化中心。同时这一时期，洛阳城内兴起大修宅第园林之风，城内外私家园林众多，包括牡丹在内的各种花草名木被大量种植，洛阳又成为盛极一时的园林城市。

南宋初年，金兵多次进攻洛阳，宋金围绕洛阳的战争持续了近百年，终为金所占领。洛阳这座存续了500多年的古代都城终于在无休止的战争中遭到毁灭性破坏，此后逐渐被废弃。

金后期因受到蒙古军队的威胁，被迫放弃原中京，迁都汴京。兴定元年（1217年）升洛阳为中京，改河南府为金昌府，并于正大四年（1227年）开始在洛阳筑建了新的中京城。据《元河南志》载，金中京城“东据瀍水，南接东城之南郭，西亦因东城之西郭，北缩于旧仅一里”，可见金中京城是在隋唐洛阳城东城及其以东的部分里坊区的基础上修建而成的。此城的基本情况已得到考古工作的证实[40]。金中京城的修建奠定了此后数代直至今日洛阳老城的规模。元时在洛阳置河南府，城市无大变化。明洪武六年（1373年），重修河南府城。将初建时的土城墙换成了砖城墙，并开挖了城壕。有明一代，洛阳先后为伊王和福王的封邑。城内除河南府衙、洛阳县衙外，还建有藩王府等。1640年李自成率农民军攻入洛阳，杀死福王朱常洵，城内建筑也遭到一定破坏。清代洛阳先后为河南提督府和河南府。城市规模和建筑基本沿袭明制，在明福王府遗址上（今青年宫一带）建了河南知府衙门。历届官府对洛阳城郭街衢多有修葺，光绪皇帝还曾在洛阳设行宫，但城市建设并无大的发展。

辛亥革命后北洋政府设省、道、县三级地方行政机构。河南省政府设在开封，洛阳初设县，1914 年改设河洛道，后又改为豫西行政公署、第十区行政公署。治所在金以来之洛阳老城内。1921 年省长公署自开封迁至洛阳。袁世凯任中华民国临时大总统以后，为训练军队，在洛阳老城以西（今西工区）建设西工兵营。袁世凯死后，直系军阀吴佩孚进一步扩建西工兵营，还建设了洛阳第一座飞机场。1927 年，冯玉祥率部进驻洛阳，推行新政，破除迷信，创办了省立中学、洛阳中学、洛阳女子中学等一大批新式学校。1932 年"一·二八事变"后，国民党中央政府从南京迁至洛阳，定洛阳为行都，并在龙门东山香山寺为蒋介石建设了别墅。1944 年日本侵略军进攻洛阳，对洛阳进行野蛮轰炸，洛阳城遭到严重破坏。抗战胜利后国民党军占领洛阳。1948 年 4 月初洛阳为我中国人民解放军华东野战军和晋冀鲁豫野战军解放。

解放后，党和国家对洛阳这座古老的城市十分重视，立即成立了中共洛阳市工委和洛阳市人民民主政府（1949 年新中国建立后改称洛阳市人民政府）来领导洛阳的社会主义建设和发展工作。1954 年洛阳被定为国家重点建设工业城市，升级为省辖市。在国家经济建设的第一个五年计划中，洛阳得到了迅速的发展，成为我国主要的重工业生产基地之一。在大力推进城市建设的过程中，洛阳坚持了避开旧城建新城的规划理念和文物保护政策，使洛阳古代优秀的历史文化遗产得到较完整的保存。改革开放以来，特别是进入 21 世纪后，凭借这些宝贵的历史文化资源，洛阳大力开展文化建设和旅游开发战略，经济水平和城市品位得到迅速提升。目前洛阳已是国家级的历史文化名城、著名国际文化旅游城市和全国重要的新型工业城市、先进制造业基地、科研开发中心。在国家中部崛起战略的实施中又被定位为中原城市群副中心。洛阳这座历尽沧桑的千年古都正在焕发出新的活力，走向更加辉煌的未来。

注释

［1］（清）顾祖禹撰，贺次君、施和金点校：《读史方舆纪要》卷 48，中华书局，2005 年。

［2］周军、王献本：《洛阳地区首次发现中国犀化石》，《中原文物》1991 年第 2 期；周军、王献本：

《洛阳发现的第四纪哺乳动物化石及其意义》，《中原文物》1988年第4期；黄慰文：《豫西三门峡地区的旧石器》，《古脊椎动物与古人类》1964年第2期。

［3］张森水、梁久淮、方孝廉：《洛阳首次发现旧石器》，《人类学报》1982年第1卷第2期；朱亮：《河南更新世环境与文化的考古学观察》，《河南科技大学学报》（哲学社会科学版）2007年第5期。

［4］夏正楷、郑公望、陈福友等：《洛阳黄土地层中发现旧石器》，《第四纪研究》1999年第19卷第3期。

［5］张本昀、李容全：《洛阳盆地全新世气候环境》,《北京师范大学学报》（自然科学版）1997年第33卷第2期。

［6］董广辉、夏正楷、刘德成等：《河南孟津地区中全新世环境变化及其对人类活动的影响》，《北京大学学报》（自然科学版）2006年第42卷第2期。

［7］孙雄伟、夏正楷：《河南洛阳寺河南剖面中全新世以来的孢粉分析及环境变化》，《北京大学学报》（自然科学版）2005年第41卷第2期。

［8］史家珍：《河南栾川孙家洞旧石器洞穴遗址》，《中国文物报》2013年1月4日第8版。

［9］中国文物报社、中国考古学会：《2012年度全国十大考古新发现》，《中国文物报》2013年4月12日第6版。

［10］河南省文物管理局:《黄河小浪底水库考古报告(二)·妯娌与寨根》,中州古籍出版社,2006年。

［11］北京大学考古文博学院：《洛阳王湾——田野考古发掘报告》，北京大学出版社，2002年。

［12］苏秉琦：《关于仰韶文化的若干问题》，《考古学报》1965年第1期。

［13］李友谋：《洛阳地区新石器文化区系》，《洛阳考古四十年》，科学出版社，1996年。

［14］同［10］。

［15］中国社会科学院考古研究所河南二队：《河南临汝煤山遗址发掘报告》，《考古学报》1982年第4期。

［16］洛阳市博物馆：《孟津小潘沟遗址试掘简报》，《考古》1978年第4期；洛阳市文物工作队：《洛阳西吕庙龙山文化遗址发掘简报》，《中原文物》1982年第3期；高天麟、孟凡人：《试论河南龙山文化王湾类型》，《中原文物》1983年第2期。

［17］《史记·封禅书》，中华书局，1975年。

［18］陈旭：《偃师二里头遗址考古新发现的意义》，《中国历史文物》2006年第2期。

［19］中国社会科学院考古研究所二里头工作队：《河南偃师市二里头遗址宫城及宫殿区外围道路的勘察与发掘》，《考古》2004年第11期；许宏：《二里头遗址考古新发现的学术意义》，《中国文物报》2004年9月17日第7版；许宏、陈国梁、赵海涛：《二里头遗址聚落形态的初步考察》，《考古》2004年第11期。

［20］许宏：《二里头的“中国之最”》，《中国文化遗产》2009年第1期。

［21］邹衡：《夏商考古学论文集续集》，科学出版社，1998年；陈旭：《偃师二里头遗址考古新

发现的意义》，《中国历史文物》2006 年第 2 期；苏健：《洛阳古都史》，博文书社，1989 年；李久昌：《偃师二里头遗址的都城空间结构及其特征》，《中国历史地理论丛》2007 年第 22 卷第 4 辑；方孝廉：《二里头遗址都邑探讨》，《洛阳师范学院学报》2010 年第 6 期。

[22] 许宏：《最早的中国》，科学出版社，2009 年。

[23] 《后汉书・逸民列传》，中华书局，1965 年。

[24] 董仲舒撰，凌曙注：《春秋繁露・三代改制质文》，中华书局，1975 年。

[25] 中国社会科学院考古研究所河南二队：《1984 年春偃师尸乡沟商城宫殿遗址发掘简报》，《考古》1985 年第 4 期。

[26] 杜金鹏、王学荣：《偃师商城近年考古工作要览》，《考古》2004 年第 12 期。

[27] 中国社会科学院考古研究所洛阳汉魏故城工作队：《偃师商城的初步勘探和发掘》，《考古》1984 年第 6 期；王学荣：《偃师商城布局的探索和思考》，《考古》1999 年第 2 期；中国社会科学院考古研究所河南第二工作队：《河南偃师商城西城墙 2007 与 2008 年勘探发掘报告》，《考古学报》2011 年第 3 期。

[28] 见《何尊铭文》。

[29] 《史记・周本纪》，中华书局，1975 年。

[30] 中国社会科学院考古研究所洛阳汉魏城队：《汉魏洛阳故城城垣试掘》，《考古学报》1998 年第 3 期。

[31] 刘余力：《关于西周成周城的几个问题》，《河南科技大学学报》2008 年第 5 期。

[32] 《战国策・秦一》，吉林人民出版社，1996 年。

[33] （南朝梁）萧统：《昭明文选・古诗十九首・青青陵上柏》，中华书局，1977 年。

[34] 中国社会科学院考古研究所洛阳汉魏故城队：《汉魏洛阳故城金墉城址发掘简报》，《考古》1999 年第 3 期。

[35] 中国社会科学院考古研究所洛阳汉魏故城队：《河南洛阳汉魏故城北魏宫城阊阖门遗址》，《考古》2003 年第 7 期。

[36] 李久昌：《国家、空间与社会——古代洛阳都城空间演变研究》，三秦出版社，2007 年。

[37] 杨炫之撰，周祖谟校释：《洛阳伽蓝记校释》，中华书局，2010 年。

[38] 杜佑：《通典》卷 44《大享明堂条》，中华书局，2003 年；司马光：《资治通鉴》卷 204《唐纪二十》，2007 年；徐松撰、李健超增订：《增订唐两京城坊考》，三秦出版社，2008 年。

[39] 中国社会科学院考古研究所洛阳唐城队：《唐东都武则天明堂遗址发掘简报》，《考古》1988 年第 3 期；石自社、曹岳森、韩建华等：《河南洛阳隋唐城明堂和天堂遗址的发掘》，《中国文物报》2011 年 4 月 15 日第 4 版；中国社会科学院考古研究所洛阳唐城队：《洛阳隋唐东都城 1982 ~ 1986 年考古工作纪要》，《考古》1989 年第 3 期。

[40] 李永强：《金中京城考略》，《中国古都研究》（第十五辑），三秦出版社，2004 年。

遥感考古的理论、方法及洛阳航空考古勘察实践

◎ 杨 林

一　遥感考古的原理

所谓遥感考古，就是运用遥感技术获取遗迹或现象的电磁波或超声波信息，并运用光学或计算机图形图像处理技术，对这些信息进行滤波、分类、边缘增强、反差变换、特征提取或假彩色合成等处理，再根据影像的色调、纹理、图案及时空分布规律进行分类、识别和解译，确定遗迹或现象的位置、分布、构成与形状诸方面特征，进而进行文化信息追踪、考古分析测量、地形地貌与遗迹或现象的复原研究等工作。

遥感考古的基本前提就是考古遗迹在遥感影像上反映出某些区别于其他资源的特性。这些特性用遥感的方法，可以从电磁辐射的特点和几何形状的特征这两个方面进行研究、区分。由于遗迹或现象与周围环境的差异，辐射电磁波的情况也就不一样，而电磁波波谱特征及其时间变化和空间分布规律，在遥感影像上表现为不同的影像色调和由不同色调组成的各种图案及其时空变化规律。所以遥感考古的工作原理，是建立在遗迹或现象的物理属性、电磁波波谱特征和影像特征三者的关系上，遥感影像的解译原理，是根据影像的色调、图案及其分布规律，来判断遗迹或现象的波谱特征，从而确定遗迹或现象的属性。

在遥感考古工作中，通过传感器接收的资料记录了大量的土壤学、地质学、地貌学、生态学和地理学等的信息，它们通过不同的方式，反映出考古遗迹或现象的特征，为此，必须掌握考古遗迹或现象的影像特征，才能对遥感影像进行正确的解译。遗迹或现象以各自的方式存在于自然环境中，形成独特的遗迹土壤标志、阴影标志与植被标志，

构成考古遗迹最基本的三大影像特征。

1. 遗迹土壤标志

通常情况下，埋藏较浅的遗迹或现象在耕地中是很容易发现的，尤其是耕土层翻犁过之后，其中所隐含的各种土壤差异更加明显，所以，这个时期拍摄的航空影像能够清晰地反映出遗迹或现象的某些特征。在土壤色泽差异较小的地方，因为其致密度和含水量的不同，遗迹或现象仍然可以在热红外影像、雷达影像等遥感资料中显示出来，为考古遗迹的探查工作提供重要的线索。如夯土基址、道路等在实地调查时很难发现，而在航片上却以浅色的线状影像特征表现出来，并且可以根据这种遗迹标志，绘出古代建筑基址和道路分布图。

在久旱少雨、土壤较为干燥的季节里收集的遥感影像上，遗迹土壤标志的显示效果较为清晰，特别是在暴雨后再连续天晴三四天后，显示的效果最佳，能反映出地下较深地层中的遗迹情况，探测出通过地面标志无法辨认的墓葬、道路、城墙和古河道等遗迹。另外，在沙漠、戈壁地区，这种遗迹标志更加清晰地表现出古代城址、建筑基址、墓葬和古河道、道路等遗迹现象。

2. 遗迹阴影标志

残存于地面之上的遗迹总会呈现出一定的微地貌特征，它们在倾斜太阳光线的照射之下，其阴影的明暗、形状、大小和组合方式，清晰地反映出遗迹的特征。因此利用早、晚太阳斜射，阴影最为明显时，在空中对这种遗址进行摄影和分析，就能判断出遗迹的残存状况、分布范围等。

遗迹的阴影标志受航空摄影时太阳高度角的直接影响，并且与地表的微地貌特征有关。对于地形起伏小、遗迹相对高度不超过 2 米而且相距较远的遗址，应该在较低太阳高度角情况下进行航空摄影，也就是说早晨或傍晚的航空摄影，能够获得较好的阴影标志；对于地形起伏较大的遗址，如果遗迹高低参差不齐，而且相互间的距离很近，则需要选择合适的摄影时间，最好是在正午前后进行航空拍摄，以避免较高地物的阴影遮挡了较低的遗迹或现象。如果条件许可，最好能够拍摄一天中不同时间的航空影像，以便于将不同方向的阴影进行比较，从而对遗迹情况做出正确的判断。

3. 遗迹植被标志

地下遗迹与周围自然土壤包含的水分及养分不同，从而影响上面生长植物的长势和颜色。这些差异在遥感影像上都有各自的表现特征，从而成为判断地下遗迹或现象的植被标志。

地下不同的遗迹或现象，对植被的生长情况有不同程度的影响。在填平的壕沟、渠道一类的遗迹上，因为填土的质地疏松，含水量比周围土壤丰富，也相对比较肥沃，所以会刺激植被的生长，从而显示出“正向”的植被标志。然而，如果地下有夯土、瓦砾或古道路一类遗迹时，土壤则比较贫瘠、板结，透水性能差，抑制了植被的生长，于是就会出现“负向”的植被标志。

一般情况下，草本植物显示出来的植被标志比较明显，而且在每一个植物的生长季节都会重复出现，其中谷类农作物产生这类标志的效果最佳，尤其是在农作物趋于成熟的季节里，产生植被标志的农作物与背景环境中的农作物因生长情况的差异，成熟时就会出现或早或晚的现象，因而更容易从遥感影像上判别出来。其中在垂直摄影航片上，比较容易区别出植被生长密度差异的特征；而植被的生长高度与色彩差异等的植被标志，在低太阳高度角（早晨或傍晚）时倾斜摄影的航片上显示效果较好。

除了上述三种标志外，由于自然环境的变化，许多遗迹会在雨雪、洪水等条件下有较明显的反应，我们称之为雨雪标志和洪水标志。

二　工作方法

从宏观上讲，遥感考古学方法以成像遥感技术系统为基本框架，包括遥感信息资料的收集和获取、遥感信息资料的整理和储存以及遥感信息资料的分析和利用三大组成部分。具体到一般情况，不同类型的古遗址，不同的研究目的，遥感考古的方法和步骤也不完全相同。总体来说，可以按以下步骤进行（如下图所示）。

（1）确定研究对象、内容及目的。不同的研究内容和目的，对地理资料、考古资料以及遥感图像成像的空间分辨率、时间等的要求不同。因此，确定研究内容及目的是遥感考古工作的基础。

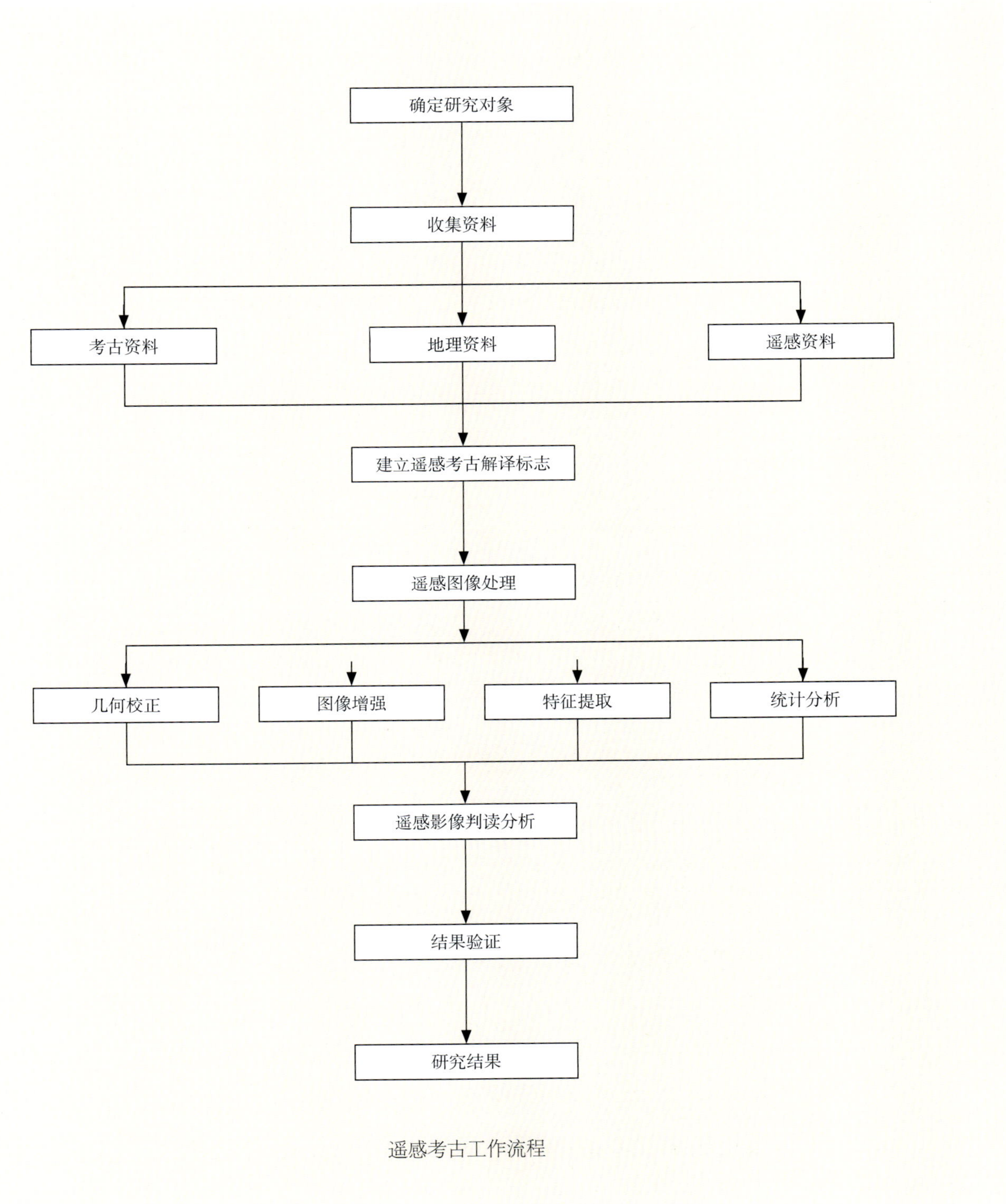
确定研究对象
收集资料
考古资料
地理资料
遥感资料
建立遥感考古解译标志
遥感图像处理
几何校正
图像增强
特征提取
统计分析
遥感影像判读分析
结果验证
研究结果

遥感考古工作流程

（2）收集资料。收集研究区域的考古资料、历史文献资料，地形图、专题地图等地理信息，卫星影像、各时期航片等遥感考古信息资料。

（3）建立遥感考古判读解译标志。古城址、古河道、古运河等不同的遗址类型在遥感图像上表现为不同的形状和色调，因此，不同的遗址类型需要建立相应的解译标志，以便于对考古遗址进行分类研究。

（4）遥感图像处理。对遥感图像进行几何校正、增强、信息提取以及统计分析等，以满足目视解译和考古研究的需要。

（5）遥感图像判读分析。根据已建立的解译标志，对研究区域的遥感图像进行判读解译，并利用遥感图像特有的光谱特征对考古遗址进行环境分析、遗迹分析和制图等研究。有条件的还可以通过立体镜或三维视图软件对图像进行立体观察和三维复原。

（6）结果验证。遥感分析一般是从宏观的角度对考古遗址进行大范围的调查、测量和研究，为了得到遗址内部的形制结构等更多、更详细的信息，也是为了对遥感图像分析的结果进行验证，还需要对研究区域进行田野考古勘察验证，以保证研究结果的科学性和准确性。

三　空间信息技术在遥感考古中的应用

空间信息技术在考古中的应用主要体现在以下几个方面：（1）利用航片或者卫星数据，通过直接的或隐约显露的“解译标志”识别或发现古代遗迹；（2）利用空间信息技术对现存历史文化遗产进行动态监测与保护研究；（3）从遥感影像上识别和提取古环境演变所遗留下来的各种证据，为恢复古环境和研究当时社会、政治、经济、文化与自然环境的关系服务；（4）遥感考古制图与建立空间考古信息系统，为考古资源的管理规划服务；（5）结合地理信息系统技术、虚拟现实技术进行古遗址和古环境的虚拟重现，为古代文化遗产保护规划和利用服务。

1. 空间信息数据源获取

自 1972 年第一颗民用对地观测卫星问世以来，光学和微波传感器得到了极大的发展，目前可以获得多光谱、多分辨率、多角度的光学遥感数据及多模式的合成孔径雷达数据。现在在轨运行的有数千颗卫星，其中相当一部分是对地观测卫星。美国的Landsat卫星系列（TM和ETM）、法国的SPOT卫星、日本的JERS卫星、印度的IRS卫星系列、以色列的EROS系列、苏联/俄罗斯卫星、中—巴资源卫星，以及Seasat SAR，SIR-A，SIR-B，SIR-C，SRTM，Radarsat，ENVISAT卫星都为我们提供了大量的遥感数据，这些卫星已广泛地用于农、林、地质、水文、海洋、土地利用等领域，但由于空间分辨率还达不到对考古目标的有效探测，这些数据多用在考古环境分析和宏观研究等方面，如长城、大运河、古丝绸之路等项目。美国解密的20世纪60～70年代时期的CORONA间谍卫星数据及苏联的高分辨率KVR间谍卫星数据则被广泛地用于考古遗址的研究，但这些卫星数据都是胶片图像，数据质量远不如数字图像清晰。近年来发展起来的商业化高分辨率遥感卫星，如SPOT-5、IKONOS、EROS、Quickbird都能提供5米分辨率以上的多光谱遥感数据，而IKONOS和Quickbird的全色波段数据则分别为1米和0.61米，能满足测绘比例尺1/50000至1/10000的制图要求。这些数据能为考古勘查提供更详细的遗址信息，能广泛地用于考古学研究。随着我国卫星事业的发展，2005年发射的国产小卫星“北京一号”可以获取3个32米分辨率多光谱波段和一个4米分辨率的全色波段遥感数据，可以在很大程度上改变我国遥感考古数据主要依赖国外高分辨率卫星数据的现状，用国产卫星进行中华文明探源，将有更加重要的意义。

机载遥感数据的获取对考古研究是一种重要的手段。我国863计划信息获取与处理技术课题主持研制的实用型模块化成像光谱仪（OMIS）、宽视场面阵CCD超光谱成像仪、机载三维成像仪、高分辨率CCD面阵数字航测相机及L-SAR实用系统可为遥感考古提供高分辨率、全天候的遥感图像。轻型飞机航测勘察、热气球、无人飞机遥感摄影都能为大比例尺遥感考古制图服务。

古文化遗址历经数百至数千年风雨的冲刷，自然的侵蚀和人为因素的作用，特别是经济建设加速了人类对地貌的改造活动，再加上战争和灾害为文化遗址带来的创伤，许多遗址的自然面貌已被改变，还有的早已消失无存。因此，利用各种遥感手段获得过去历史时期的资料都更显得弥足珍贵。从美国购回的二战航片、CORONA 卫星照片等信息和我国 20 世纪 50 年代以来拍摄的航测照片，都是分析历史文化遗产不可多得的重要信息源。

2. 空间信息技术对考古遗址发现的作用

由于保存于地表或地表以下的古代遗迹随着岁月的流逝逐渐荒废，有的变为农田，有的形成村镇，但由于这些遗迹全部为人工建成，与周围没有经过人工扰动的土壤环境存在着差异，这就形成了这一地区在土壤、水分、地表温度等一系列的特别征象，人们在平地观察这些特别征象是微乎其微，但这些微弱的差异在遥感图像上则形成了明显的光谱差异，因此这些古遗址能被识别出来；此外，由于雷达的全天候的成像能力及对一定地物的穿透能力，地物的后向散射特性决定了古遗址能从雷达图像上识别出来。目前已有很多利用遥感技术发现古遗址的实例充分说明了遥感在考古应用中的作用，例如：美国的考古学家们利用卫星遥感影像发现了早已沉没海底数千年的古埃及名城亚历山大；欧洲的考古学家根据早期照片发现了多处古罗马的建筑遗址和著名的“罗马大道”；美国宇航局埃姆斯研究中心的科学家利用遥感技术揭开玛雅文明荣枯盛衰的奥秘，成功地识别出了古玛雅遗址的范围和特点；另外，他们根据遥感图像指出 800 年前后在美洲发生了气候逐渐干燥、森林大量退化、人口膨胀和大规模战争等，正是这些因素导致玛雅文化的急剧衰落并最终从这里消失。考古学家和美国宇航局喷气推进实验室的科学家一起，利用 LANDSAT、SPOT、SIR-A 数据对沙海中的古城进行遥感分析，在 LANDSAT 影像多条道路的交汇处发现了消失的古城遗迹。希腊考古学家用红外像片在科林斯湾发现了公元前 373 年毁于地震的“Helike”古城。考古学家还用 1994 年航天飞机成像雷达 SIR-C/X-SAR 和 AIRSAR 对处于茂密森林中的柬埔寨吴哥古城进行研究，重建了吴哥古城的分布范围，使其由原来的 200 ~ 400 平方千米扩大到 1000 平方千米，并勾绘出环绕遗址之间的古运河水系，使我们了解到已消亡的吴哥古城的壮观原貌。对于国内考古界探寻多年的一些遗迹，如西周丰镐遗址和王陵、北魏平城和金陵、成吉思汗陵等，我们都可以利用空间信息技术，结合传统的考古学方法进行研究和探寻。

3. 历史文化遗产的调查、保护与遥感监测

我国的文物古迹遍及各地，数量众多，其中包括大型古代聚落遗址、古城址、陵墓等，许多已被列入世界文化遗产名录。空间信息技术无疑是探寻古遗址、动态监测历史文化遗产变化情况及古遗址保护的有效手段。联合国教科文组织也把遥感和 GIS 技术作为世界遗产保护研究的重要技术，并多次组织这方面的学术研讨会。以历代长城为例，我国不同时期修建的长城从丹东虎山到嘉峪关全长 7000 多千米，由于沿线生态环境的不断恶化，再加上人为因素的破坏，破损现象非常严重，特别是在西部干旱荒漠区，多数地段都已被流沙掩埋。目前长城只有三分之一修复和保护完好，另有三分之一残破不全，还有三分之一早就不复存在。因此，利用空间信息技术探明长城的分布，更好地保护好长城已经到了刻不容缓的地步。丝绸之路是连接我国与西方文化交流的主要路径，无论是中国还是外国，在这条道路上遗留着许多文物古迹，如中国新疆尼雅、楼兰古城、中亚撒马尔罕和花拉子模等古城。丝绸之路遥感考古的研究人员 1994 年航天飞机成像雷达过境我国尼雅古城、中亚撒马尔罕和花拉子模等古城时，中国、美国和加拿大等国考古学家利用 GPS 技术和雷达探测技术对古城进行了精确定位和多学科的遥感考古研究。加强遥感考古领域的交流与合作，从而为保护文化遗产和考古研究更好地服务，已成为遥感考古研究人员的共识。

4. 空间信息技术在古环境研究的应用

古代环境的恢复对于研究当时的社会政治、经济文化与自然环境的关系有着重要的意义。用遥感信息研究长周期的历史环境变迁，主要是依据它在遥感图像上所遗留下来的“痕迹”来进行识别。因为各种研究对象，都有其区别于其他对象的特征，其中不少特征得以不同程度的保留。这些特征反映在遥感图像上，则可以通过色调、阴影、形态、大小、纹理等的差异识别出来。

一个地区的环境演变，最主要的是水系的演变，这主要包括水系变迁、湖泊的变化以及海岸线的演变等。利用遥感图像上地物特定的光谱特征，通过土壤湿度、盐度及沉积物组分等信息的分析，可以很清楚地将水系变迁的路线、方向甚至成因反映出来。

目前，应用遥感技术进行环境考古，热点主要集中在运用多时相、多源和多分辨率卫星及航空图像进行考古遗址环境监测，开展景观考古、环境变化和社会变革的关系研究以及历史时期环境恢复等方面。

5. 考古专题制图与文物考古信息系统

目前，利用遥感进行考古制图是遥感考古的主要工作内容，尤其是高分辨率卫星图像和航空照片，是大比例尺制图的主要数据源。遥感考古利用遥感和 GIS 技术进行大规模遗址调查并精确定位，为古代遗址环境监测、遗址规划、保护提供重要的基础资料。

GIS 在考古学中的应用研究是多方面的，可以应用于从考古数据采集到数据存储、分析、解释以及表达的各个方面。具体地说可以总结为以下几个方面：建立考古信息管理系统，建立考古遗址三维模型，进行考古遗址的发展和演化模拟，GIS 考古研究等。

6. 数字考古与古人类遗址环境重建

20 世纪 90 年代以来出现的数字考古和虚拟现实技术，是指运用先进的计算机技术和三维激光扫描技术进行考古遗址、文化与自然遗产的保护与研究。虚拟现实技术是其应用发展过程中的关键技术。选择将虚拟现实技术作为数字考古研究课题的技术支撑，是因为数字考古研究所要表达的信息是多维的，既要有历史科学性，又要有文化艺术性，还要求有环境的真实性。而这些多维信息的表达就目前的计算机技术而言，必需虚拟现实技术的高性能硬件设备的支撑。在数字考古研究中，还会涉及其他各类计算机技术，例如扫描技术、图像信息处理、计算机存储设计、地理信息系统等。

利用数字技术可以重建历史文化遗址。目前国内许多文物考古研究单位开发制作了贵州明代城堡海龙屯虚拟现实系统、山海关虚拟现实系统以及数字敦煌、数字故宫等。我们可以利用虚拟现实技术恢复已消失的古城（如楼兰古城、统万城等）的原貌，同时也可对现今古迹进行虚拟现实仿真，为文物保护和展览展示提供一份宝贵的数字资料。

四　洛阳航空考古勘察的实践

1. 洛阳航空考古勘察项目的缘起和意义

1994 年，俞伟超先生和国家文物局文物二处孟宪民处长专程赴德国考察航空摄影考古项目，其间中国历史博物馆和德国波鸿鲁尔大学签订了在中国开展航空摄影考古合作的意向书。此后又历经曲折，直至1996年春，由中国政府正式批准，将“在中国启动航空摄影考古”的工作列为文化部1996年工作重点。并受国家文物局委托，1996年4月在中国历史博物馆成立了中国航空考古工作筹备组，俞伟超先生亲自领导，聘请德国波鸿鲁尔大学的宋宝泉博士为技术顾问，研究工作就此得以迅速开展。

1996年4月26日至5月28日在国家文物局文物二处的大力协调下，航空考古工作组与洛阳市文物管理委员会办公室合作，在洛阳地区进行了中国首次正式的航空考古飞行勘察。这次工作是我国在航空遥感考古领域的首次，取得了与以往传统考古调查勘探不同的收获和体会。

第一，以往的研究对象主要是地面以上可见的遗迹，这次工作主要针对地下埋藏的遗迹。这样做旨在真正发挥现代航空考古的最大优势——通过地表植被、土壤、霜雪等标志发现大面积的地下古迹。关于地上古迹，我们在地面亦可发现，在空中主要是可以更好地进行大面积观察以便把握其宏观分布规律；而地下古迹湮没在土壤和植被中，在地面是不易被察觉的，在空中，我们却常常可以通过地表的各种反应标志直观地发现它们，同时在未发掘前即可大致把握其宏观的结构和脉络。

第二，以往研究基本上不针对古迹进行专门的航空飞行，研究所依靠的原始资料主要是国家测绘部门现存的高空垂直立体航摄所得的航片。这次工作则是利用轻型飞机低空飞行，专门针对地下古迹进行勘察，勘察者首先在飞机上反复观察地表植被的变化，待发现地下遗迹后，对其进行细部有针对性的低空倾斜拍摄。在随后的分析研究中，主要依据这些斜摄照片，高空垂摄航片则只起辅助研究的作用。高空垂摄航片只是无意识地将地面古迹摄录下来，它的拍摄高度、拍摄角度以及拍摄时间都是预先设定的，不可能专门根据考古勘察的需要灵活变更，因此这种航片很难清晰而完整地反映出古迹的面貌来，特别是那些仅存于地下的古迹更难得到反映。地下遗迹对于航空考古勘察者来说仿佛若即若离，有时在相当长的时间中，它甚至不露蛛丝马迹；有时在某些特定的时间或角度下，它却一目了然，甚至清晰得令人惊讶。所以真正的航空考古要求灵活的飞行、灵活的高度、灵活的时间、灵活的视角以及灵活的拍摄，这正是此次洛阳工作区别于以往的一个要点。

第三，在组织形式上，过去多半是航空摄影和遥感研究单位的学者首先发现与考古相关的课题，他们便主动与文物考古界接触，在后者提供一定配合的情况下，完成一些小范围专题研究。这次工作则是文物考古学界的研究人员选择重点地区的大面积遗址，主动性地运用航空考古的现代科学方法进行目的明确的航空摄影和遥感考古专业研究，工作重心是勘察古代遗迹，探索新的科学手段在中国考古学中的应用。

以上三点决定了这次洛阳航空考古勘察的特殊意义，它标志着中国考古学已经开始从零星被动地借鉴航摄遥感资料发展为主动系统的应用现代航空摄影遥感科学来进行考古学的勘察与研究。

2. 洛阳航空考古勘察的初步收获

这次航空考古勘察之所以选择在洛阳地区进行，主要是因为洛阳是中国历史上的九朝古都，地上地下都有大量重要的古代遗迹，其中很多遗址分布面积广大，文化内涵丰富。这些条件非常适合航空考古勘察手段的应用。我们工作的重点是针对该地区五大遗址：邙山古墓群、汉魏故城、偃师商城、二里头遗址、洛南隋唐城。遗址年代早至夏商，晚至汉魏、隋唐。勘察地域跨越洛阳老城、孟津县、偃师县等区县范围内的方圆 1000 多平方千米，有效勘察飞行 44 小时，针对各类迹象勘察拍摄的地点近 90 处。

按照航空考古学的基本理论，考古学家可以通过地表上的植被、土壤、阴影、霜雪、洪水等标志发现埋藏在地下的古代遗迹。这次洛阳勘察主要是依据麦田中的植被标志来辨别地下的遗迹。其原理是这样的：地下遗迹的土质与其周围土壤的土质常常是不同的，而两种不同的土质为植物提供的生长条件就会有所不同。那么反应在地表，不同质地的土壤上生长出来的麦子长势就会出现差异。于是考古学家在空中通过观察麦田中这种农作物长势的差异即可辨认出地下遗迹的方位和基本形状。比如，地下埋藏穷土，其土质异常坚硬，不适合为植物根系提供必要的养分，那么这块穷土上生长的植被就会比周围同类植被显得枯萎。反之，假设地下埋藏灰坑，灰土的土质肥沃而疏松，对植物根系的生长极为有利，那么毫无疑问，此灰坑上生长的植被就会优于周围同类植被。在洛阳地区，4 月底至 5 月底正是麦子拔节、抽穗、扬花直至成熟的时期。

这一时期，麦子由绿变黄，植被标志表现得格外突出，因而地下遗迹的结构也反应得比较清晰。

（1）关于勘察时间

就这次勘察所依据的麦田植被标志而言，最佳勘察时间是麦子由绿变黄和麦子刚刚变黄的一段时间。此时，某些遗迹上生长的麦子尚未成熟，还是绿色，而周围麦子已经变为黄色；或者某些遗迹上生长的麦子较早成熟，变为黄色，而周围麦子还都是绿色，这时彼此间的反差就比较明显，易于观察判断。在这几个遗址区中，邙山地势高，麦子成熟得早，5月中旬，这里的麦子已经开始变黄，到5月下旬，大部分麦子即将收割，那些地下遗迹也易发现。汉魏故城一带的麦子成熟得稍晚，但在我们拍摄时，遗迹部分已经比较明显地表现出来。而在偃师商城、二里头、洛南隋唐城三个地区，地势较低，麦子成熟要晚得多，在5月底，麦子尚未开始变黄，除少许遗迹外，我们几乎发现不到什么迹象，麦田中颜色反差还不能明显表现出来大概是最主要的原因。由于条件限制，我们不得不在5月底结束飞行勘察，如果再等待数天，这些地区的遗迹有可能会比较明显地反映出来。我们发现，遗迹部分与周围部分的麦子在由绿变黄时不是同步进行的，两者存在一个时间差，要么前者先黄，要么后者先黄。这个时间差或长或短，一般不超过一周。在这段时间中，勘察效率是最高的。

（2）关于土木结构的遗迹

在欧洲航空考古的勘察对象中，砖石结构的遗迹对植被生长的影响会很大，那么这类遗迹的植被标志就会因此表现得比较明显。在中国，无论哪个历史时期的遗迹，都是以土木结构为主。除穷土、路土、烧土等特别坚硬的土质外，一般遗迹的土质与周围土质之间的差别往往不那么大，因此遗迹相应的植被标志也会表现得不那么明显。这就要求我们必须格外重视对勘察时间的正确选择，某些遗迹一年中可能只有特殊的几天有所反映，其他时间则完全看不出来。这种情况在欧洲的航空考古工作中也是时有发生的。

另外，欧洲航空考古拍摄的照片中，很多迹象是由线条组成的，其解译标志有很多是圆圈、方框、不规则的线条等等。而洛阳航空考古勘察发现，很多遗迹现象是由各种面组成的。这主要是因为地面的土木建筑破坏殆尽后，只剩下土结构的基址，这些基址大多是人工铺垫而成的台面。有些台面轮廓是不规则的，多数是后代扰动所致。因此，在总结各种经验的基础上要善于概括性地理解那些不明确的迹象。今后的航空考古勘察中，这些形状各异的面将是我们判别遗迹的重要依据。

（3）关于埋藏深度

航空考古是通过观察地面反应来发现古迹的，所有迹象对观察者来说都是平面的，好像是地下遗迹在地表上的投影。当遗迹埋藏过深，植被根系不能达到时，地表就失去了对它的反应。通常埋藏深度超过 1 米的遗迹就不容易被观察到。因此航空考古的方法比较适用于埋藏较浅的遗址。

（4）解译标志的相对性

考古学家在总结航空考古勘察经验的基础上，将一些典型遗迹的标志归纳成为通用的参照标准，据此，遇到同类迹象即可迅速做出判断。对中国的航空考古来说，建立系统化、标准化的解译标志也是必不可少的工作。

根据本次工作的经验，我们必须注意这些解译标志的相对性。首先，不同地区的解译标志可能不尽相同。比如洛阳地区总结出来的解译标志可能不适合新疆地区，因为两地遗址的风格差别较大。其次，对一些比较模糊的植被反应，不同的人可能会有不同的判读结果。比如在实践中我们发现，田野中的植被长势不均就有遗迹性长势不均和非遗迹性长势不均之分，前者是因地下埋藏古迹造成的，后者则是因施肥不匀等各种人为原因造成的。这两种情况常常混杂在一起，使一些遗迹看上去非常模糊。此时我们很难拿这种不规则的东西去对照标准化的解译标志。

毕竟航空考古勘察是通过地表反映的现象来洞察地下遗迹，需要强调的是，航空考古只是考古研究的一部分，必须与田野考古相辅相成。它所提供的只是线索，可以有效地辅助发掘，而发掘是对其初步判断的可靠验证。所以按照航空考古学的理论，最后一道运作程序是田野实地验证。

3. 洛阳航空考古勘察所提出的新问题

洛阳航空考古勘察虽然取得了一些可喜的收获，但距离规范成熟的现代航空考古还有很大差距。一方面，这一领域的理论方法对我们而言还是头一次接触和操作，有很多东西需要学习和摸索。另一方面，由于条件还比较有限，某些必要的设备（如 GPS 全球定位仪）未能在这次工作中得到使用，这便大大影响了这次工作效率和科学价值。除了我们已经看到的一些地下遗迹的发现外，从考古学研究方法的角度看，它至少给我们带来如下一些十分有益的启发。

中国地域辽阔，历史悠久，大面积的古代遗址区不计其数。过去我们常用的钻探勘察技术对于超大地域的工作来说显得力不从心，这是因为，它所依据的是“点”遗迹概况，考古学家必须通过抽象思维和大量烦琐的统计工作方能形成对地下遗迹的间接认识；另外，在对每一个点进行数据统计时，核心判断依据是土质土色的变化，而直径也就是 5 厘米多的一块土样儿对于钻探者来说确实难于得出十分确凿的判断，因为其土质土色的变化往往是非常微妙的。在这项工作中，探工的操作经验比任何科学的技术规范重要得多，它是决定勘察成败的关键。在实际田野钻探工作中，我们有时会遇到这样的情形：过早地认定“已到生土”，而真正的生土还在 1 米以下。我甚至见过这样的事情：某片田野经“细致钻探”后被判定“无文化分布”，但就在这里挖出了完整的古代窑穴，而且窑穴中包含的是灰土。当然这里不能排除人为原因，但这些事例至少说明，某些时候面对扑朔迷离的土质土色，即使是经验丰富的职业探工也会感到不知所措。所以，一些有经验的考古学家往往对钻探结果持审慎态度。我认为，用探铲钻探来勘察遗址是一种从微观到宏观的过程，如果微观数据出了问题，那么宏观结果必然错误。因此，勘察面积越大，出现错误的概率也越大。

是否有可能先了解宏观概况，然后再去研究微观细节呢？航空考古正好为我们提供了这种可能性。它的勘察是一种从宏观到微观的过程。在这一过程中，考古学家首先看到遗址和遗迹的大致面貌，随后在对照片资料的后期研究中逐步了解细节。如果宏观了解有误，那么微观研究可以补正。航空考古勘察过程中，呈现在考古学家眼前的地下遗迹是一个直观的平面，而不是无数个特征点。所以不难看出，这种高效率的方法更适合勘察大面积分布的古迹，无论就广度还是就速度而言，航空考古作为一种勘察手段都遥遥领先于传统的工作方式。相信在未来的田野考古工作中，航空的宏观观察和钻探的微观探测（甚至包括各种适合的遥感科学的应用）相互有机的结合将使考古学家在未发掘前即可掌握更为丰富的有关地下遗迹的信息。

由于航空考古从本质上改变了考古学家对地面遗迹的观察角度，这就必然导致考古学家对于这些遗迹认识的不断加深。过去考古学家站在地面上，基本与遗迹处于同一平面，这是一种三维空间的平面关系；现在考古学家处于空中，而遗迹却在地面上，这则形成一种三维空间的立体关系。对遗迹来说，当我们身在其中时，往往“不识庐山真面目”，而当我们拉开距离改变视角后，不仅仅是发现一些过去看不到的东西，我们甚至可以受到许多提示和启发，认识到一些过去难以领悟的东西，从而对我们的研究对象获得一种全新的认识。从这层意义上讲，航空考古的推广或许有助于中国考古学在思维意识和思维观念上的发展。

航空考古有两个基本目的，首先是对遗址的发现和识别，其次是发现后的拍摄、解释和分析。它实际上是针对遗址进行考古学研究的一部分，而不只是单纯意义上的勘察。况且，航空考古的方法不但适用于发掘前的勘察，而且作为一种大有裨益的工作手段也适用于发掘过程中和发掘完毕后。在把握大面积发掘的进程时、在大面积揭露出遗址的全貌后需要整体观察和拍摄时，这种工作方式无疑是得天独厚的。就这点而言，航空考古是现代田野考古学中的一个必要的组成部分。

五　结语

综上所述，遥感考古的优势主要表现在以下几个方面：一是覆盖范围大，遥感考古可以获得研究区的全局信息，而地面观测只能获得视线内的地物景观，无法构成对全局的图像；二是光谱范围广，人的肉眼只能观测到可见光部分的电磁波反射能量，而遥感则能利用紫外线、可见光、红外线、热红外、微波等全波段电磁波来观察探测地物；三是时空分辨率高，田野考古只能在特定的时间对考古对象进行野外勘察，而遥感考古则可利用卫星多时间重复频率所获得的数据积累获得研究区的遥感数据，研究考古遗址区随时间变化的地形景观及古遗址的情况。在空间分辨率上，高分辨率商业卫星已经能提供和航空摄影测量所得图像相比的多波段遥感图像。同时，遥感考古光谱分辨率高、穿透能力强（能获取地表下一定深度的考古信息）并可以对考古文物进行无损探测，所有这些优势使得遥感考古在考古学空间信息数据获取、考古遗址勘测探寻、历史文化遗产保护及监测、古代环境复原等方面可以发挥重要的作用。

应用对地观测技术进行文化与自然遗产研究，是自然科学与社会科学，高新技术与人文科学相互交叉、渗透、融合的一门新兴科学，它可将考古学推向一个全新的发展阶段。随着我国卫星遥感技术的提高，遥感考古在我国将有得天独厚的优势。

目前，遥感考古正面临大好机遇和挑战。国家“十一五”科技发展规划，我国将继续发射资源、气象、海洋系列卫星，环境与灾害监测预报小卫星和测绘等卫星。2005 年发射的“北京一号”小卫星除 4 米高空间分辨率的全色 CCD 相机外，还具有 32 米多光谱扫描仪，特别是其中的红、近红外谱段对遥感考古是十分重要的。另外，由于采用了新型相机设计，使卫星扫描面积达到 600 千米 ×600 千米，并具有在 24 小时内重访的能力。它的这些优越性能不仅在灾害监测等方面发挥优势，而且在考古研究、文化遗产的监测和保护方面将发挥重要作用，将为该星增添新的应用领域，使我国的遥感考古更具有特色，并可根据与联合国教科文组织签署协议这一有利平台，参与开展世界文化与自然遗产的监测和保护工作，提高我国卫星应用在国际上的影响力。

利用空间信息技术来研究历史文化遗产可能会遇到许多科学问题，诸如遥感对古代遗产信息的作用机理是什么，从遥感图像提取古遗址信息的不确定性问题，我们如何认识古地理景观等。但是作为一个新兴的学科，随着空间信息技术与考古学的发展，随着空间信息技术人员与考古学家的不断交流，遥感考古研究应用中的理论、方法与技术会逐渐得到加强，遥感考古学科体系终将会得以完善。

这次在洛阳地区进行的实验性工作已经证明了航空考古在中国开展的可行性，并宣告了这项工作在中国已经有计划地系统展开。

航空考古的后期整理工作，力图从分析研究洛阳的勘察资料入手，逐步积累经验，建立较为系统的解译标志，并使今后的航空考古工作向规范化发展。同时，在计算机数据处理、分析、制图等方面逐步建立一套比较先进的应用系统，以便完成包括数据库管理、图像处理、航片校正、精确定位等一系列相关程序的工作，最终建立中国航空考古的 GIS 地理信息系统。这将是一个比较长期的研究计划。

目前，中国卫星遥感技术的进步及无人机技术的普及，极大地推动了遥感技术在考古学研究领域的应用，祝愿中国遥感考古事业借助科技大发展东风，迎来全面发展的又一个春天。

谨以此文纪念俞伟超先生长期以来对遥感考古事业付出的心血和卓越贡献！

［壹］

偃师二里头遗址

一　概况

二里头遗址位于洛阳市以东约 10 千米的洛河南侧，南距伊河约 5 千米，东北距偃师市区 9 千米。遗址北至洛河滩（北纬 34°42′23″），东至圪垱头村东一线（东经 112°41′55″），南到四角楼村南（北纬 34°41′10″），西抵北许村（东经 112°40′16″）。遗址东西长约 2400 米，南北最宽约 1900 米，包括二里头、圪垱头、四角楼、寨后和辛庄五个自然村，总面积

图 1-1　二里头遗址地形图（底图根据 1966 年航片绘制）

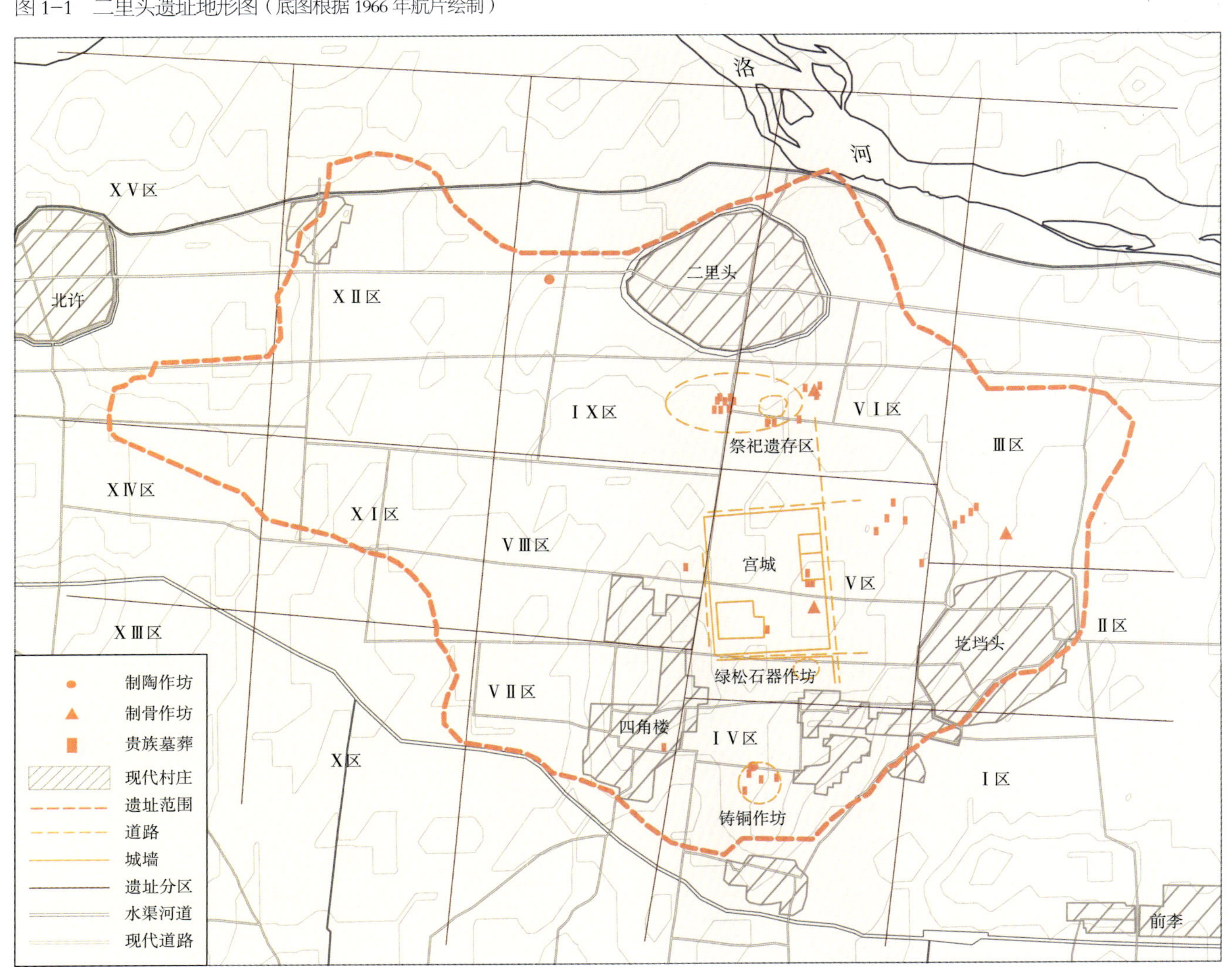

图 1-2　二里头遗址航摄影像（镜向 205°，1996 年 5 月）

图 1-3　二里头遗址航摄影像（镜向 125°，1996 年 5 月）

图 1-4　二里头遗址航摄影像（1966 年）

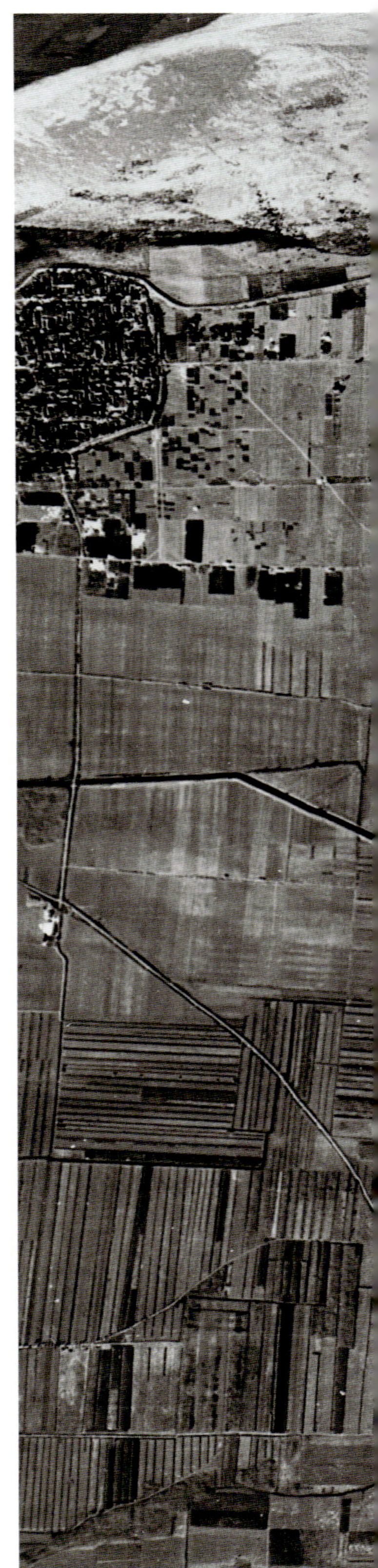

约 300 万平方米。1957 年发现该遗址，1959 年中国科学院考古研究所在此建立工作队，开始进行发掘和研究工作，先后发掘面积 5 万多平方米，发现了大量的重要遗迹和遗物，确定了遗址的范围与布局（图 1-1 ～ 1-5）。二里头文化层堆积厚达 3 ～ 4 米，包含四期文化。第一期文化的陶器以褐陶为主，磨光黑陶占一定比例，纹饰以篮纹为主，器形多为宽折沿、小平底，遗迹主要为一些小型墓葬、灰坑等。第二期文化的陶器中黑陶数量减少，纹饰以细绳纹为主，篮纹明显减少，器形多折卷沿和圜底，出现簋、大口尊等，遗迹有大面积建筑夯土、小型房屋、中小型墓葬等。第三期文化处于全盛时期，陶器以灰陶为主，陶质坚硬，粗绳纹居多，器形多为卷沿和圜底，新出现鬲等，遗迹有大型宫殿建筑基址、中小型房屋基址、道路、陶窑、灰坑等。第四期文化的陶器也以灰陶为主，绳纹多见，篮纹和方格纹几乎绝迹，遗迹有房屋、中小型墓葬、灰坑和陶窑等。整个遗址发现的遗迹主要有宫城及道路、大型建筑基址、贵族及

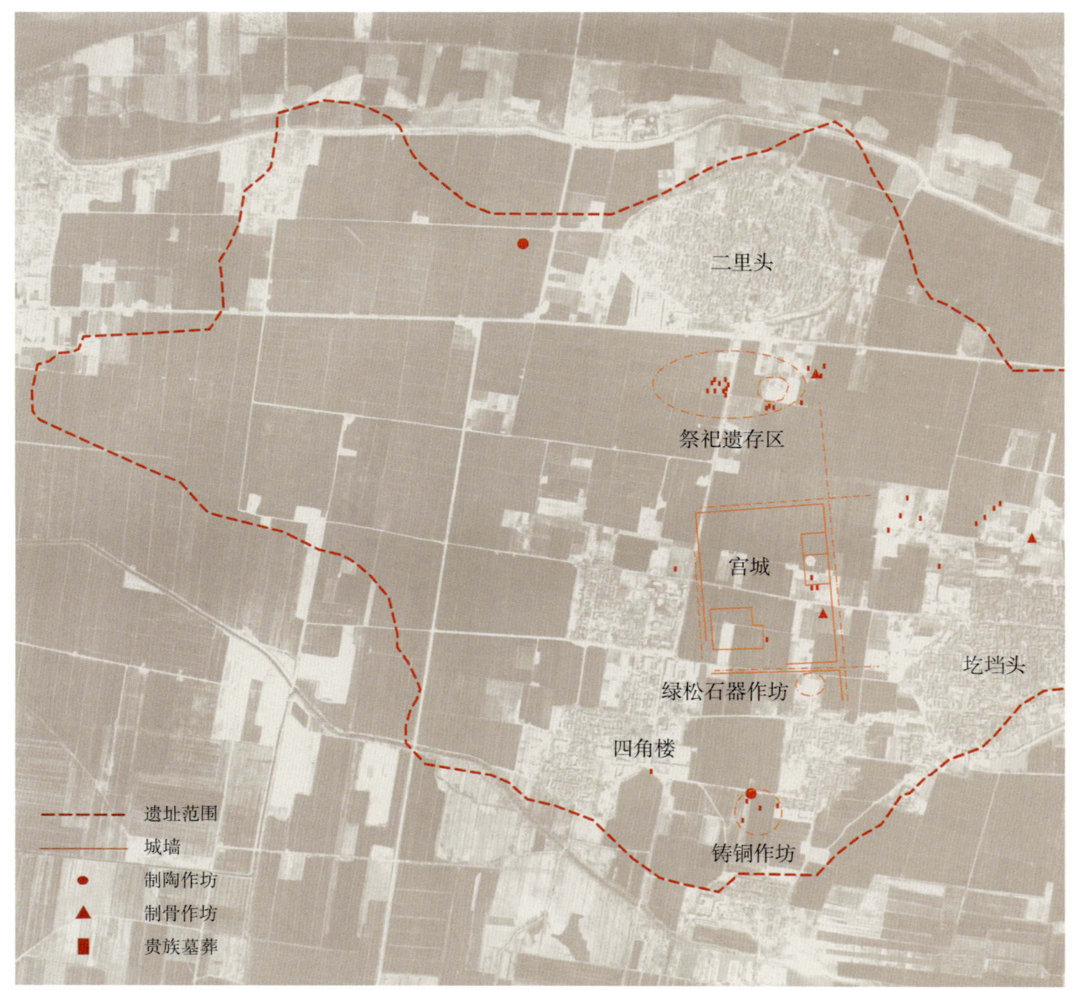

图 1-5　二里头遗址航摄影像（1979 年）

一般居住区、祭祀区、墓葬、铸铜作坊及手工业遗迹等[1]。

二　宫城

宫城平面略呈长方形，围以垣墙。城墙总体保存较差，以东墙和北墙保存略好，四个拐角中仅存东北角（图 1–6），其余均遭破坏或被民房叠压。东墙方向 174°，残长 330 余米，已发现 2 处门道（图 1–7）。西墙方向 174.5°，残长 150 余米。东北角呈直角。南墙与东墙延长线的夹角为 87°。北墙残长约 250 米，南墙残长 120 余米。东、西墙的复原长度分别为 378、359 米，南、北墙的复原长度分别为 295、292 米，面积约 10.8 万平方米。

图 1-6　二里头遗址宫城东北角

图 1-7　二里头遗址宫城东墙

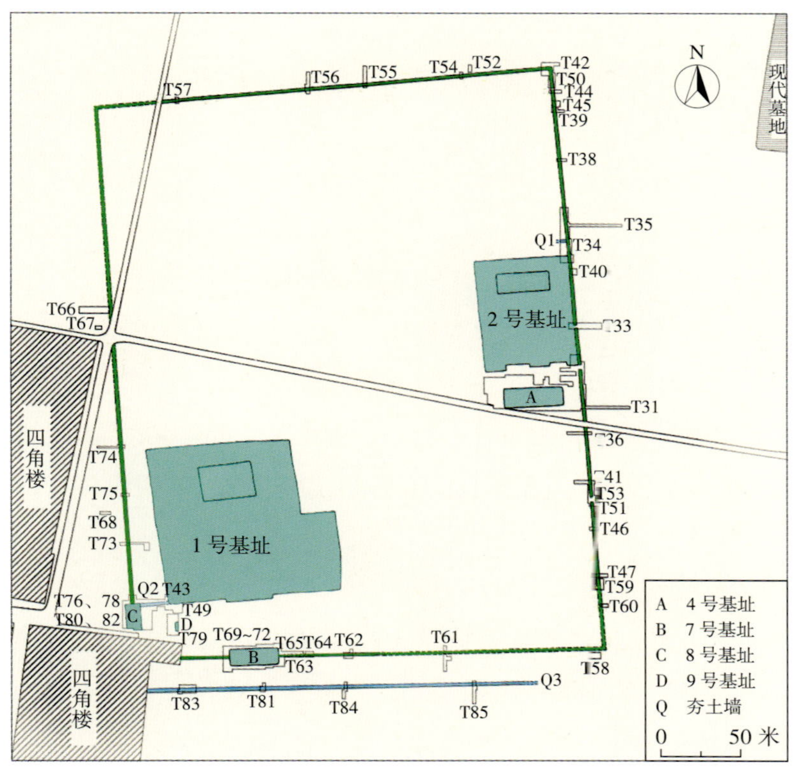

图 1-8　二里头遗址宫城平面图

宫城东墙和北墙无基槽，平地起建，上宽 1.8 ~ 2.3 米，底部最宽超过 3 米，残高 0.1 ~ 0.75 米。东墙直接建于早期道路的路土上，北墙建于有踩踏痕的垫土上，这可能是东墙、北墙大部不设基槽的原因。墙体夯层厚薄不均，厚 4 ~ 12 厘米。南墙残宽 1.9 米，夯土残厚 0.42 米，建于早期路土、垫土或生土上，部分地段发现有较浅的基槽。西墙亦建于早期路土、垫土或生土上，挖有浅槽，基槽残深 0.36 ~ 0.43 米，宽约 2.4 米，夯土局部见夯窝。经解剖，宫城城墙的始建年代在二里头文化二、三期之交，延续使用至二里头文化四期晚段[2]（图 1–8）。

在宫城内发现建筑基址数十处，其中 1 ~ 4、7、8 号建筑基址规模较大（见图 1–9）。

1 号基址平面略呈正方形，东西长 108 米，南北宽约 100 米。基址中部偏北处有一长方形台基，东西长 36 米，南北宽 25 米，为殿堂基座。其上四周有排列整齐柱洞，直径均约 0.4 米，南北两面各 9 个，东西两面各 4 个，排列整齐，间距 3.8 米，这些柱洞为殿堂的檐柱。在檐柱外侧 0.6 ~ 0.7 米的地方还有一圈小柱洞或柱础石，其排列为每个大柱洞附着两个小柱洞，每对小柱洞相距 1.5 米，直径 0.18 ~ 0.2 米。这一圈小柱洞可能为支撑殿堂出檐的挑檐柱。檐柱东西 9 排，南北 4 排，是一座面阔 8 间、进深 3 间的双开间建筑。台基的北、西、南三面各发现一道墙基，西墙基全长 98 米，南墙基全长 33.7 米，北墙基破坏严重。墙基宽 0.45 ~ 0.6 米，全部夯筑。其内侧有一排柱洞，在南北两墙基的外侧还各有一排柱洞。从现存的遗迹看，殿堂四周有一组完整的廊庑建筑。殿堂西面廊庑外面起墙，里面立柱，为一面坡的形式。南北两面的廊庑中间起墙，里面立柱，是两面坡的形式。大门在基址南墙的中部，外凸的部分残存柱洞 8 个，柱洞直径 0.4 米，间距 3.8 米，应为面阔 8 间的牌坊式建筑。整个建筑台基全部由夯土筑成，夯土最厚达 3 米左右，夯层一般厚 4.5 厘米，夯窝圆形，直径 3 ~ 5 厘米，夯打坚实。殿堂的基座略高出周围的台基，上小底大，基座底部铺垫有三层鹅卵石，用以加固基址。这座基址建于二里头文化第三期，毁于第四期[3]（图 1–9）。

2 号基址位于 1 号基址东北约 150 米处，平面呈长方形，南北长 72.8 米，东西宽 58 米。形制与 1 号基址相仿，由殿堂、廊庑、大门、庭院等组成。基址的四边包括北墙、东墙与东廊、西墙与西廊，南面为复廊和大门。北墙与三面廊围成一个庭院，庭院偏北是殿堂，殿堂与北墙之间有一大墓。殿堂建在基址北部的长方形台基上，台

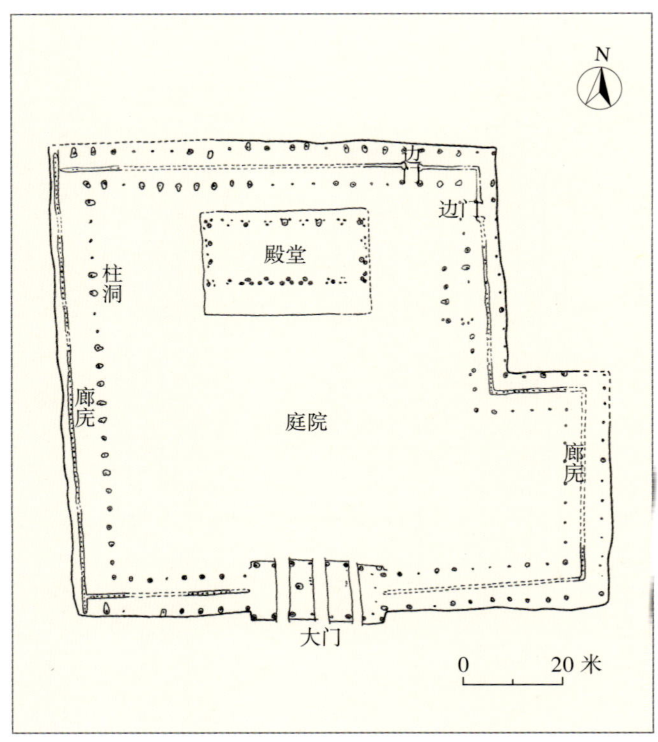

图 1–9 二里头遗址 1 号基址平面图

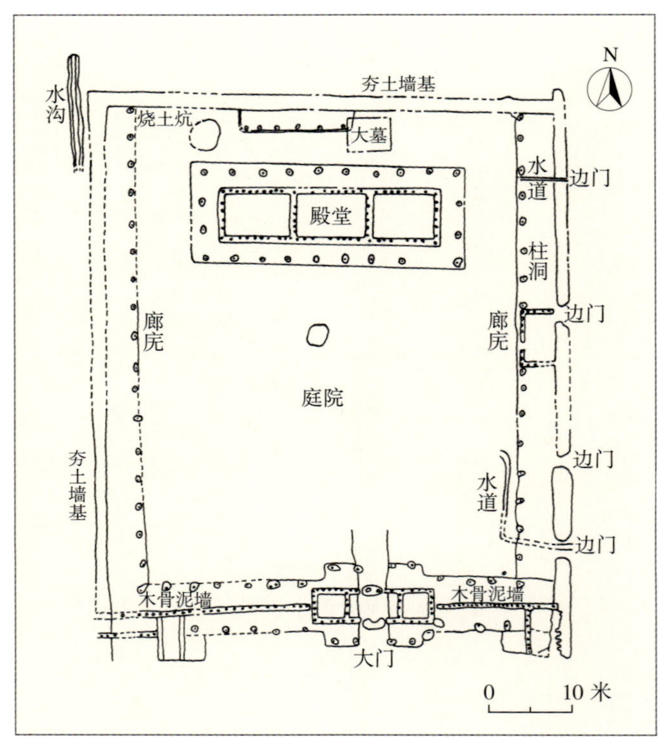

图 1–10 二里头遗址 2 号基址平面图

基东西长 32 米，南北宽 12 米多。台基四周各有一排柱洞，柱洞直径 0.2 米左右，深 0.4 ~ 0.75 米。东西向一排 10 个，南北向一排 4 个，间距约 3.5 米。柱洞内侧有 3 间木骨墙房屋，东西通长 26.5 米，南北宽 7.1 米。基址四周有围墙及廊庑建筑。北墙宽约 1.9 米，廊庑宽 2.5 米左右。东墙宽约 1.4 ~ 1.8 米，东廊宽 4.4 ~ 4.9 米。西墙宽约 1.4 ~ 1.8 米，西廊宽 3.4 ~ 4.7 米。南面复廊宽 6 米左右。大门位于南墙中部偏东，为庑式建筑，中间为门道，东西两侧各有一方形室。庭院南北长约 59.5 米，东西宽约 45 米，其北部及东、西较高，南部较低，到近南大门处又逐渐高起。庭院在殿堂四周普遍有坚实路土，最厚达 0.4 ~ 0.5 米。庭院东部发现有两处地下水道，东北部一处为陶质水管道，陶水管现存 11 节，长 7 米左右。另一处在庭院东南部，是用石板砌成的方腔形水道，上面垫土。大墓位于殿堂与北墙之间，与南大门南北对应。墓为东西向，长方形竖穴。墓口东西长 5.2 ~ 5.35 米，南北宽 4.25 米，墓深 6.1 米。有生土二层台。墓内填夯土，遗物被盗一空。此墓打破庭院内夯土，又被庭院内的路土所压，因此大墓应与 2 号基址同时。2 号基址也始建于二里头文化第三期，第四期继续使用[4]（图 1–10）。

3 号基址为一座多院落大型建筑，局部被 2 号基址叠压。基址南北长 150 余米，宽 50 米左右，主体至少由三重院落组成。北院内发现有积水迹象的大型坑状遗迹。中院南北宽 20 米，主殿夯土台基宽 6 米多，并发现有连间房屋和前廊遗迹。中院和南院院内发现有成排的墓葬和石砌渗水井等遗迹。该基址的年代属二里头文化第二期[5]（图 1–11）。

4 号基址位于 2 号基址正南，两者相距 10 余米。其主体由主殿台基、东西庑（西庑遭严重破坏）和庭院组成，复原宽度逾 50 米。方向与 2 号基址及宫城东墙相同。主殿台基平面呈圆角长方形，东西长 36.4 米，南北宽 12.6 ~ 13.1 米。夯筑，质地坚硬，夯层厚 5 ~ 8 厘米，夯窝圆形，直径 3 ~ 4 厘米。台基南北两侧的柱础两两对应，各有 13 个，横向间距约 3 米。台基外围多见路土，北缘中部有垫土踏步遗迹。东庑建于主殿台基和宫城东墙之间，现存厚 0.2 ~ 0.25 米的夯土或垫土，向外逐渐变薄。夯土上发现有木骨墙槽和柱础，墙槽宽 0.35 ~ 0.5 米，柱洞直径 0.21 ~ 0.25 米，间距 2.4 米。4 号基址与 2 号基址有共同的建筑中轴线，应属同一组建筑。4 号基址的始建年代为二里头文化第三期，沿用至第四期偏晚[6]（图 1–12）。

7 号基址位于 1 号基址南大门的正前方，坐落于宫城南墙之上，破坏较严重。基址长 31.5 米，宽 11 米左右。仅在台基东中部发现了 3 个残存底部的柱坑，均有础石。据此推断其单排柱础数应为 8 个，柱础间距约 4 米[7]（图 1–13）。

8 号基址位于 1 号基址西南，坐落于宫城西墙之上，也遭严重破坏。基址的发掘长度近 20 米，宽 10 米。基址上发现柱础 8 个，东排应为 7 个，间距 3 米左右[8]。

7、8 号基址的始建年代为二里头文化第二、三期之交，沿用至二里头文化第四期晚段或稍晚。

在宫城外围有 4 条垂直相交的大路，走向与 1、2 号基址的方向基本一致，略呈“井”字形，显现出方正规矩的布局。路土一般宽 10 余米，最宽处达 20 米左右。宫城东侧的南北向大路，早晚期一直沿用。早期路土宽 20 米左右，厚 0.3 ~ 0.42 米；晚期路土宽缩至 10 多米，厚 0.25 ~ 0.45 米。宫城南北墙外的大路宽 10 余米，厚 0.13 ~ 0.42 米。宫城西墙外的大路，早期路土宽 12 米以上，残厚 0.32 米。由发掘可知，这几条大路的使用时间均较长，由二里头文化第二期沿用至第四期或稍晚[9]。

二里头宫城是我国目前发现最早的大型宫城遗址，其方正规矩的城垣、排列有序并有独立中轴线的建筑基址群和纵横交错的中心区道路网，表明二里头遗址为一处科学规划、布局严整的都邑遗址。

图 1-11　二里头遗址
3 号基址

图 1-12　二里头遗址
4 号基址

图 1-13　二里头遗址 7 号基址

三　居住区

分贵族居住区和一般居住区。贵族居住区位于二里头遗址的东部、东南部和中部，即宫城周围的Ⅱ～Ⅸ区，为中小型夯土建筑基址（见图 1-1）。20 世纪 70 年代至今，在宫城以东和东北一带，发现 40 多处夯土基址，面积在 20 ～ 400 平方米之间。在宫城以南、西也发现有夯土遗存。中型墓葬的分布与这些夯土建筑基址的分布大体一致。

一般居住区位于整个遗址的西部和北部区域，即Ⅶ、Ⅷ区西部，Ⅺ、Ⅻ、ⅩⅣ、ⅩⅤ区及Ⅵ、Ⅸ区北部，为小型地面式和半地穴式房基（见图 1-1）。以随葬陶器为主的小型墓葬也多分布在这一区域[10]。

四　祭祀遗存区

位于遗址中、东部的宫殿区北部和西北部一带（Ⅵ、Ⅸ区南部）。这一带集中分布着一些可能与宗教祭祀有关的建筑和埋葬猪、羊的灰坑等遗迹。主要包括圆形的地面建筑和长方形的半地穴建筑及附属于这些建筑的墓葬等。目前已经掌握其范围东西长达二三百米（见图 1-1）。

五　墓葬

根据目前已公开发表的材料，在该遗址已发掘的二里头文化时期的墓葬多达 400 余座。这些墓葬散见于居住区内，未发现集中分布而长期沿用的墓地。墓葬间随着二里头文化各期文化层的变化而出现相互叠压或打破现象。有些墓葬常见于当时的居住区或日常活动区内，如路土之间、建筑近旁、庭院内甚至房屋内等。

墓葬可分为大、中、小三种，均为长方形竖穴土坑墓。大型墓葬仅发现一座，位于 2 号宫殿遗址北部，墓长 5.2 ～ 5.35、宽 4.25 米，深 6.1 米。有生土二层台，西高东低，呈斜坡状。墓内填夯土，夯层厚约 5 厘米。墓葬被盗，遗物无存，仅发现少量朱砂、漆皮、蚌饰片。墓口下 2.7 米深处另有一朱漆木匣，内存一完整的狗骨架[11]。

中型墓墓口长 2 米，宽 1 米余，有二层台，墓底有漆棺朽痕、席纹及朱砂层。人骨架头向北，仰身直肢。随葬铜器、玉器、漆器、陶礼器和其他装饰品等。

小型墓葬发现数量最多，墓口长不足 2 米，宽仅 0.6 ～ 0.7 米。墓底无二层台和朱砂层，每墓内葬一具仰身直肢人骨，随葬品只有陶器。另外，还发现不少被弃置在极狭窄的墓坑或灰坑中的尸骨，多为俯身葬，有的双手被捆绑，有的身首异处，可能是被杀后随意处理或与祭祀有关。

六 铸铜作坊与手工业遗迹

铸铜作坊面积在 1 万平方米以上，位于遗址南部偏东（Ⅳ区）、宫殿区之南 200 余米处[12]（见图 1–1），发现了不少铸铜的坩埚、陶范、铜渣等。从该遗址出土的青铜器看，工具和兵器都用单范铸造，爵则用复合范铸成，工艺较复杂。在作坊区南部发现壕沟遗迹 1 处，宽 16 米以上，深约 3 米，已知长度逾 100 米[13]。

陶窑在遗址内分布较为分散，尚未发现成片的制陶窑址。陶窑为直壁圆筒形，直径 1 米左右，窑顶已塌，下部有火膛和窑门，中部有长方形土柱以支撑窑箅，箅面有若干圆孔。这种陶窑结构表明当时的制陶工艺有相当高的水平。在遗址的多处地点都发现有出土废骨料、骨器半成品和砺石的灰坑等，而以Ⅲ区和Ⅵ区的两个地点（位于宫城以东和以北）最为集中，其周围应有制骨作坊。

在宫殿区南部发现多处绿松石废料坑，其中 1 处出土了数千枚绿松石块粒，相当一部分带有切割、琢磨的痕迹，还有因钻孔不正而报废的绿松石珠。这些应与绿松石器制造作坊有关[14]。在遗址的很多墓葬内，都出土有绿松石器或嵌绿松石的器物。其中 02VM3 墓主人骨架旁发现一件大型的绿松石龙形器，由 2000 余片各种形状的绿松石片组合而成，龙形图案清晰，色彩绚丽[15]。这些材料都应是取自绿松石制造作坊。

另外，从航片上根据麦子长势的泛黄色部分，可以看出以下几处可能有建筑遗迹的痕迹：

（1）二里头村的西南部，即Ⅸ区的西南与Ⅻ区的东南处（图 1–14）。

（2）二里头村的村东头（图 1–15、1–16）。

（3）四角楼村的东北、宫城区的西北部（图 1–17）。

（4）铸铜作坊与宫城之间的区域，即Ⅳ区西北与Ⅴ区西南部（图 1–18 ~ 1–21）。

这些痕迹有的排列很规矩，它们是否是建筑遗迹，以及是何时的建筑遗迹，还有待考古发掘进行验证。

《逸周书·度邑》载：“自洛汭延于伊汭，居易无固，其有夏之居。”古本《竹书纪年》称：“太康居斟鄩，羿又居之，桀亦居之”。今本《竹书纪年》记“仲康居斟鄩”。其地就在今偃师市境内。通过考古界数十年对二里头遗址的发掘，目前多认

图 1-14　二里头遗址建筑遗迹航摄影像（镜向 15°，1996 年 5 月）

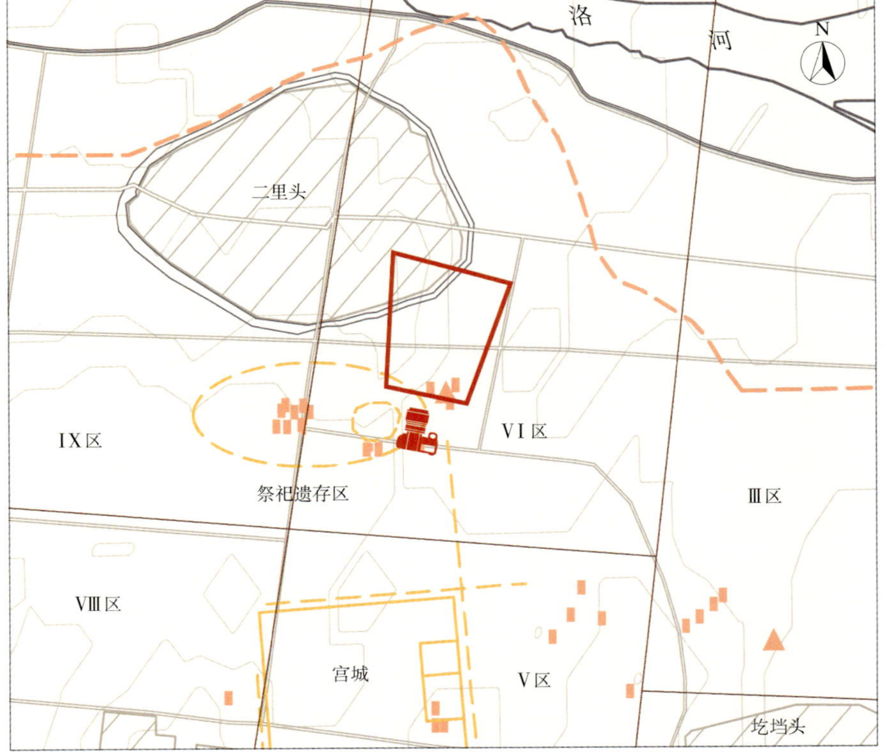

图 1-15　二里头遗址建筑遗迹航摄影像（镜向 15°，1996 年 5 月）

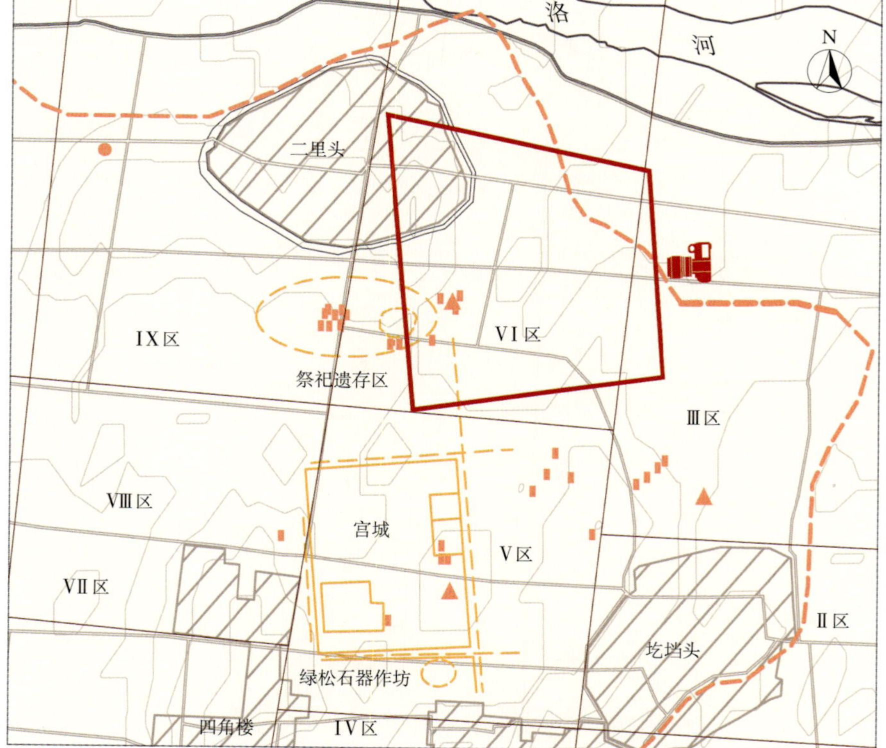

图 1-16　二里头遗址建筑遗迹航摄影像（镜向 270°，1996 年 5 月）

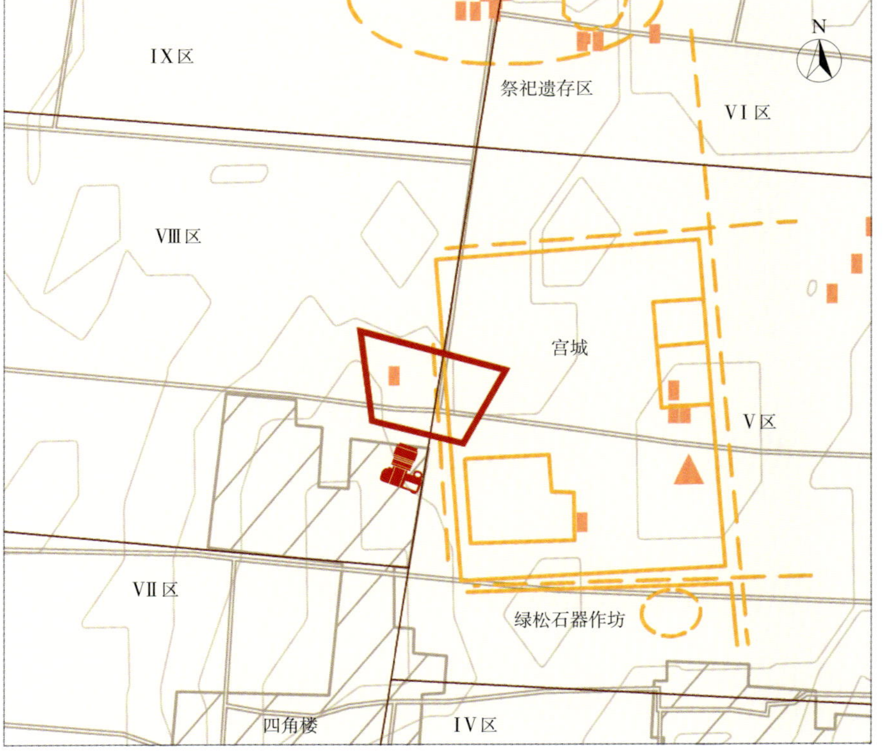

图 1-17　二里头遗址建筑遗迹航摄影像（镜向 10°，1996 年 5 月）

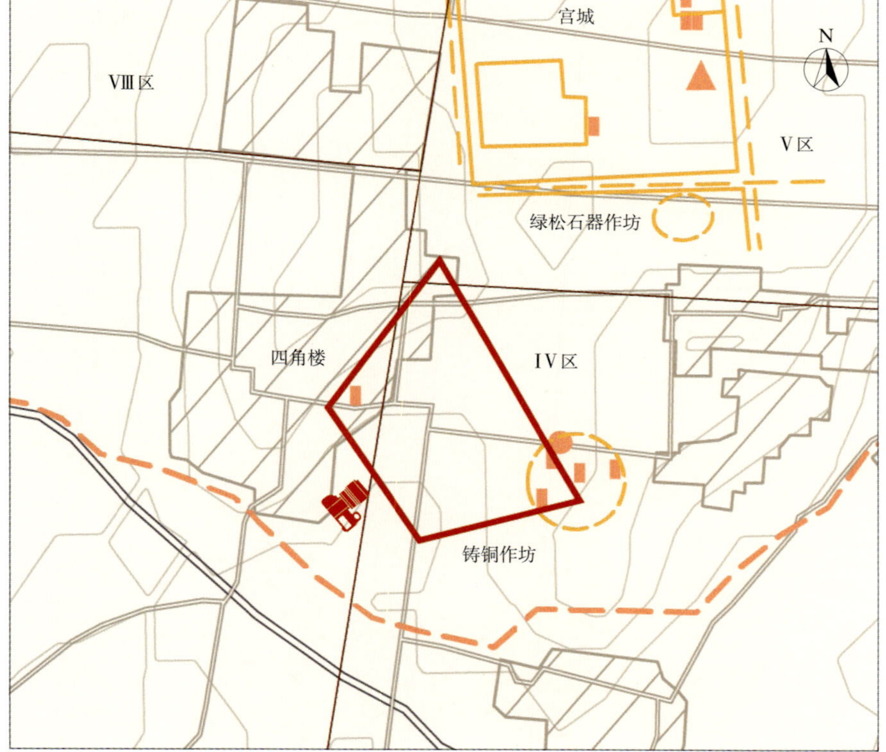

图 1-18　二里头遗址建筑遗迹航摄影像（镜向 50°，1996 年 5 月）

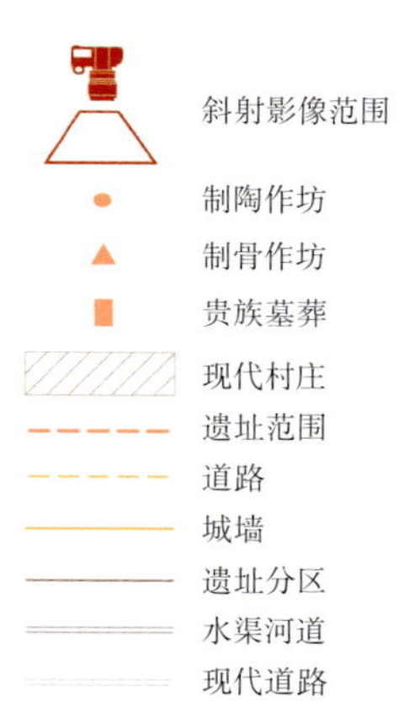

图 1-19　二里头遗址建筑遗迹航摄影像（镜向 65°，1996 年 5 月）

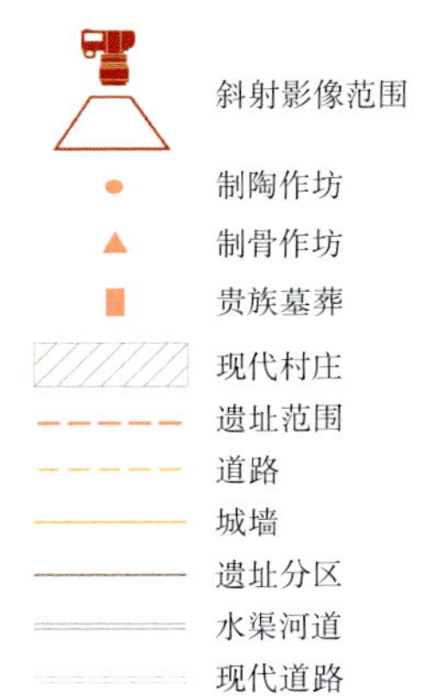

图 1-20　二里头遗址建筑遗迹航摄影像（镜向 235°，1996 年 5 月）

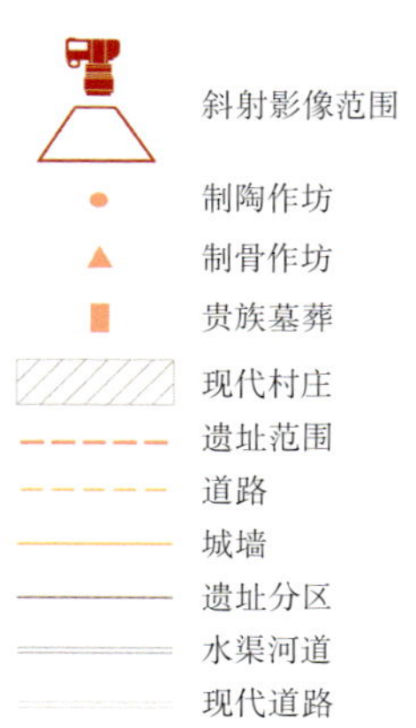

图 1-21　二里头遗址建筑遗迹航摄影像（镜向 265°，1996 年 5 月）

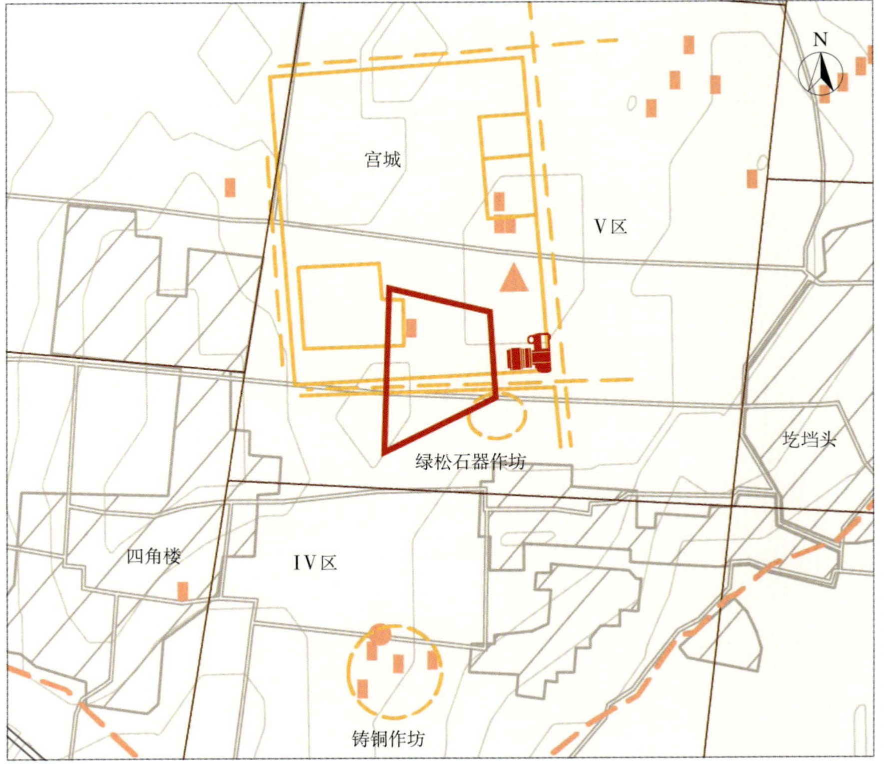

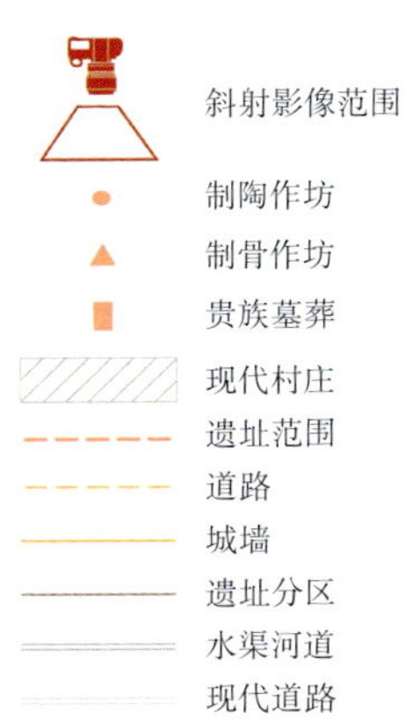

为二里头遗址是夏代晚期的一处都邑。它是我国古代最早具有明确规划的都邑，开中国古代都城规划制度的先河，后世中国古代都城营建制度的许多方面，都可以追溯到二里头遗址。

注释

［1］中国科学院考古研究所洛阳发掘队:《1959年河南偃师二里头试掘简报》,《考古》1961年第2期;中国科学院考古研究所洛阳发掘队:《河南偃师二里头遗址发掘简报》,《考古》1965年第5期;中国科学院考古研究所二里头队：《河南偃师二里头早商宫殿遗址发掘简报》，《考古》1974年第4期；中国社会科学院考古研究所：《偃师二里头——1959年~1978年考古发掘报告》，中国大百科全书出版社，1999年。

［2］中国社会科学院考古研究所二里头工作队：《河南偃师市二里头遗址宫城及宫殿区外围道路的勘察与发掘》，《考古》2004年第11期。

［3］中国科学院考古研究所二里头队：《河南偃师二里头早商宫殿遗址发掘简报》，《考古》1974年第4期；中国社会科学院考古研究所：《偃师二里头——1959年~1978年考古发掘报告》，中国大百科全书出版社，1999年。

［4］中国社会科学院考古研究所二里头队：《河南偃师二里头二号宫殿遗址》，《考古》1983年第3期；中国社会科学院考古研究所：《偃师二里头——1959年~1978年考古发掘报告》，中国大百科全书出版社，1999年。

［5］中国社会科学院考古研究所二里头工作队：《河南偃师市二里头遗址中心区的考古新发现》，《考古》2005年第7期。

［6］中国社会科学院考古研究所二里头工作队：《河南偃师市二里头遗址4号夯土基址发掘简报》，《考古》2004年第11期。

［7］同［2］。

［8］同［2］。

［9］同［2］。

［10］许宏、陈国梁、赵海涛：《二里头遗址聚落形态的初步考察》，《考古》2004年第11期。

［11］同［4］。

［12］郑光：《二里头遗址的发掘——中国考古学上的一个里程碑》，《夏文化研究论集》，中华书局，1996年。

［13］郑光、杨国忠、张国柱等：《偃师县二里头遗址》，《中国考古学年鉴·1984》，文物出版社，1984年。

［14］同［2］。

［15］中国社会科学院考古研究所二里头工作队：《河南偃师市二里头遗址中心区的考古新发现》，《考古》2005年第7期。

［贰］偃师商城遗址

一　概况

偃师商城遗址位于洛阳盆地东侧，偃师市西侧大槐树村与塔庄村之间，北依邙山，南临洛河。1983 年春季，中国社会科学院考古研究所洛阳汉魏故城工作队在配合首阳山电厂基本建设选址过程中发现该遗址。近 30 年来，共经历了三个阶段大规模的考古发掘，取得了一系列成果。因与史书中关于“尸乡，殷汤所都”[1]的记载相符，遂引起学术界的极大关注。目前多数学者认定其为商代早期都城遗址，夏商周断代工程将偃师商城的始建年代作为夏商文化的分界。

偃师商城遗址位于现今地面以下 1 ～ 4 米，整体保存完好。

图 2-1　偃师商城遗址地形图（底图根据 1966 年航片绘制）

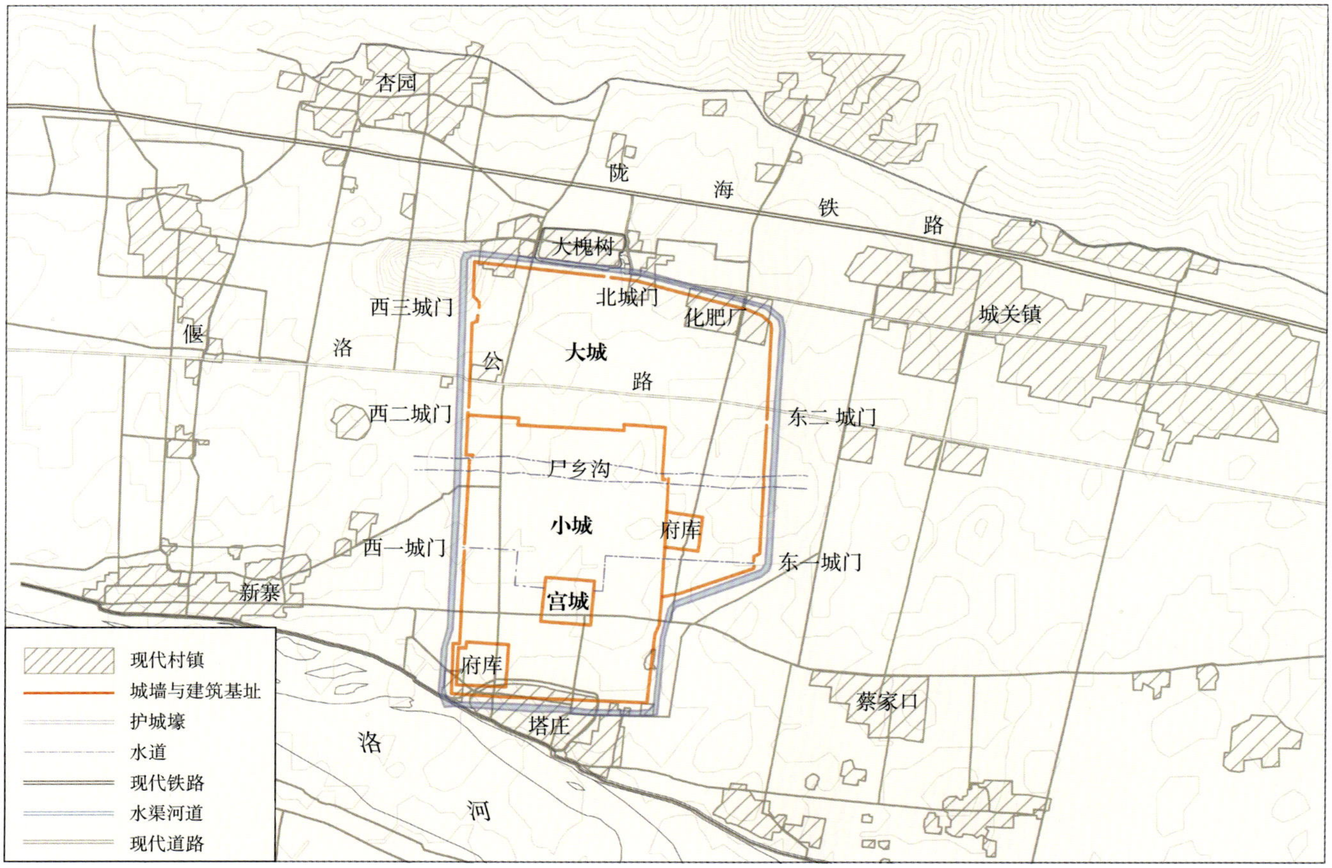

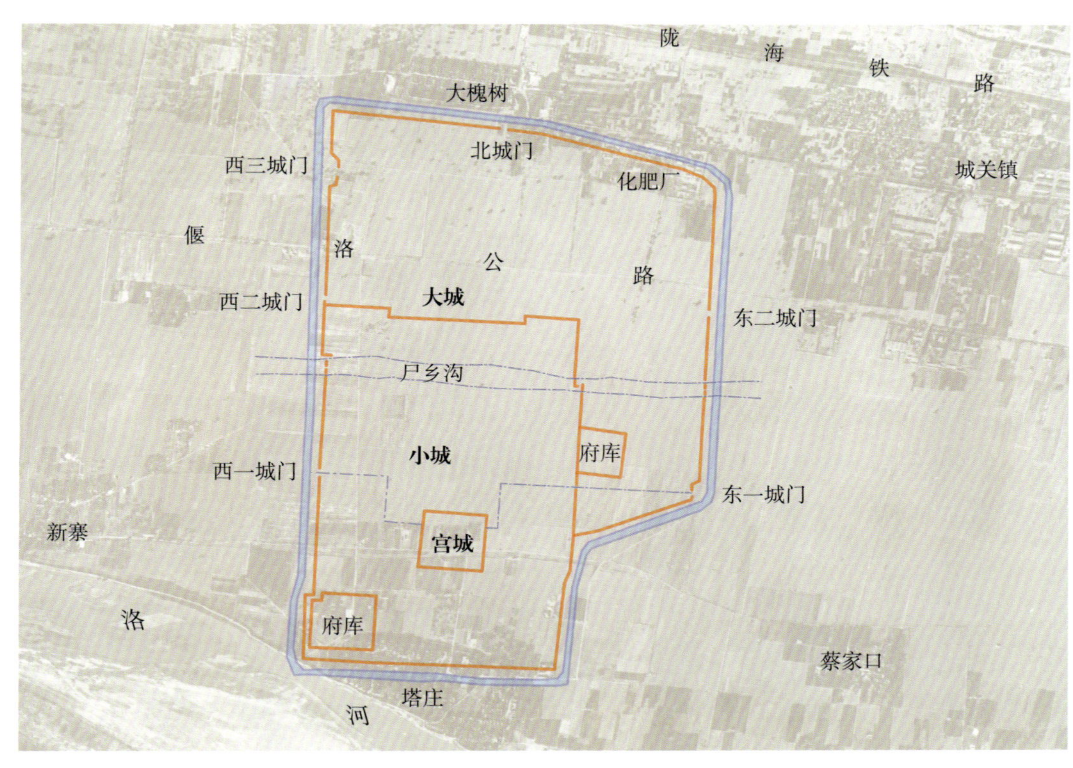

图 2–2　偃师商城遗址航摄影像（1966 年）

城址由大城、小城和宫城三重城垣及多组宫殿建筑基址组成（图 2–1 ～ 2–3）。

小城是偃师商城初建时修建的，1996 年经考古发掘证实，其平面大体呈长方形，南北长 1100 米，东西宽 740 米，城墙宽 6 ～ 7 米，小城的东城墙和北城墙破坏较为严重，西城墙和南城墙保存较好[2]。面积约 80 万平方米。城址南部正中为宫城，南部位置较高处有官署区，西南角为府库，北部为一般居住区。

宫城（原编号 YSJ1）位于小城正中略偏南部，平面近方形，长宽各约 200 米，总面积 4 万平方米，城墙厚约 2 ～ 3 米，南面正中有宽敞的门道[3]。自南向北分布有宫殿基址、祭祀遗存和池苑。其中宫殿部分现已探明的建筑基址分为东、西两区，对称分布，分别为贵族居住区和衙署所在地。宫殿基址北部为祭祀区和大型池苑区，城址北部有中小型房址、窖穴、水井、灰坑和手工业遗址，为平民和手工业者生活和作坊区（图 2–4）。

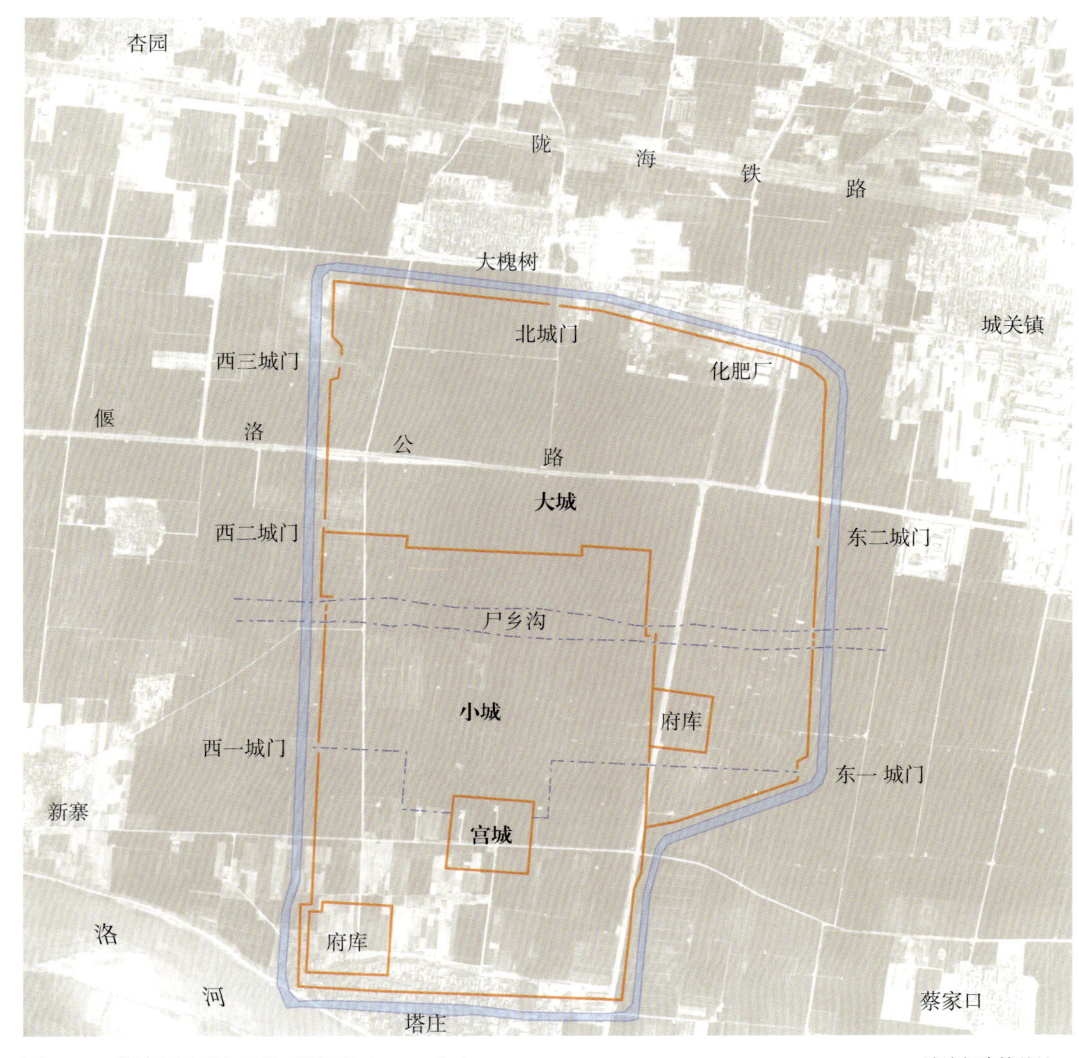

图 2-3　偃师商城遗址航摄影像（1979 年）

大城是在小城的基础上向北、向东延伸扩建而成的，其南城墙将小城南城墙完全包含进去，西城墙则是在小城西城墙基础上北延，整个大城平面呈北宽南窄的刀形，南北最长为 1700 米，东西最宽为 1215 米，城墙厚度 17 ~ 19 米，城址面积 190 万平方米。大城北城墙有 1 座城门，东城墙有 2 座城门，西城墙有 3 座城门，其间有道路相通[4]（图 2-5）。在城内发现有东西向大路 5 条，南北向大路 6 条，路面宽 6 ~ 10 米。

距今 3600 多年前的偃师商城遗址是迄今为止所发现的我国商代早期城址中年代最早、规模最大、保存最好的一座都城，其规划严密、选址得当、主次分明、布局合理，城址内宫城及其宫殿建筑是研究我国早期帝王都城，尤其是宫城制度、宫殿建筑布局的珍贵资料，开创了建造都城的先河，在我国都城建设史上起着承前启后的作用。

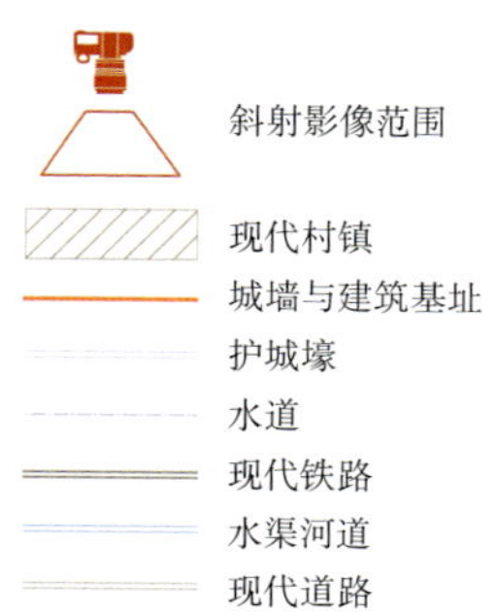

图 2-4　偃师商城航摄影像（镜向 40°，1996 年 5 月）

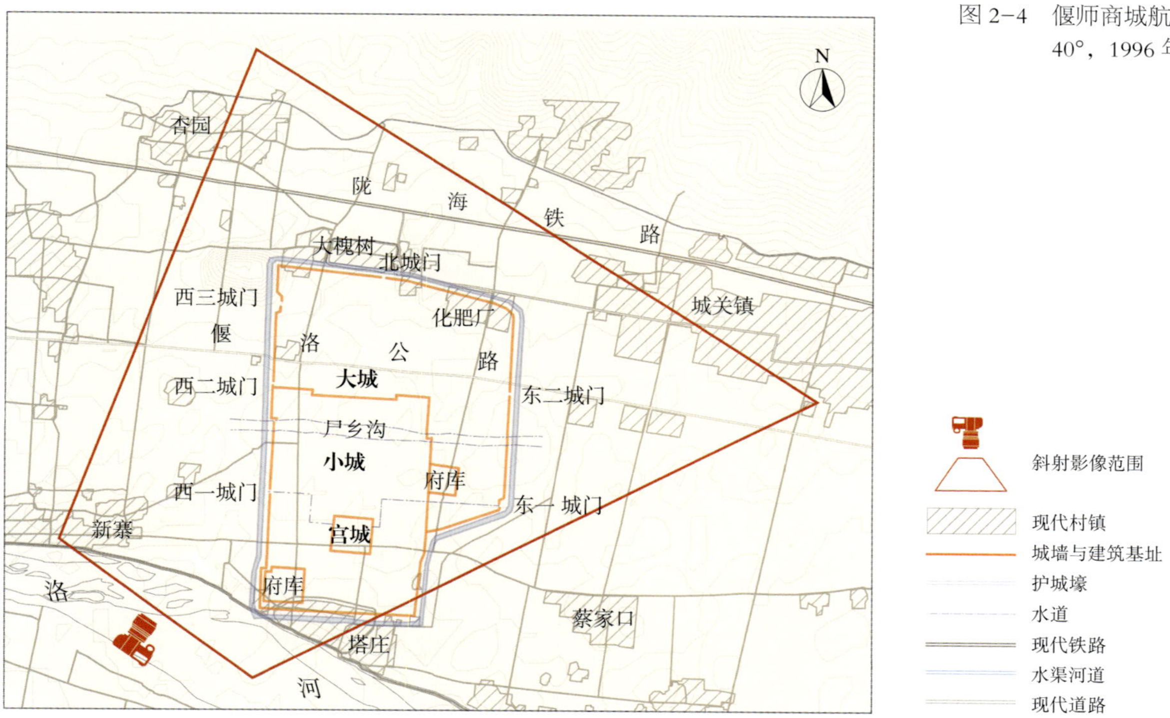

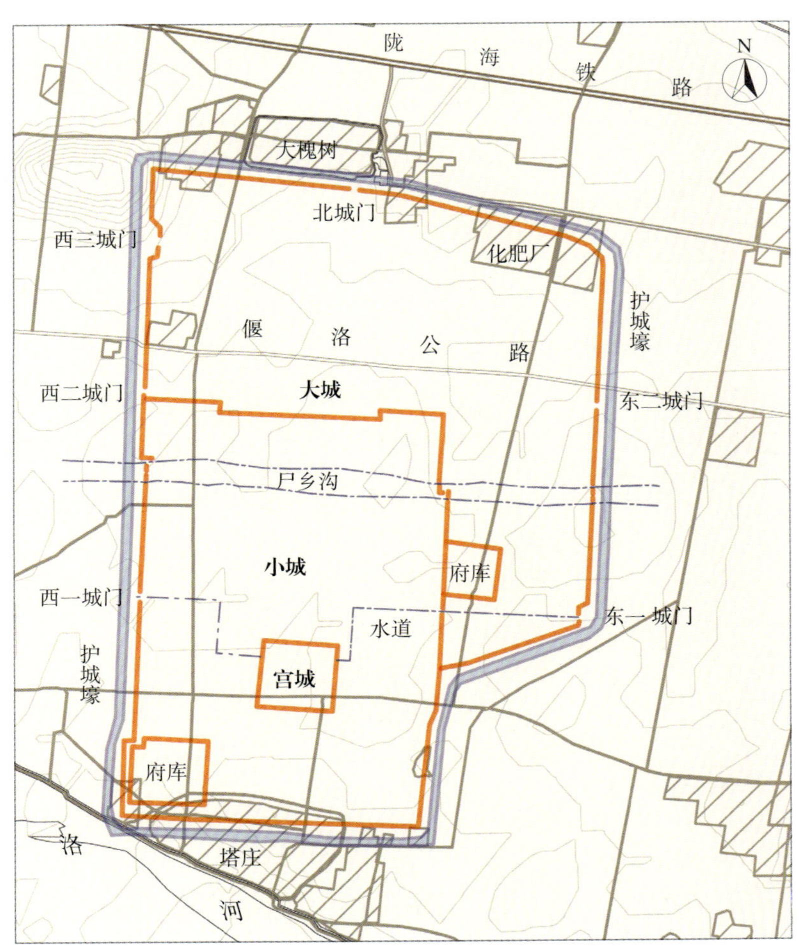

图 2-5 偃师商城平面图

二 城门

偃师商城目前经发掘确认的城门有 4 座，分别是东城墙上 1 座，西城墙上 3 座。

西二城门于 1983 年秋季发掘，位于大城西墙中部偏北处，南侧靠近小城北墙。门道全长 16.5 米，宽 2.3 ～ 2.4 米，门道两侧紧贴城墙两端各有一条由夯土筑成的东西向窄墙，墙内有密集的木柱洞痕迹，柱洞底部埋有础石。门道下是坚实的路土。夯土墙宽 0.75 ～ 0.9 米，残高约 0.9 米，夯层厚为 10 厘米，夯窝直径 4 ～ 5 厘米。两侧夯土墙内共发现柱洞 34 个，其中南侧 16、北侧 18 个，柱洞直径多为 0.2 ～ 0.25 米，最大为 0.32 米，间距约为 0.2 ～ 0.4 米。南侧夯土墙保存完好，北侧中段倒塌严重，东西两段保存完好。柱洞下多埋有柱础石，现已发现 17 块，多埋于门道路土面下约 1 米处，最深达 1.65 米。城门道中的路土保存完好，厚 0.4 ～ 0.5 米。中部略高，两端稍低[5]（图 2-6）。此城门使用一段时间后封堵不用。

西一城门（即小城西墙南侧城门）于 1990 年夏季发现，1994 年秋发掘。它位于大城西城墙南段，与东墙上的东一城门相对，北距西二城门约 550 米。门道宽约 3 米，两侧有类似西二城门门道两侧的木骨夯土墙[6]。门道路土下约 0.6 米处发现有用石块和石板四面围砌成的排水暗道，宽 0.3 ～ 0.4 米，高 0.4 ～ 0.5 米，比东二城门门道路下的水道窄小[7]。

西三城门于 2008 年 3 月发现，位于西城墙北段，距离偃师商城宫城大城西北角约 130 米。城门由中间的门道和两边的木骨夯土墙组成，门道东西长 15.9 米，南北宽

3.35 ~ 3.4 米。另外，经发掘确认了大城西城墙在尸乡沟以北东折后南行的现象[8]。

东一城门位于大城东城墙南段东南拐角处（原编号 YSD2），1984 年秋进行发掘。城门形制与西一城门相似，门道全长 22 米，宽 2.4 ~ 3 米，两侧有木骨夯土墙。在门道路土下发现有排水暗道，水道宽约 2 米，高 1.5 ~ 1.8 米，系用石板三面围砌，上面以粗大木料密集平摆封盖，底部铺石，两侧壁以木石混合垒砌，石块之间夹木柱用以加固。经钻探，这段地下水道东西全长约 800 米，西高东低，向西与宫城相连，是由宫城向城外排水的主要干道[9]（图 2-7、2-8）。

1988 年夏秋两季，通过钻探发现东、北、西三面城墙的外侧有一圈环绕城址的护城壕沟。经对东城墙一段城墙和壕沟的小规模发掘发现，壕沟与城墙基础相距 8 米多，壕沟上口宽 18.2 米，深度多超过 6 米，沟内填土带有水浸痕迹，底部有明显的淤泥或泥沙[10]。1996 年春季至 1997 年春季对偃师商城东北隅北城墙的发掘发现，城墙外侧有壕沟，与城墙走向基本平行且与城墙相距 12 米，呈口宽底窄的倒梯形，口宽 20 米，深约 6 米[11]。1996 年夏对偃师商城小城北城墙的发掘证实在小城外侧也有壕沟，与城墙相距 3.5 ~ 4 米，走向与城墙平行[12]。1990 年经钻探确认，偃师商城西城墙外侧壕沟距城墙 14 ~ 20 米，沟宽 10 ~ 20 米[13]（图 2-9）。

三　宫殿区

宫殿区（编号 YSJ1）位于小城城址南部居中，由一组建筑群组成。经发掘证实平面近方形，北墙长 200 米，东墙长 180 米，南墙长 190 米，西墙长 185 米，总面积超过 4 万平方米。四周夯土墙宽约 3 米，夯土距地表深度为 1.4 ~ 2.1 米[14]。围墙内普遍发现夯土。南墙正中有一座宽敞的门道，东西对称分布着建筑群。经多次发掘证实，宫城内的布局分为三部分，第一部分为宫殿建筑，分布在宫城区的中南部；第二部分为祭祀遗址，分布在宫殿建筑的北面；第三部分为池苑区，分布在祭祀遗址的北面。其中宫殿建筑又分为东、西两区对称分布，东区有第 4 ~ 6 号建筑基址，西区有第 2、3、7 ~ 9 号建筑基址。

1984 年春，发掘了宫城区的四号宫殿基址（编号 YSJ1D4）。D4 位于整个宫殿建筑群的东部，以正殿为主体，东、西、南三面有庑。基址平面呈长方形，东西全长约 51 米，南北宽约 32 米（图 2-10）。基址为夯土筑成，包括正殿、东庑、西庑、南庑、南门、庭院和西侧门七部分建筑。正殿在基址北部，朝南，方向 188°。现存的台基

图 2–6　偃师商城西二城门

图 2–7　偃师商城东一城门

图 2–8　偃师商城东一城门下的排水设施

图 2-9　偃师商城城外排水沟及护城河

平面呈长方形，东西长 36.5 米，南北宽 11.8 米。台基南部有间距大致相等的 4 个长方形夯土台阶。台基四周有排列有序的圆形或椭圆形夯土柱础残迹。此外，还发掘出 1 口水井和 3 处石块砌成的排水沟[15]（图 2-11、2-12）。

1985 、1986 年又发掘了位于四号宫殿南部的五号宫殿基址（编号 YSJ1D5），并于 2011 ~ 2014 年进行了复查发掘。五号宫殿位于小城东南隅，四号宫殿基址南约 10 米处，西边接近宫城中部向南的大道，东边接近小城东墙，南面距小城南墙不远。平面呈长方形，由正殿、正殿东西两侧的西北庑、东北庑和东庑、西庑、南庑以及它们围起来的庭院共同构成，东西总长 102 米，其中北部为正殿，东西长约 53 米，南北宽 14 米（图 2-13）。表面四周有大型立柱分布，台基南侧分布有四个台阶。西北庑、东北庑、西庑、南庑和东庑的宫城墙东南拐角以南部分为外缘长条形柱坑（坑内一般立双柱）和立柱构成的木骨墙，内缘大型单柱共同构筑的对外封闭，对内开放的建筑格局，宽 6 ~ 7 米。而东庑的北半段（宫城墙东南拐角以北部分）则是由宫城东墙和其西侧新筑部分共同构成的。

六号宫殿基址（即原称为五号宫殿下层的建筑）平面呈“口”字形，基址北面较宽，其余三面较窄。北面基址平

图 2-10　偃师商城四号宫殿建筑基址

图 2-11　偃师商城宫殿建筑夯土基址

图 2-12　偃师商城宫殿建筑柱洞解剖

图 2-13　偃师商城五号宫殿建筑基址发掘现场

面呈长条形，东西外长约 38 米。东、西两面基址北端与北面基址相连，被压在五号宫殿基址下面。南面基址由南、北两条基址组成。这四部分建筑连成一个“口”字形院落，中部为大致呈方形的庭院，东西约 25 米，南北约 26 米，北高南低，略有坡度。庭院内有两口水井、100 多个小柱基槽和 21 个灰坑[16]。

1996 年发掘的二号宫殿基址位于宫殿建筑的西北部，由主殿和东、西庑组成。主殿东西长约 90 米，南北宽约 11 米，南北两侧有夯土台阶。该殿曾经西扩[17]。主殿与东庑之间有宽 2 米的通道，北端设门。东庑基址呈曲尺形，南北总长 31.2 米，东西总宽 6.2 米。其中部有宽约 2.8 米的通道将二号宫殿与一号宫殿的院落连通。西庑基址整体呈“凸”字形，由东、西两部分组成。东半部分南北长 21.5 米，东西宽 11.5 米。西半部分南北长 11 ~ 13 米，东西宽 9 米。基址的南、西、北边缘均有墙状遗迹。基址夯土与早期宫城西墙相接。台基的南、北各有一个夯土斜坡踏步[18]。

1997 年发掘的八号宫殿基址位于宫城西北部，是宫殿建筑区西组建筑最北部的

图 2-14　偃师商城八号宫殿建筑基址

大型建筑。基址西端与宫城西墙相距 2.5 米，是一组坐北朝南的东西向单体长排形建筑基址。夯土台基东西长约 71 米，南北宽约 7.7 米，夯土台基现存高度约 0.4 米。台基中部有 7 道南北向木骨隔墙，将台基分为 8 个相对独立的单间[19]（图 2-14）。

另外，在五号宫殿的西部是规模庞大的三号宫殿，其埋藏深度，基址的土质、土色及规模、布局、形状等都与五号宫殿类似，两者对称分布，间隔 6 米[20]。

祭祀区位于偃师商城宫城北部，东西约 200 米，自 1998 年开始发掘。主体部分由东向西分为 A、B、C 三个区域。A 区面积约 800 平方米，由若干“祭祀场”和祭祀坑组成。B 区和 C 区自成一体，各自独立。B 区面积近 1100 平方米，C 区面积约 1200 平方米。两者在布局、形制和结构等方面基本一致，位置东西并列，平面均呈长方形，四周有夯土围墙，门道位于南面夯土围墙中部，祭祀场的主体部分为沟状[21]。

池苑于 1999 ~ 2000 年发掘，位于偃师商城遗址宫城北部，南临祭祀场，其中央为一座经人工挖掘的长方形水池，用石块垒砌而成。东西长约 130 米，南北宽约 20 米，深约 1.5 米。池岸距离宫城东、西、北墙均为 20 余米。在水池的东西两端，各有一条渠道与之相通，以石块砌筑。西渠为注水渠道，东渠为排水渠道。渠道基槽宽度约 3 米，现存石砌水腔宽约 0.4 米，高约 0.5 米。池、渠总长度约为 1430 米。水池和渠道均有淤泥，属于使用时期的沉积层，淤土中包含大量螺壳，表明这里曾长期蓄水使用[22]（图 2-15、2-16）。

宫殿区 1996 年航拍片及其说明见图 2-17 ~ 2-23。

图 2–15　偃师商城宫城池苑及引水和排水设施

图 2–16　偃师商城宫城池苑及主要宫殿建筑遗迹平面图

图 2-17　偃师商城宫城宫殿区及其北部航摄影像（镜向 210°，1996 年 5 月）

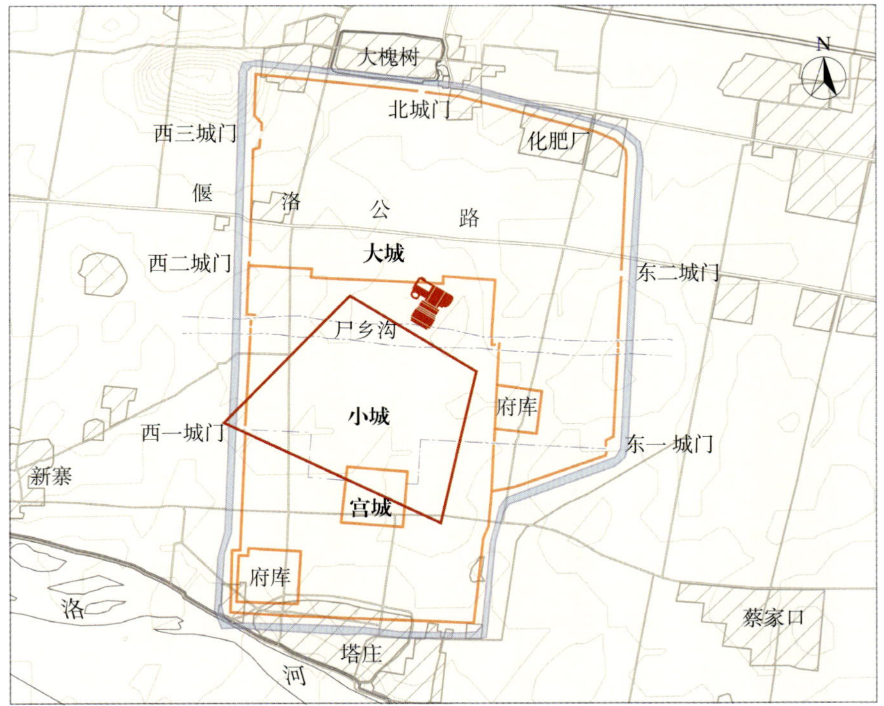

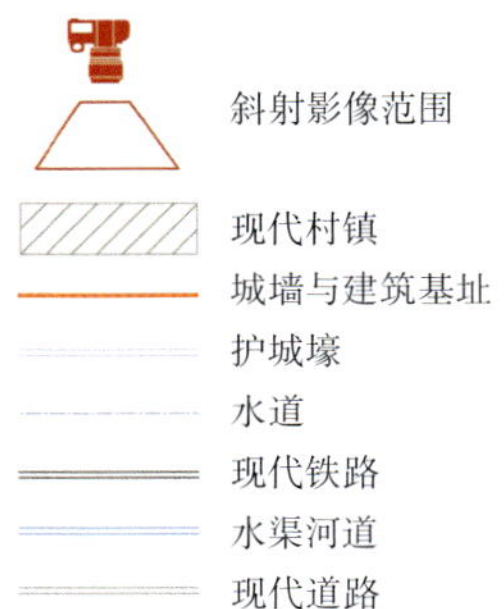

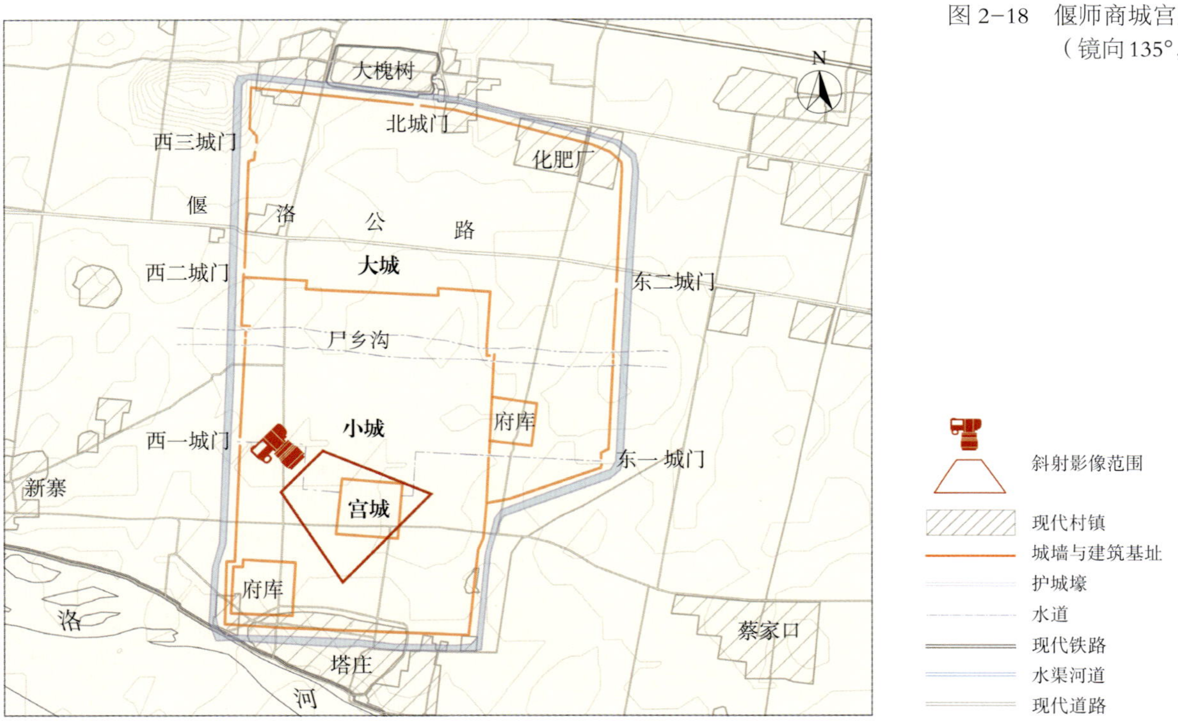

图 2-18　偃师商城宫殿区航摄影像
（镜向 135°，1996 年 5 月）

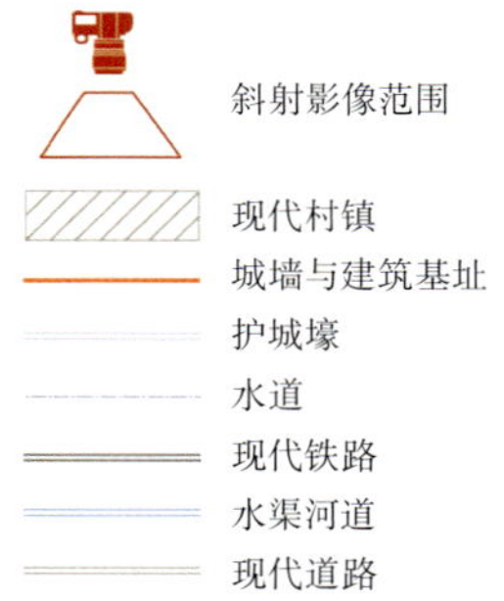

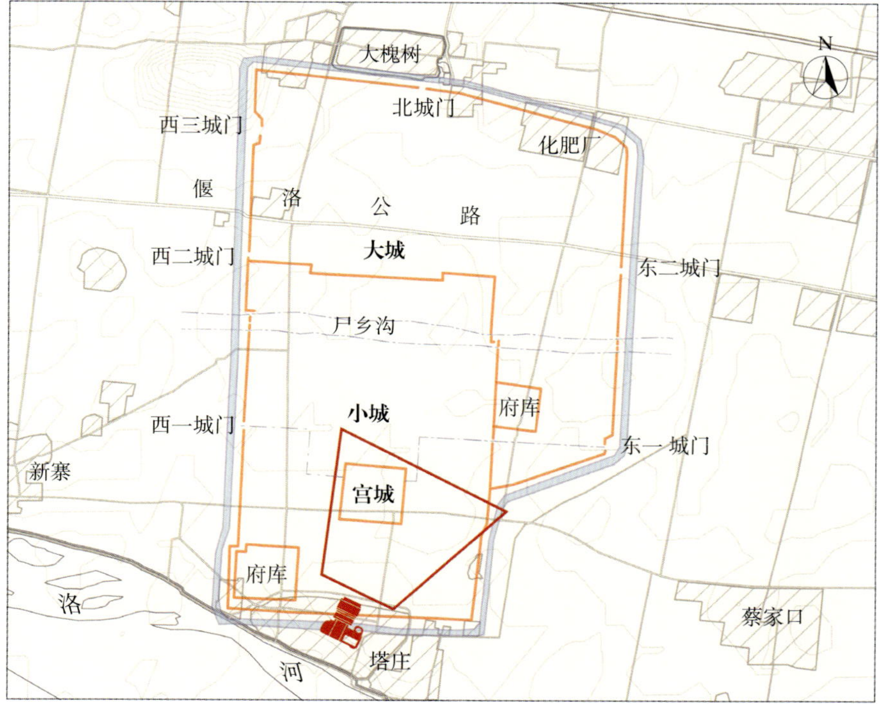

图 2-19　偃师商城宫殿区东南及南部航摄影像（镜向 20°，1996 年 5 月）

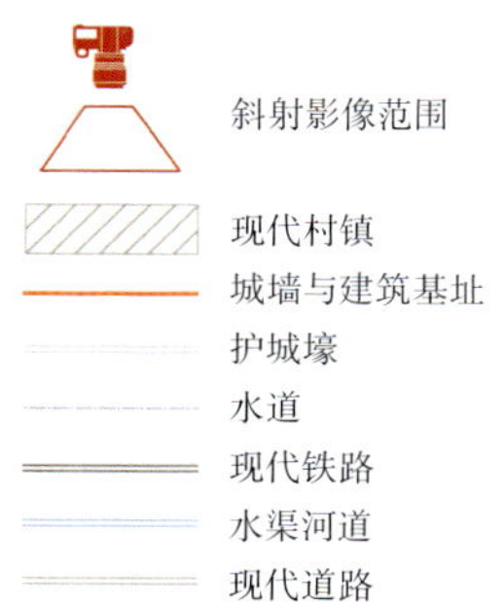

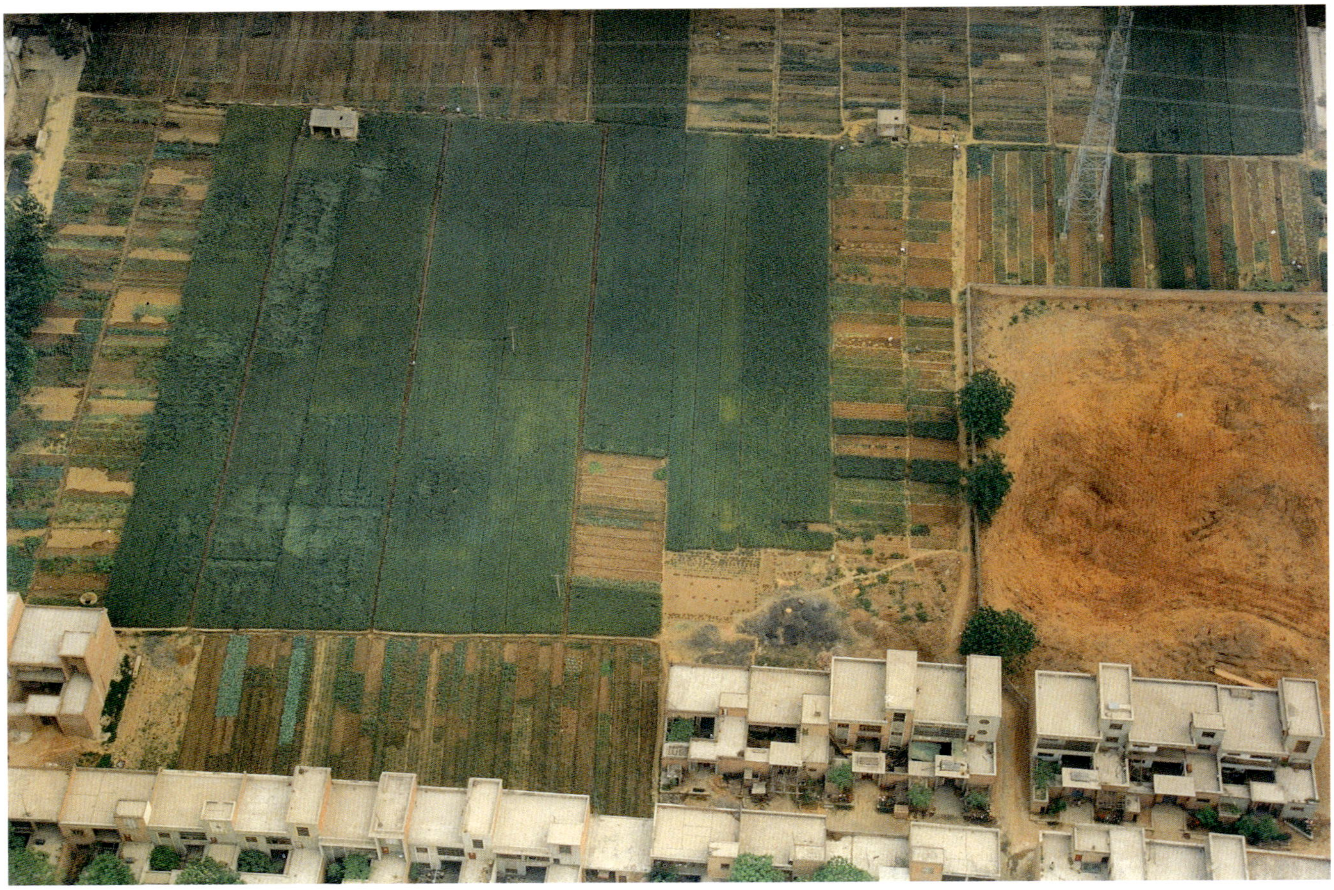

图 2-20　偃师商城宫殿区南部航摄影像（镜向 5°，1996 年 5 月）

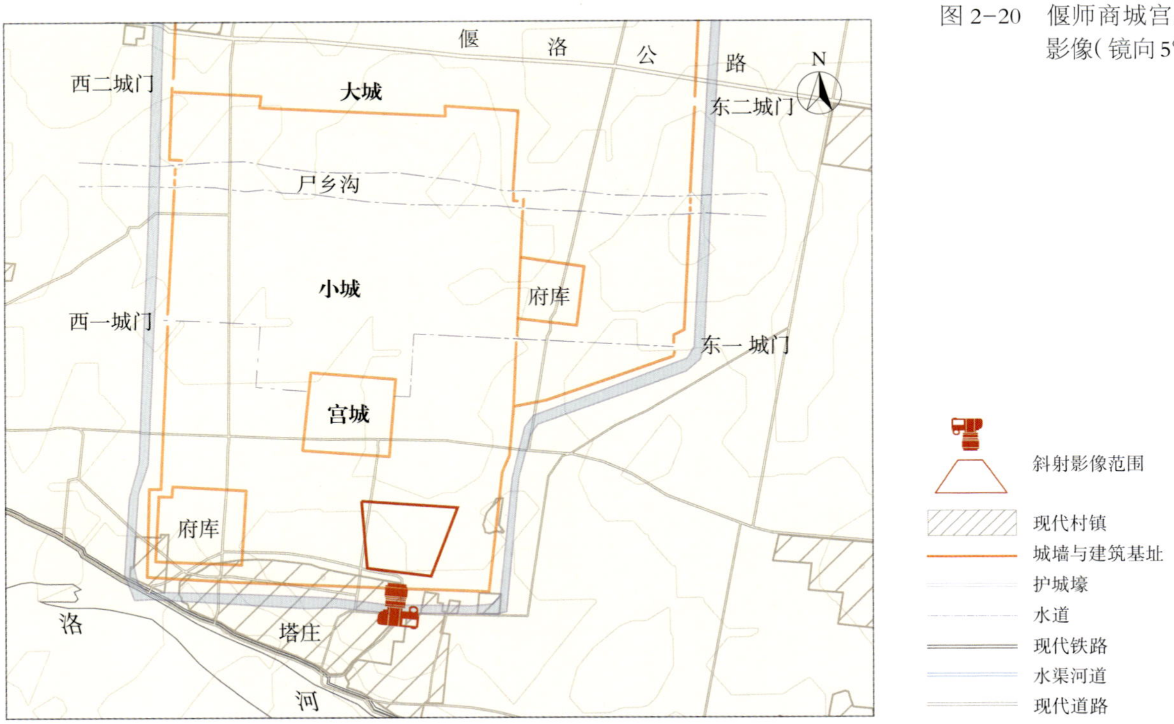

偃　洛　公　路
N
西二城门
大城
东二城门
尸乡沟
小城
府库
西一城门
东一城门
宫城
府库
洛
塔庄
河

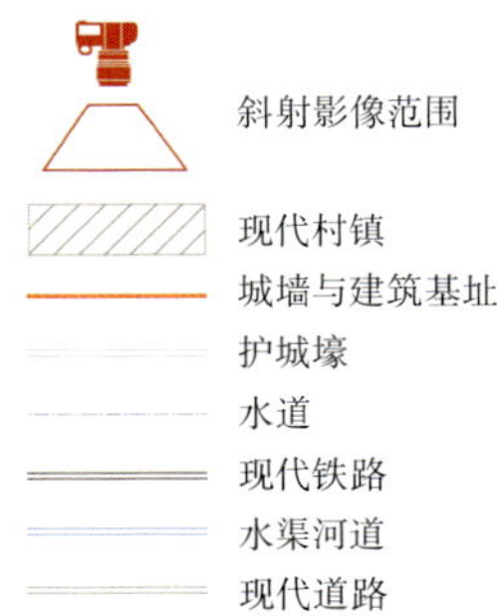

图 2–21 偃师商城宫殿区中心部分航摄影像（镜向 100°，1996 年 5 月）

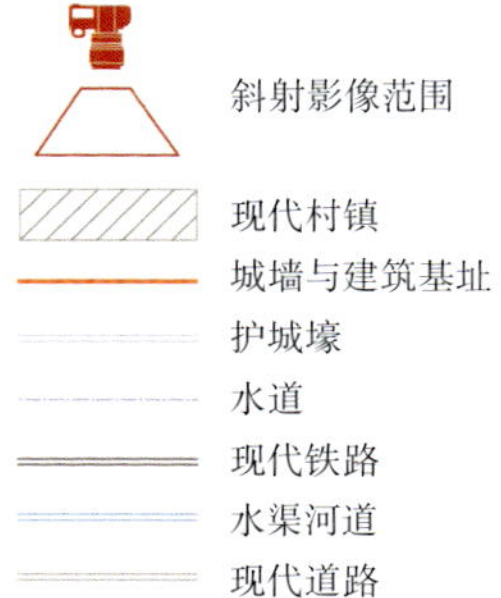

化肥厂
偃
洛
公
路
西二城门
大城
东二城门
尸乡沟
小城
府库
西一城门
东一城门
新寨
宫城
府库
蔡家口
塔庄
洛
河
N

斜射影像范围
现代村镇
城墙与建筑基址
护城壕
水道
现代铁路
水渠河道
现代道路

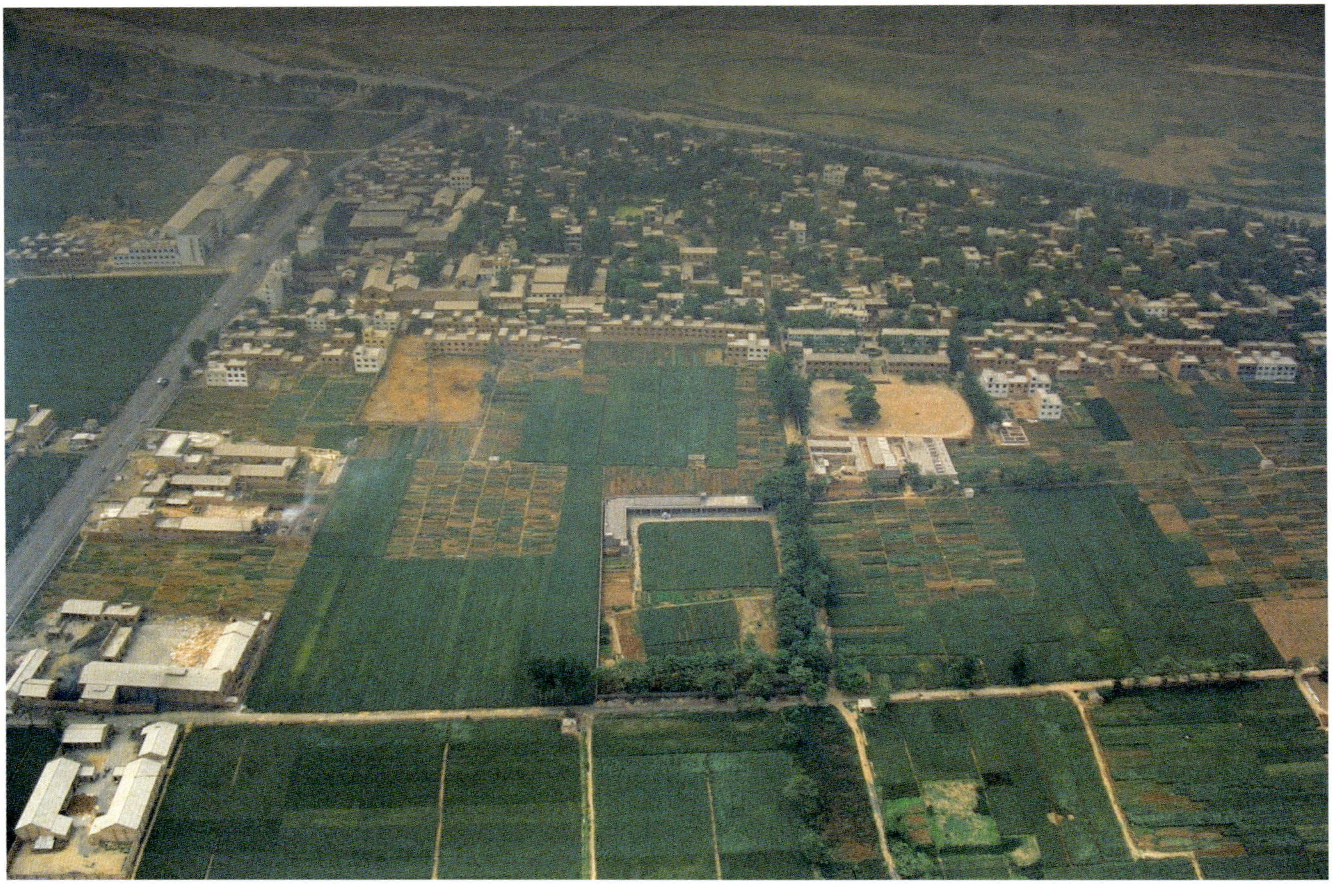

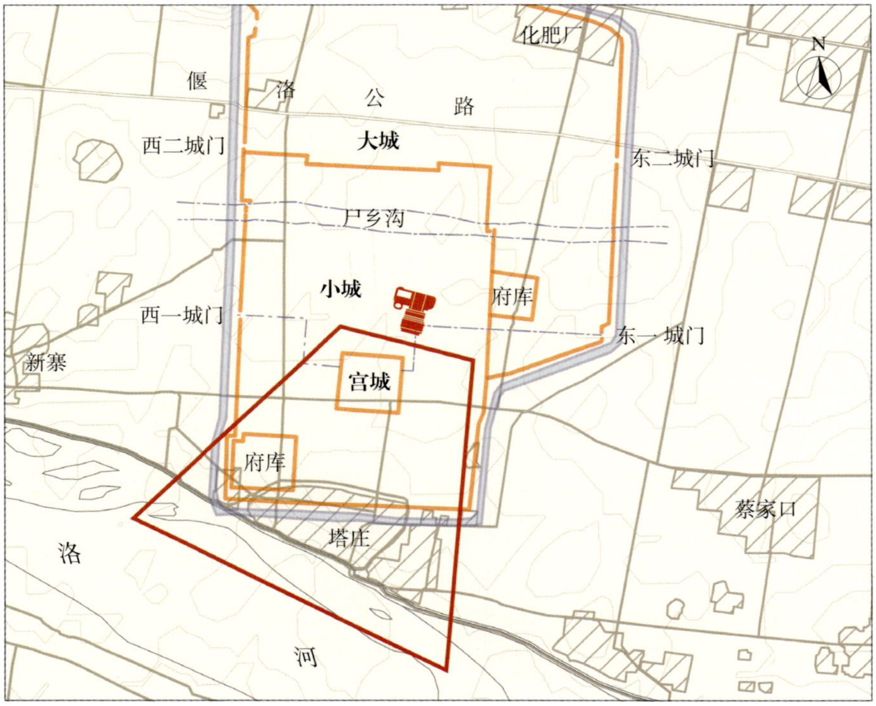

图2-22　偃师商城宫殿区航摄影像
（镜向200°，1996年5月）

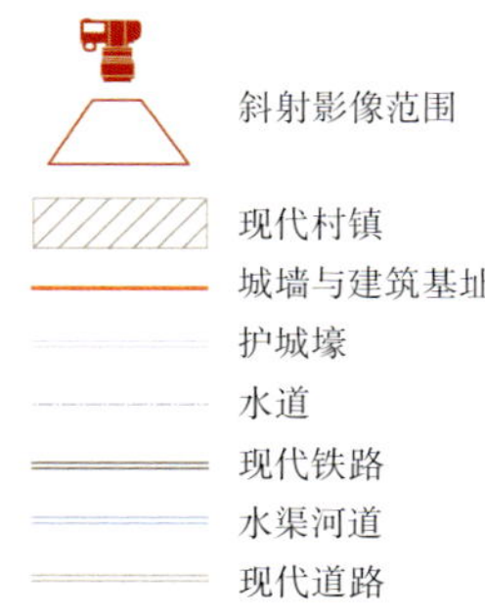

图2-23　偃师商城宫殿航摄影像（镜向80°，1996年5月）

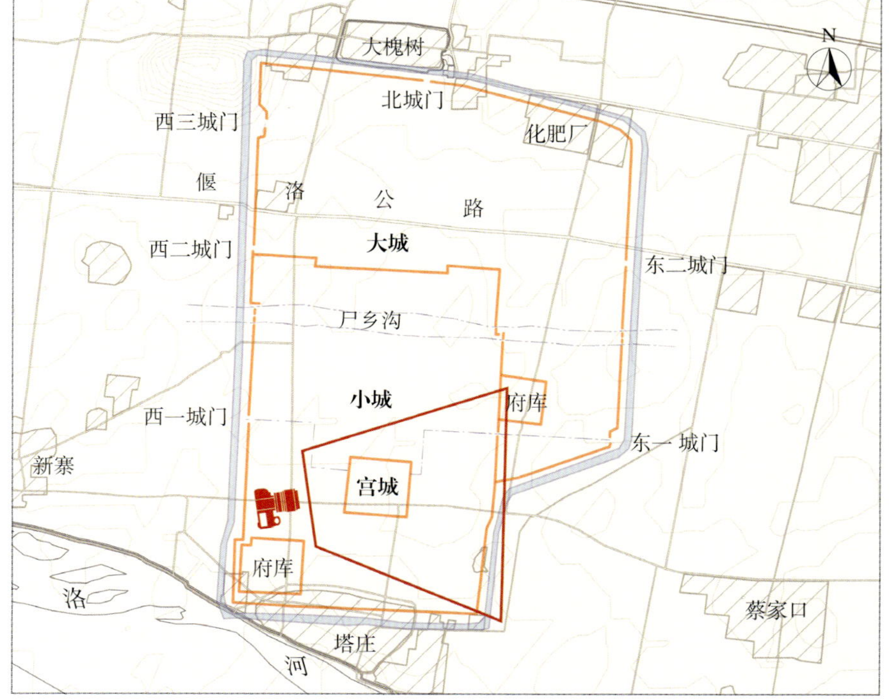

四　大城及其城墙

据 1983 年的勘探可知，偃师商城位于洛河北岸高地上，大体略呈长方形。方向 7°。城址南北 1700 余米；东西以北部最宽，为 1215 米，中部 1120 米，南部则为 740 米。面积约为 190 万平方米。

西城墙：北起大槐树村西南约 100 余米处的西北城角，向南穿过 310 国道（商都西路），再经塔庄村西南至洛河北堤处。城墙在中段北距西北城角 800 米处向东稍折约 10 米，后又折向南。西城墙现存总长 1710 米，宽度一般为 17 ~ 24 米，穿塔庄村一段墙基宽近 40 米。城墙夯土总厚度南段 1.5 米，北段 3 米以上。

北城墙：西起西北城角，经由大槐树村南向东，在偃师化肥厂附近斜向东南，至城东北角。城墙的东北角西距偃师化肥厂约 200 米。北城墙现存总长度为 1240 米，宽度一般为 16 ~ 19 米，最宽处达 28 米。

东城墙：北起东北城角，顺氧气厂西侧向南，穿过 310 国道折向西南，城墙呈直线的这段距离约 955 米。在塔庄村北的东西向道路北侧、西距 310 国道（商都南路）30 米处，再折向南，至塔庄村东小路北约 80 米处。东城墙现存长度为 1640 米，宽度一般为 20 ~ 25 米，最南段破坏严重，宽仅 10 米左右。城墙夯土总厚度北部为 2.5 米，最南端仅 0.3 ~ 0.5 米[23]（图 2-24、2-25）。

南城墙：位于偃师市西南洛河北堤北侧，全长 740 米。东段约 40 米位于农田下，其余均覆压于现塔庄村及其道路之下。城墙仅余基槽残底，南北残宽 13.05 米。夯层厚约 0.1 米。夯土呈红褐色，坚硬而纯净。位于中段略偏东处的城墙保存较好，尚存有 0.3 ~ 0.5 米高的墙体。基槽深 0.8 ~ 1 米，由三段组成，底部总宽度 17.5 米。墙体部分南北宽 18 米[24]。

城墙 1996 年航拍片及其说明见图 2-26 ~ 2-31。

五　小城及其城墙

1997 年春季至 1998 年春季发掘的偃师商城小城平面大体呈长方形，南北约 1100 米，东西约 740 米。北城墙中段向南凹进而使北城墙形成“凹”字形，中段凹进部分长约 360 米，两处折角总长度 23 ~ 25 米。东城墙中段则向东凸出，西城墙中段向东凹进。城墙宽度多为 6 ~ 7 米，墙基槽深度不足 0.5 米。东城墙及北城墙破坏较为严重，

图 2-24　偃师商城大城东北隅发掘现场

图 2-25　偃师商城大城东北隅城墙剖面

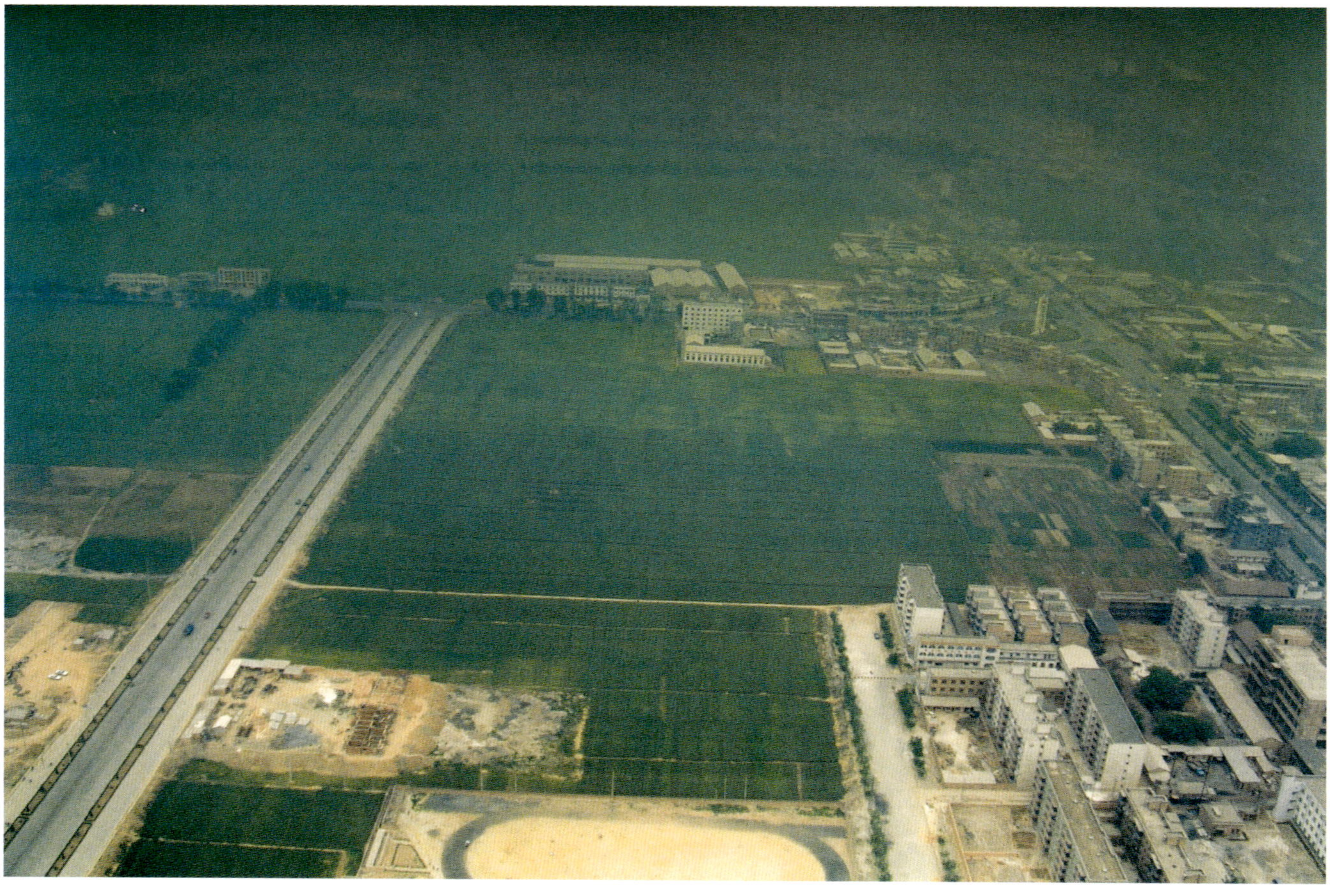

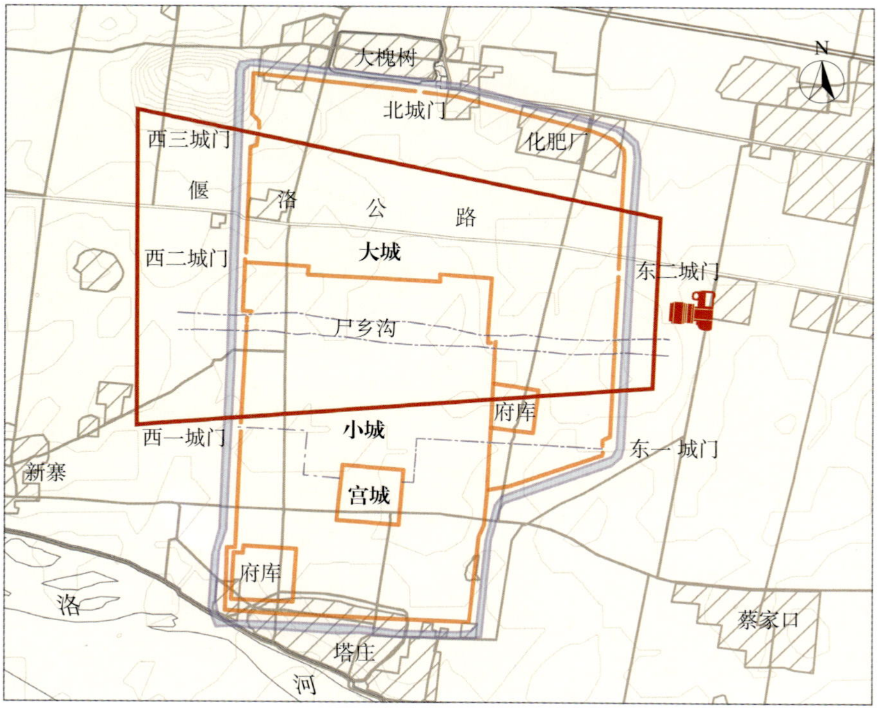

图 2-26　偃师商城东城墙北段、大城北中部及小城北部航摄影像（镜向 270°，1996 年 5 月）

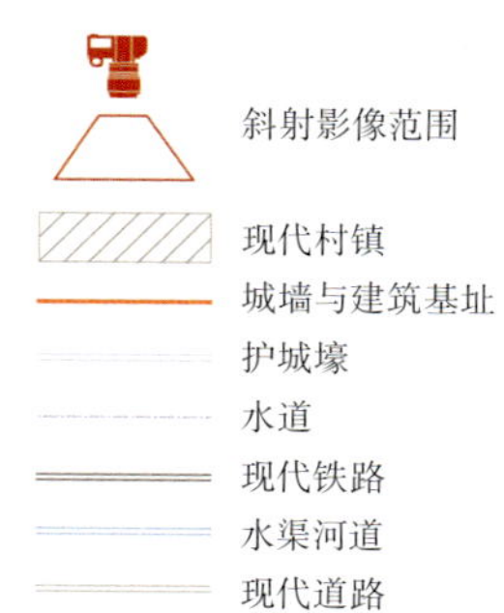

图 2-27　偃师商城东部接近小城东城墙北段处航摄影像（镜向85°，1996 年 5 月）

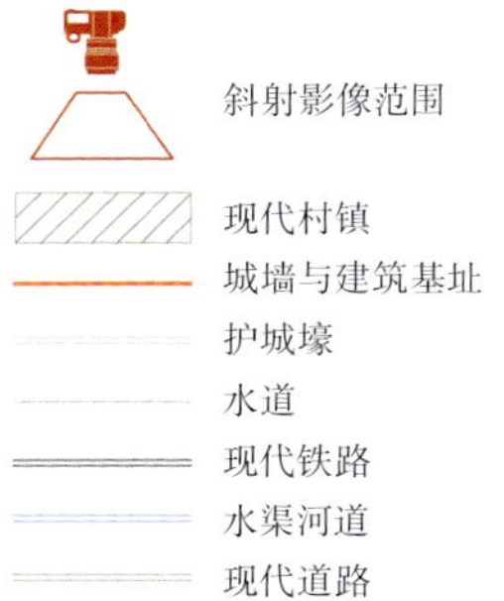

图 2-28　偃师商城西城墙外航摄影像
（镜向 0°，1996 年 5 月）

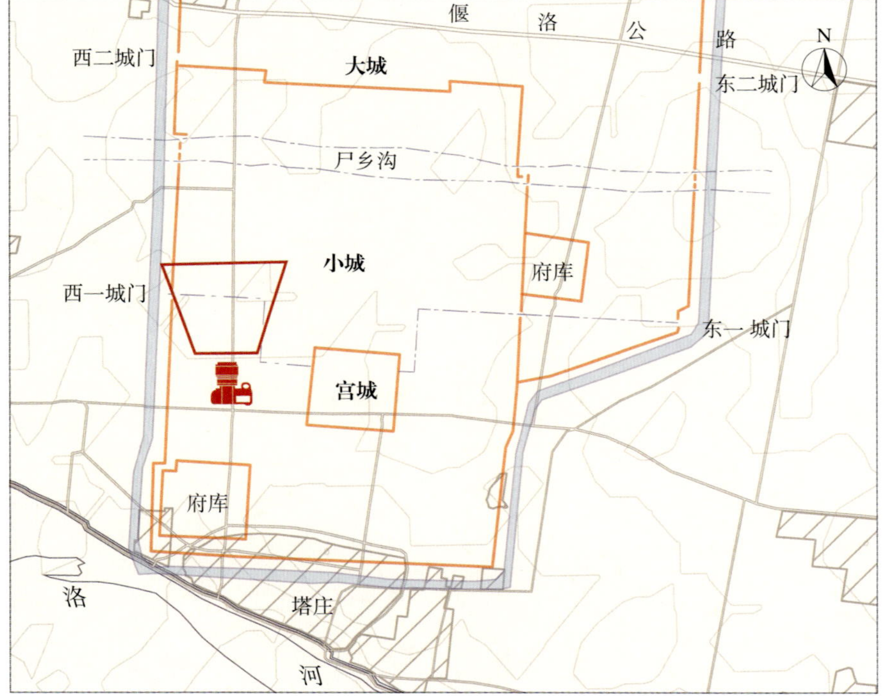

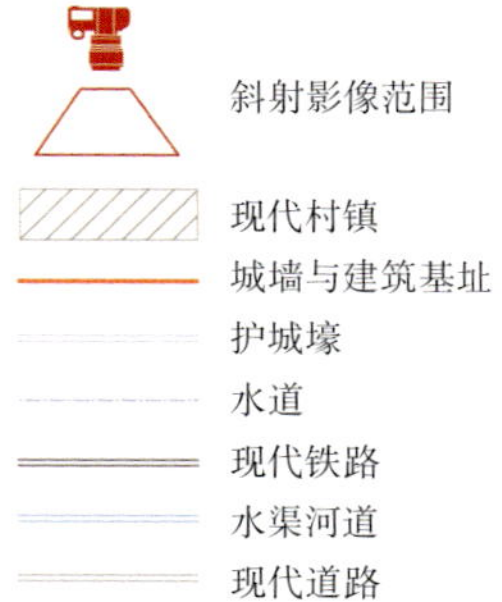

图 2-29　偃师商城小城东城墙北部到中部航摄影像（现代的 310 国道［商都南路］基本沿城墙分布，镜向 3°，1996 年 5 月）

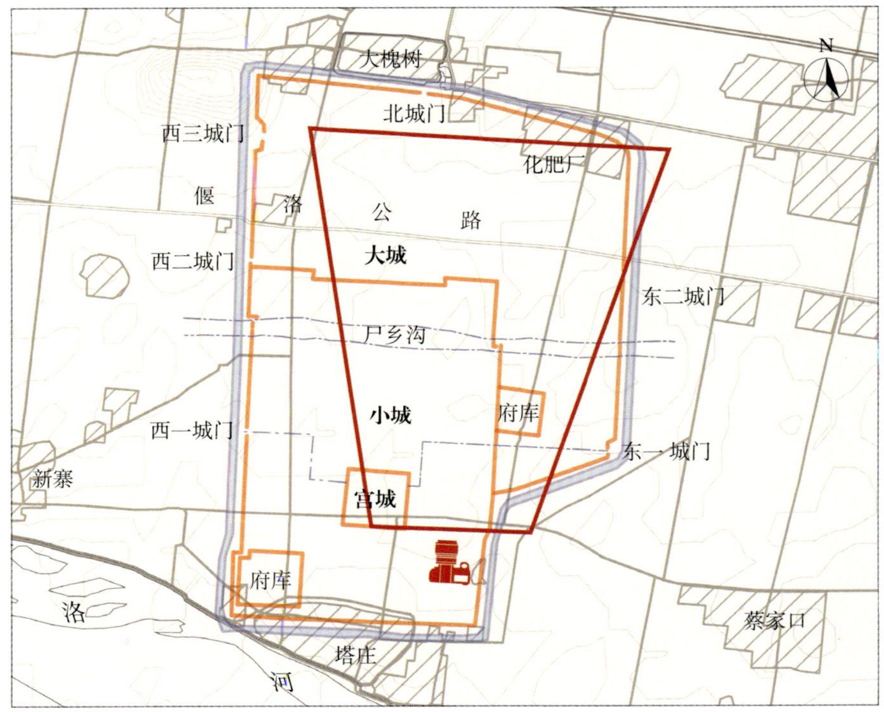

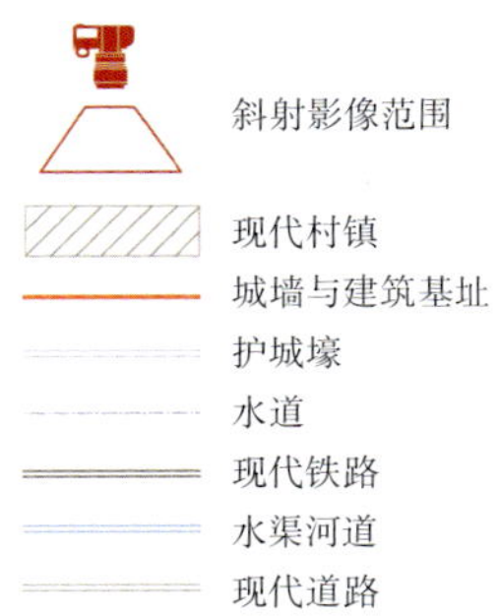

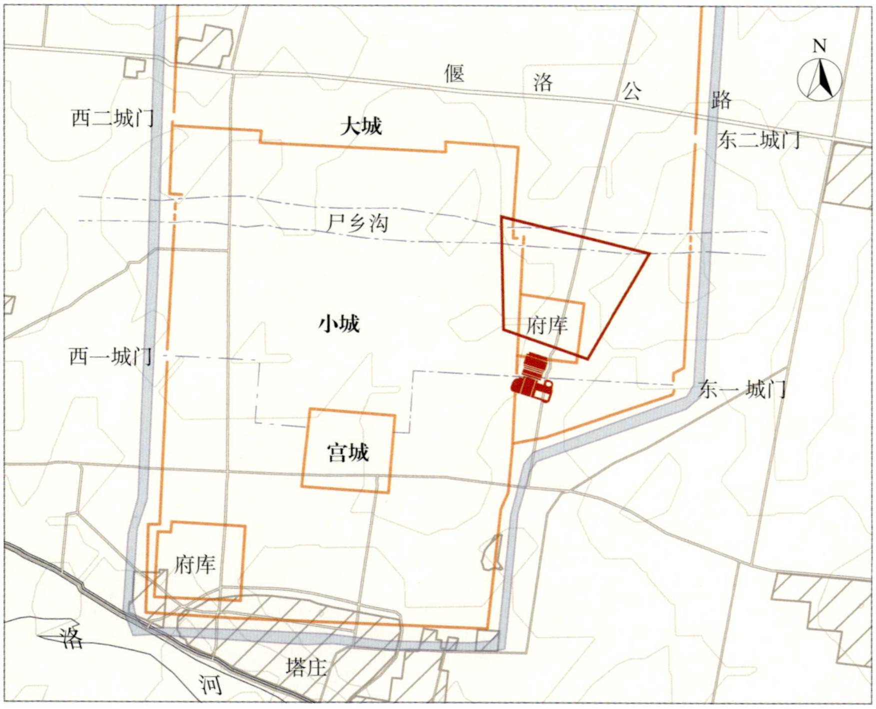

图 2-30 偃师商城小城东城墙及其以外大城东北部航摄影像（镜向 20°，1996 年 5 月）

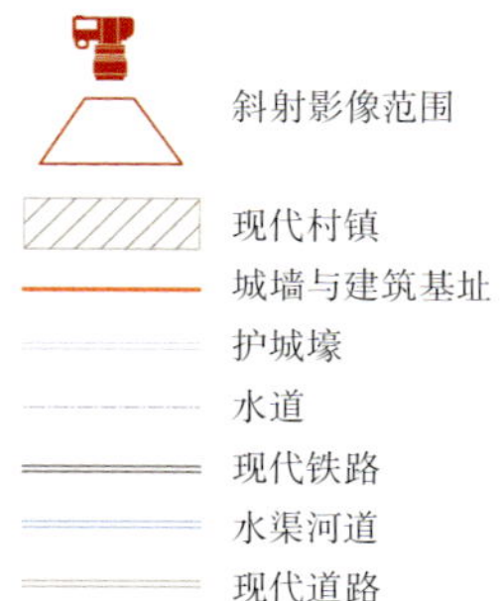

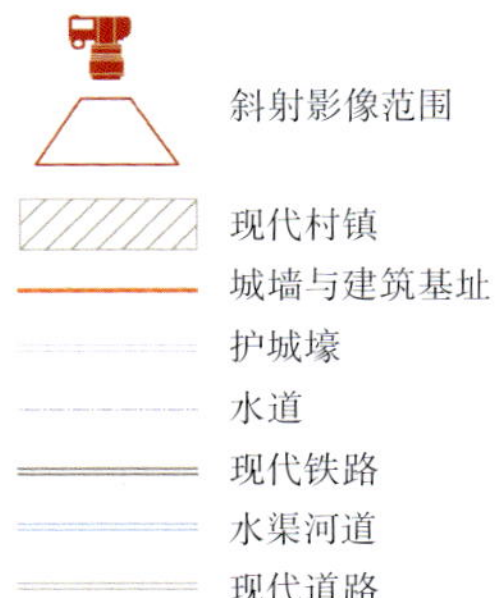

图 2-31　偃师商城小城东城墙中部折角处航摄影像（镜向 95°，1996 年 5 月）

残高约 0.5 ~ 0.7 米，部分墙体不足 0.2 米。西墙和南墙尤其是西城墙保存较好，墙体保存高度约 1.5 米[25]（见图 2–5）。

小城的时代早于大城，大城是在小城基础上，将小城的西墙、南墙和部分东墙加宽而成。大城的不规则形状正是由小城扩建为大城时，受城址周围自然地理状况所限造成的。偃师商城的宫殿区位于小城南北中轴线的南部，府库位于城西南隅。城址的主要建筑，如城门大型水道、主体宫殿建筑等大多呈中轴对称分布，这种设计构思在中国古代城市建设史上，具有一定的开创性意义（图 2–32）。

小城的发现，将偃师商城的建城年代提前了一步，是夏商分界研究上的突破之一。

小城航拍片及其说明见图 2–33 ~ 2–38。

六　府库及其他

1991 ~ 1992 年度、1993 ~ 1994 年度两度进行发掘，它位于城内西南角。遗址东西长近 200 米，西墙靠近大城西墙，南北长约 230 米。距离其东北部的宫殿区约 100 米。

图 2–32　偃师商城小城城墙

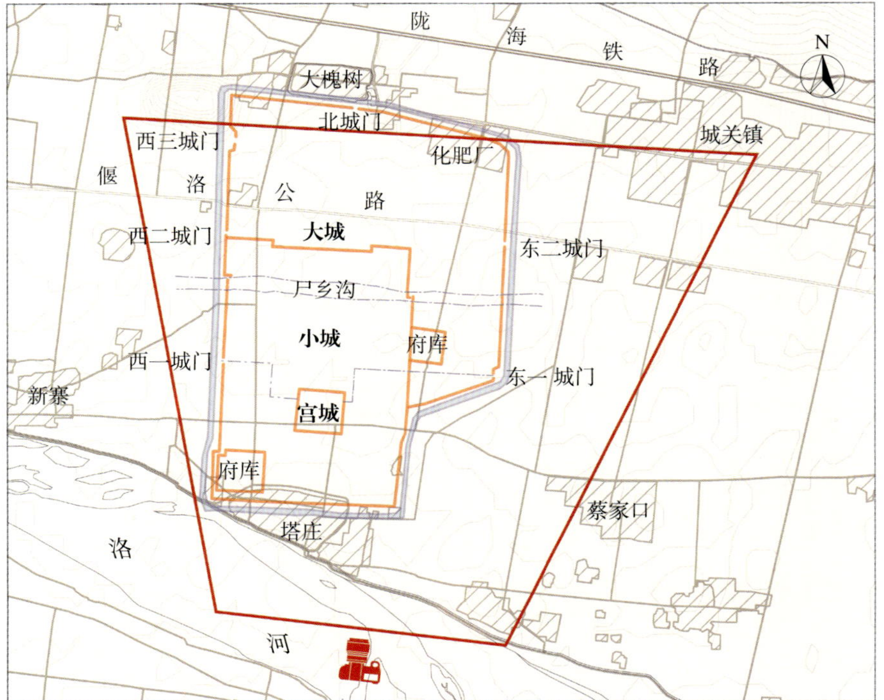

图 2-33　偃师商城小城及大城航摄影像（现为310国道［商都南路］，镜向7°，1996年5月）

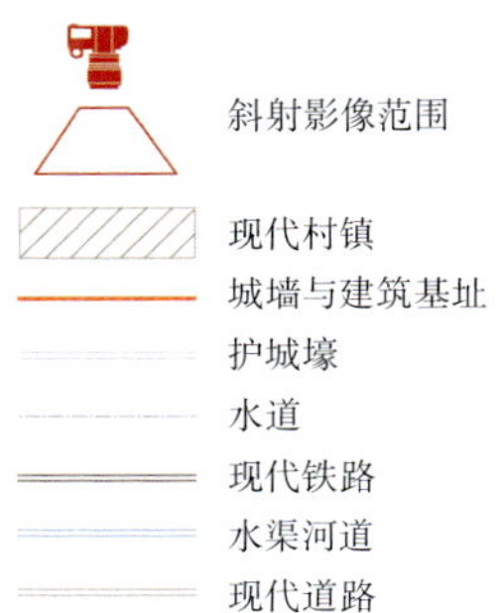

图 2-34　偃师商城小城东北部航摄影像（镜向 105°，1996 年 5 月）

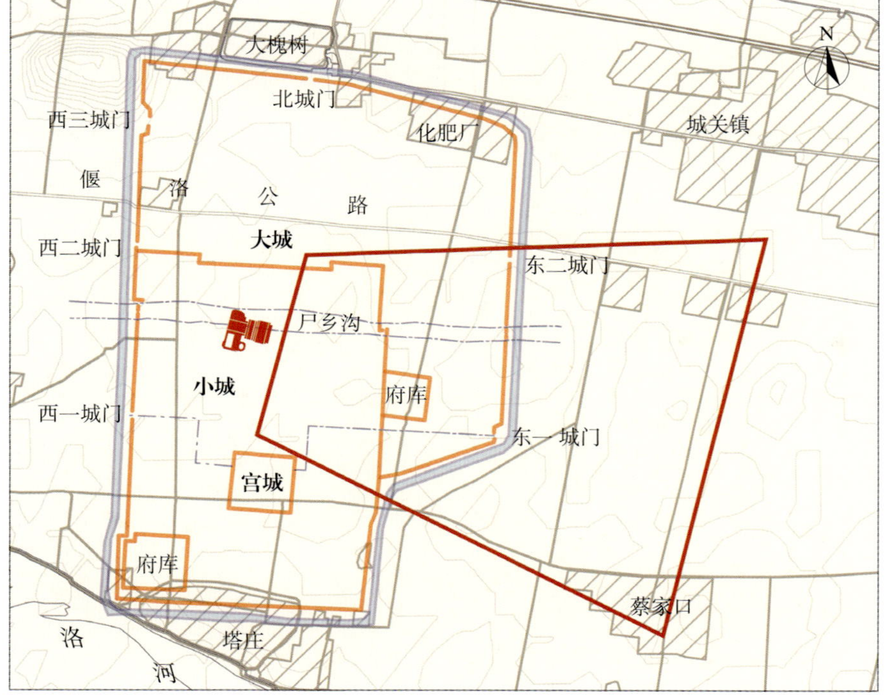

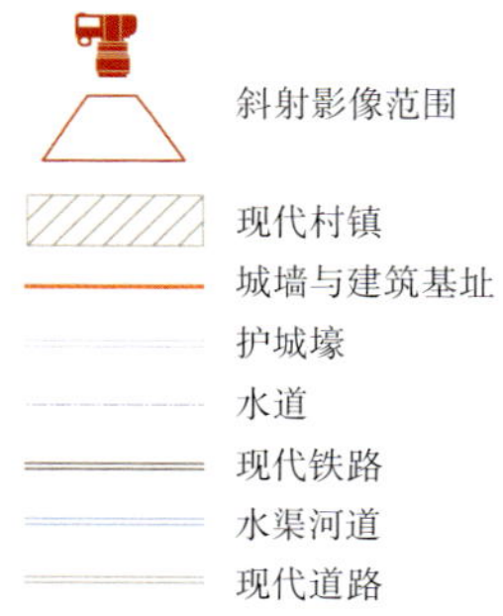

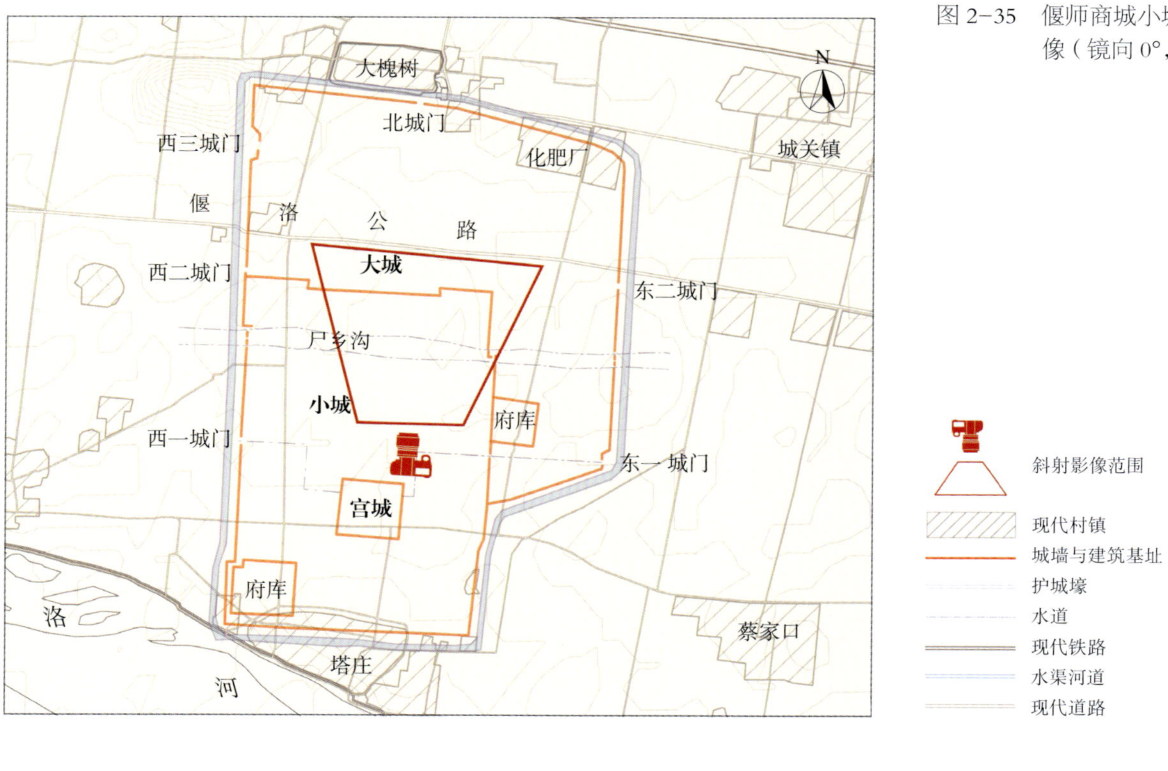

图 2-35　偃师商城小城东北角航摄影像（镜向 0°，1996 年 5 月）

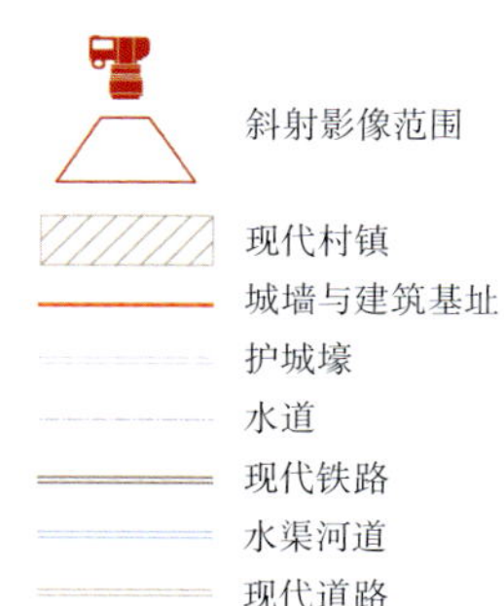

图 2-36　偃师商城小城东北部航摄影像（镜向 275°，1996 年 5 月）

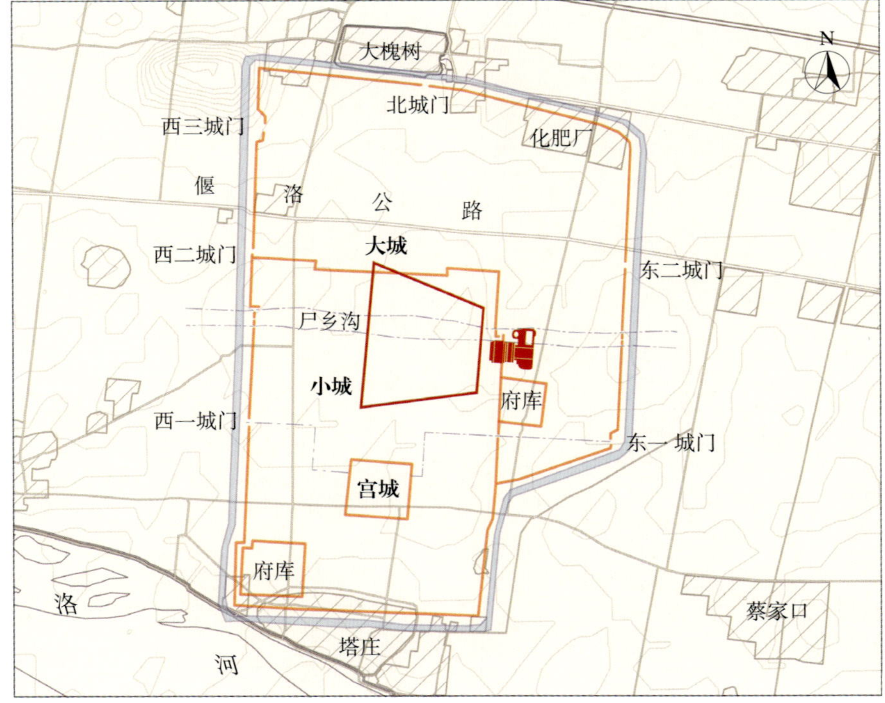

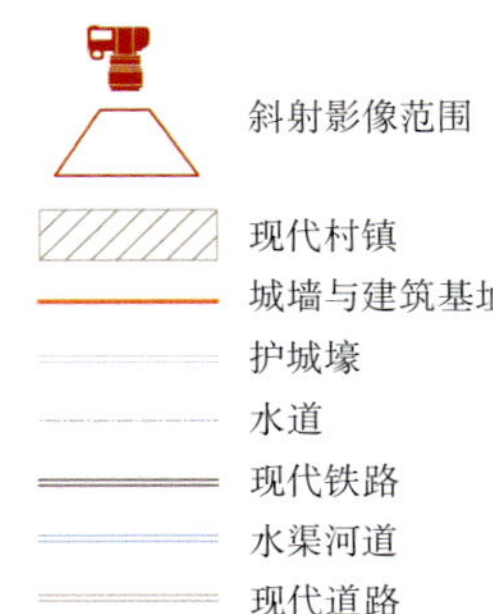

图 2–37　偃师商城小城北城墙中段航摄影像（镜向 110°，1996 年 5 月）

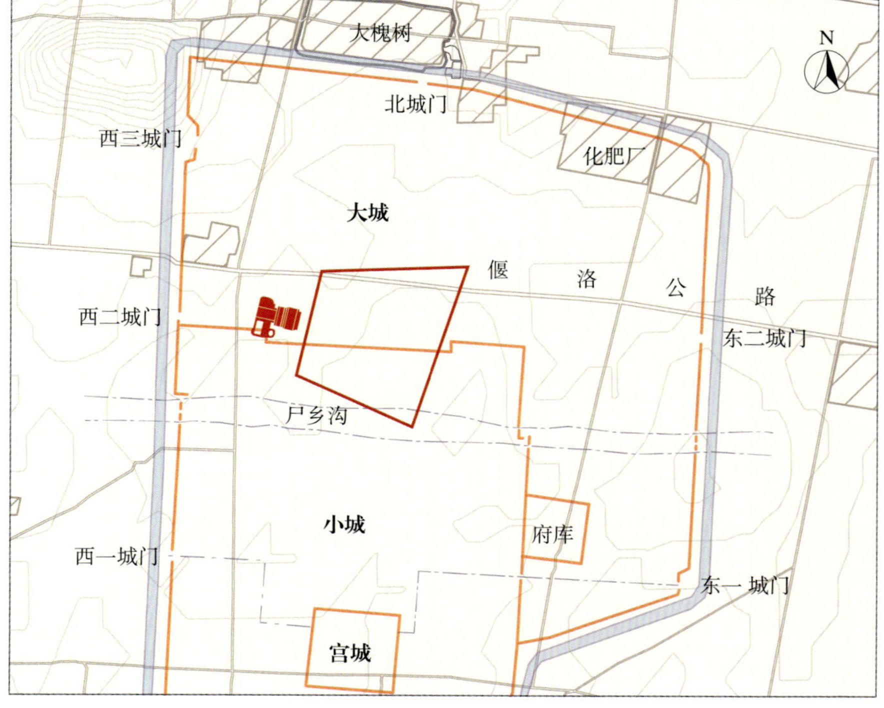

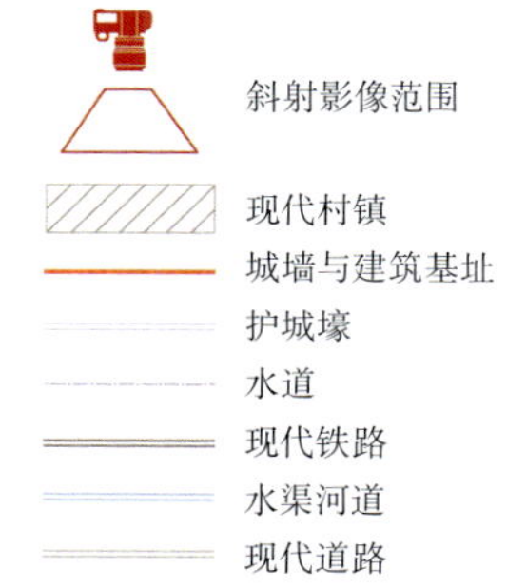

大槐树
N
北城门
西三城门
化肥厂
偃
洛
公
路
西二城门
大城
东二城门
尸乡沟
小城
府库
西一城门
东一城门
宫城
府库
洛
河
塔庄
蔡家口
斜射影像范围
现代村镇
城墙与建筑基址
护城壕
水道
现代铁路
水渠河道
现代道路

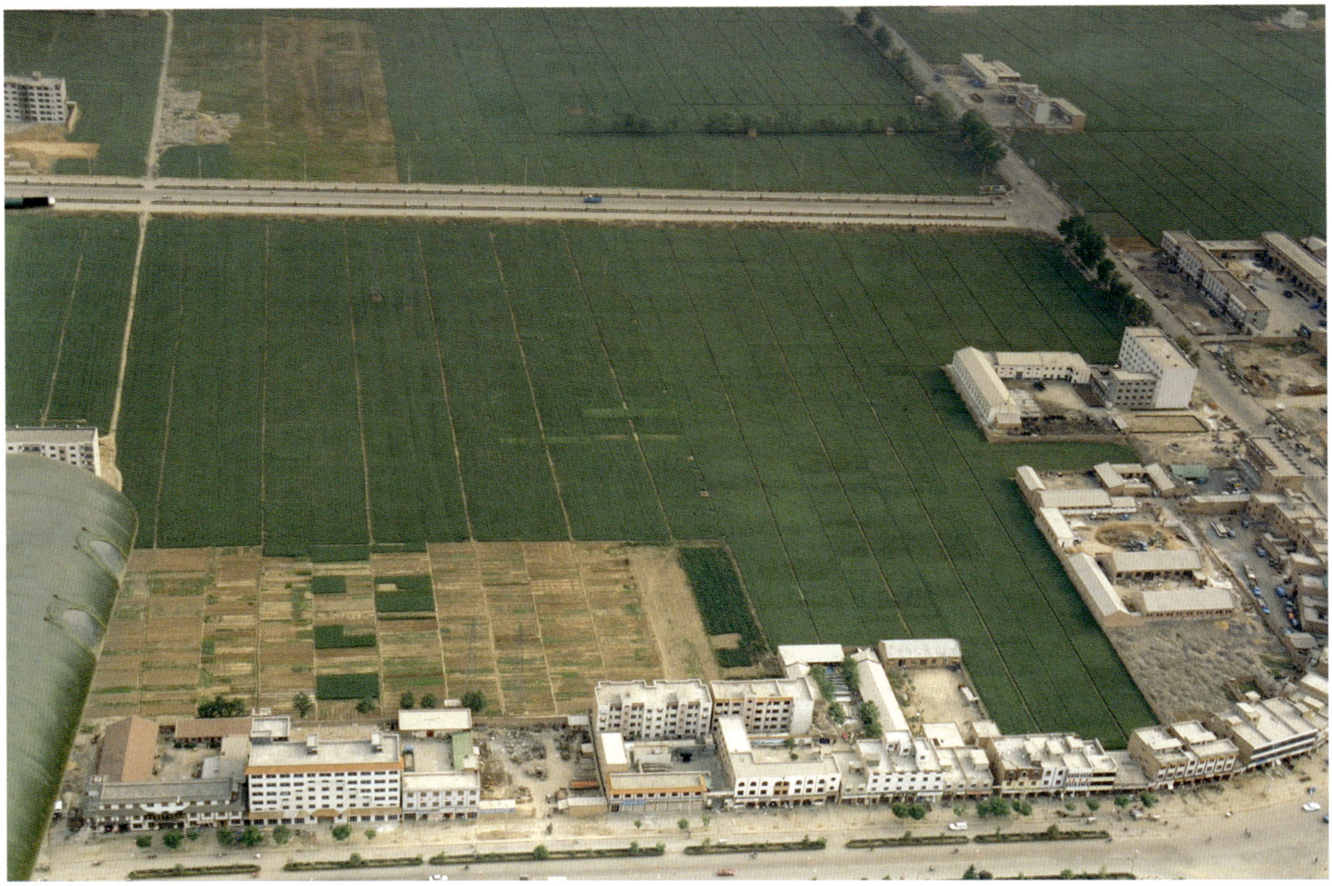

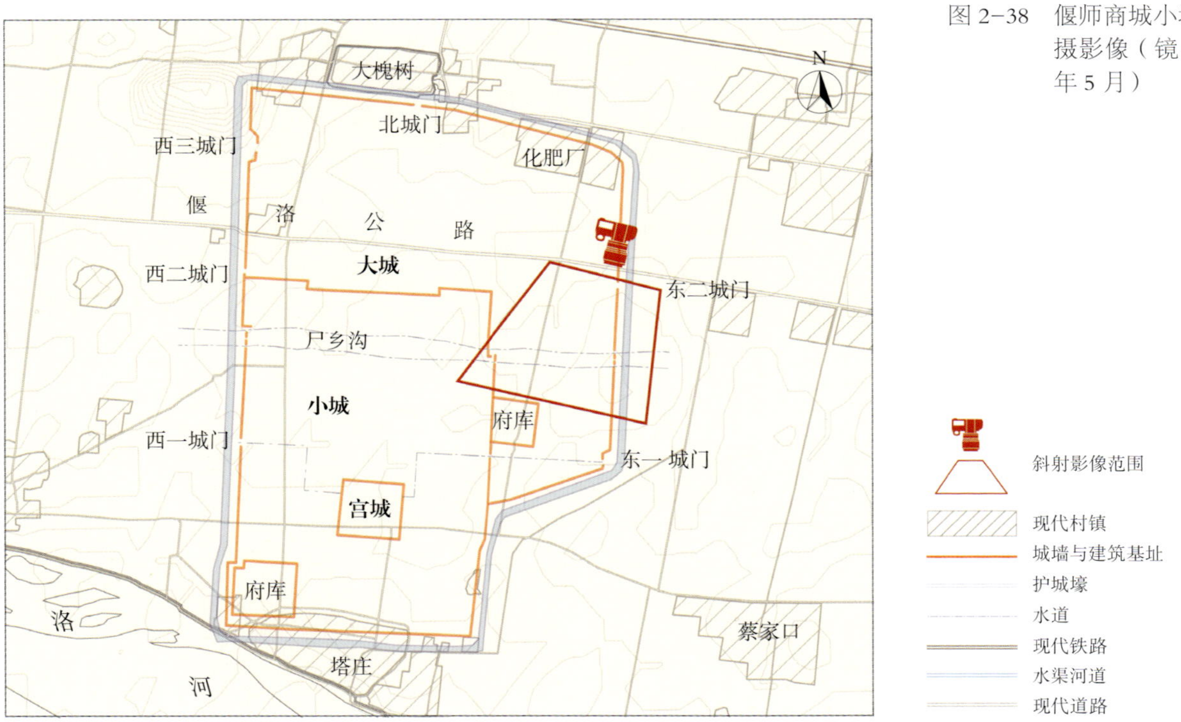

图 2–38　偃师商城小城东城墙外航摄影像（镜向 195°，1996 年 5 月）

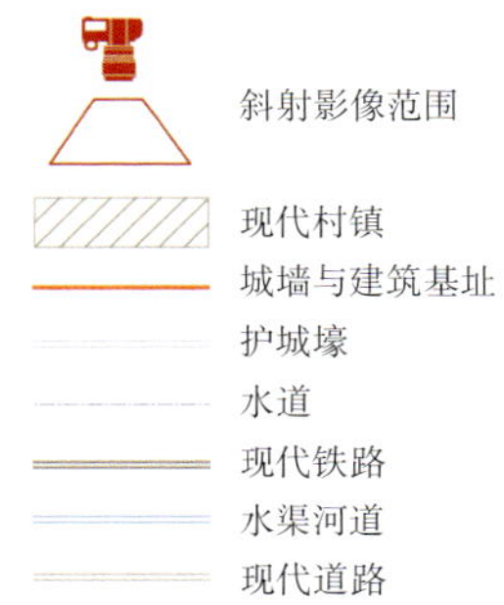

总面积 4 万多平方米。经对东北部的 15 座大型建筑基址和部分东围墙的发掘证实，府库周围有宽近 3 米的围墙环绕，内部有排列整齐的大型建筑，结构紧凑。其夯土基址由下至上叠压有三层建筑遗迹，发掘表明整个建筑三期的沿用具有相似性，均为地面起台式，夯筑基础，木骨墙体。单体结构平面呈长方形，四面起墙，墙外有廊，廊外有檐柱，台基四周有排水沟，室内有固定设施。整个遗址围墙以内异常整洁，遗址内踩踏路面相对较薄，较纯净，结合其与宫殿区同处城址南部，地势较高，距其不远，推测应是国家最高级别的仓储所在[26]（图 2-39）。

另外，考古发现证实，偃师商城遗址内有房址、墓葬、水井、手工业作坊等遗存。

房址分为中、小型两种。中型房址形制呈“四合院”式。面积约为 20 平方米。正堂居北，下有台基，堂前有台阶，厢房为地面建筑，一排多间；庭院宽敞平坦，建筑工艺考究。小型房址有三种：第一种为多室地面建筑，木骨墙，室内用隔墙相间，分

图 2-39　偃师商城府库建筑基址

为数室；第二种为单体地面建筑，木骨墙体；第三种为“地穴”式建筑，坑底平整、坚实，墙体夯筑，内壁施草拌泥。小型房址面积约10平方米[27]。

偃师商城遗址中共发掘墓葬100多座，多分布在城墙内侧，在大城的东、西、北墙内侧和小城城墙内外两侧都曾发现有成片的墓葬。如小城北城墙中段东部城墙的内外两侧，发现有商代早期墓葬22座。以城墙内侧为最多，墓葬之间存在多组打破关系。墓葬皆为长方形竖穴土坑墓，长度一般约1.6 ~ 2米，宽约0.4 ~ 0.7米。墓葬大多为南北向。死者头向大多为北向，全部为单人葬，无葬具；葬式多为仰身直肢，个别为俯身直肢。随葬品多为陶器，且埋葬时多被打碎。器物组合或为单个陶器，或为陶鬲、簋，鬲、簋、盂，鬲、簋、盆，鬲、簋、盆、汲水罐，鬲、簋、盆、爵、斝、豆，鬲、簋、豆、瓮等组合。墓葬年代跨越偃师商城商文化第二期早段到第三期晚段[28]。

水井多分布在宫殿及房址附近，有的在大土坑里面。在已发掘的第四、五、六号宫殿遗址中都有发现。水井的形制主要有两种：一为方形坑，木质井盘，周围以夯土堵塞；另一种井口为长方形，向下渐变为椭圆形，近底部为圆形，深5 ~ 6米，井壁有半圆形脚窝。

手工业作坊主要有铸铜、制陶和制骨等遗迹。铸铜作坊分布于城址东北和东南部。1996年发掘的北城墙东段，在城墙内侧附属堆积下发现3个商代早期圆形锅底状灰坑，灰坑附近发现红烧土面，因烧结而变硬，填土及周围地面发现铜矿渣、坩埚和陶范等遗物。另外在城址东南部的一些灰坑中发现黏有铜液的坩埚残片，表明这里是商代早期的青铜冶铸作坊遗址[29]。制陶作坊中除零星窑址外，基本比较集中而且呈一定规模，窑址一般呈圆形或不规则形，多数仅存火膛、火门和窑柱等，火膛直径为1 ~ 1.5米。

另外，在城西南部发现有数个堆积坑，其中骨料堆积比较集中，推测附近应有制骨作坊。

注释

[1]《汉书・地理志》，中华书局，1965年。

[2] 中国社会科学院考古研究所河南第二工作队：《河南偃师商城小城发掘简报》，《考古》1999年第2期。

[3] 中国社会科学院考古研究所河南二队：《1984年春偃师尸乡沟商城宫殿遗址发掘简报》，《考古》1985年第4期。

［4］中国社会科学院考古研究所洛阳汉魏故城工作队：《偃师商城的初步勘探和发掘》，《考古》1984 年第 6 期；王学荣：《偃师商城布局的探索和思考》，《考古》1999 年第 2 期；中国社会科学院考古研究所河南第二工作队：《河南偃师商城西城墙 2007 与 2008 年勘探发掘报告》，《考古学报》2011 年第 3 期。

［5］中国社会科学院考古研究所河南第二工作队：《1983 年秋季河南偃师商城发掘简报》，《考古》1984 年第 10 期。

［6］刘忠伏、徐殿魁：《偃师商城的发掘与文化分期》，《中国商文化国际学术讨论会论文集》，中国大百科全书出版社，1998 年。

［7］洛阳市文物管理局：《洛阳大遗址研究与保护》，文物出版社，2009 年。

［8］中国社会科学院考古研究所河南第二工作队：《河南偃师商城西城墙 2007 与 2008 年勘探发掘报告》，《考古学报》2011 年第 3 期。

［9］赵芝荃、刘忠伏：《偃师县尸乡沟商代早期城址》，《中国考古学年鉴》（1985），文物出版社，1985 年。

［10］同［7］。

［11］中国社会科学院考古研究所河南第二工作队：《河南偃师商城东北隅发掘简报》，《考古》1998 年第 6 期。

［12］同［2］。

［13］刘忠伏：《偃师商城遗址》，《中国考古学年鉴》（1990），文物出版社，1991 年。

［14］同［4］。

［15］同［3］。

［16］中国社会科学院考古研究所河南第二工作队：《河南偃师尸乡沟商城第五号宫殿基址发掘简报》，《考古》1988 年第 2 期；谷飞、曹慧奇：《2011 ~ 2014 年偃师商城宫殿遗址复查工作的主要收获》，《考古》2015 年第 12 期。

［17］杜金鹏：《偃师商城遗址》，《中国考古学年鉴》（1998），文物出版社，2000 年。

［18］同［17］。

［19］中国社会科学院考古研究所河南第二工作队：《河南偃师商城宫城第八号宫殿建筑基址的发掘》，《考古》2006 年第 6 期。

［20］同［17］。

［21］王学荣、杜金鹏、李志鹏等：《偃师商城发掘商代早期祭祀遗址》，《中国文物报》2001 年 8 月 5 日第 1 版；中国社会科学院考古研究所：《河南偃师商城商代早期王室祭祀遗址》，《考古》2002 年第 7 期。

［22］王学荣、杜金鹏、李志鹏等：《偃师商城发掘商早期帝王池苑遗址》，《中国文物报》1999 年 6 月 9 日第 1 版；中国社会科学院考古研究所河南第二工作队：《河南偃师商城宫城池苑遗址》，《考古》2006 年第 6 期。

［23］同［5］。

［24］刘忠伏：《偃师商城南城墙保存完整》，《中国文物报》1992 年 6 月 7 日第 1 版。

［25］同［2］。

［26］中国社会科学院考古研究所河南第二工作队：《偃师商城第Ⅱ号建筑群遗址发掘简报》，《考古》1995 年第 11 期。

［27］同［7］。

［28］同［2］。

［29］同［11］。

［叁］

洛阳东周王城遗址

一　概况

公元前770年周平王东迁洛阳，开始了中国历史上长达500余年的东周时期，历经平、桓、庄、僖、惠、襄、顷、匡、定、简、灵、景、悼、敬、元、贞定、哀、思、考、威烈、安、烈、显、慎靓、赧王共二十五王。20世纪50年代，考古工作者在洛

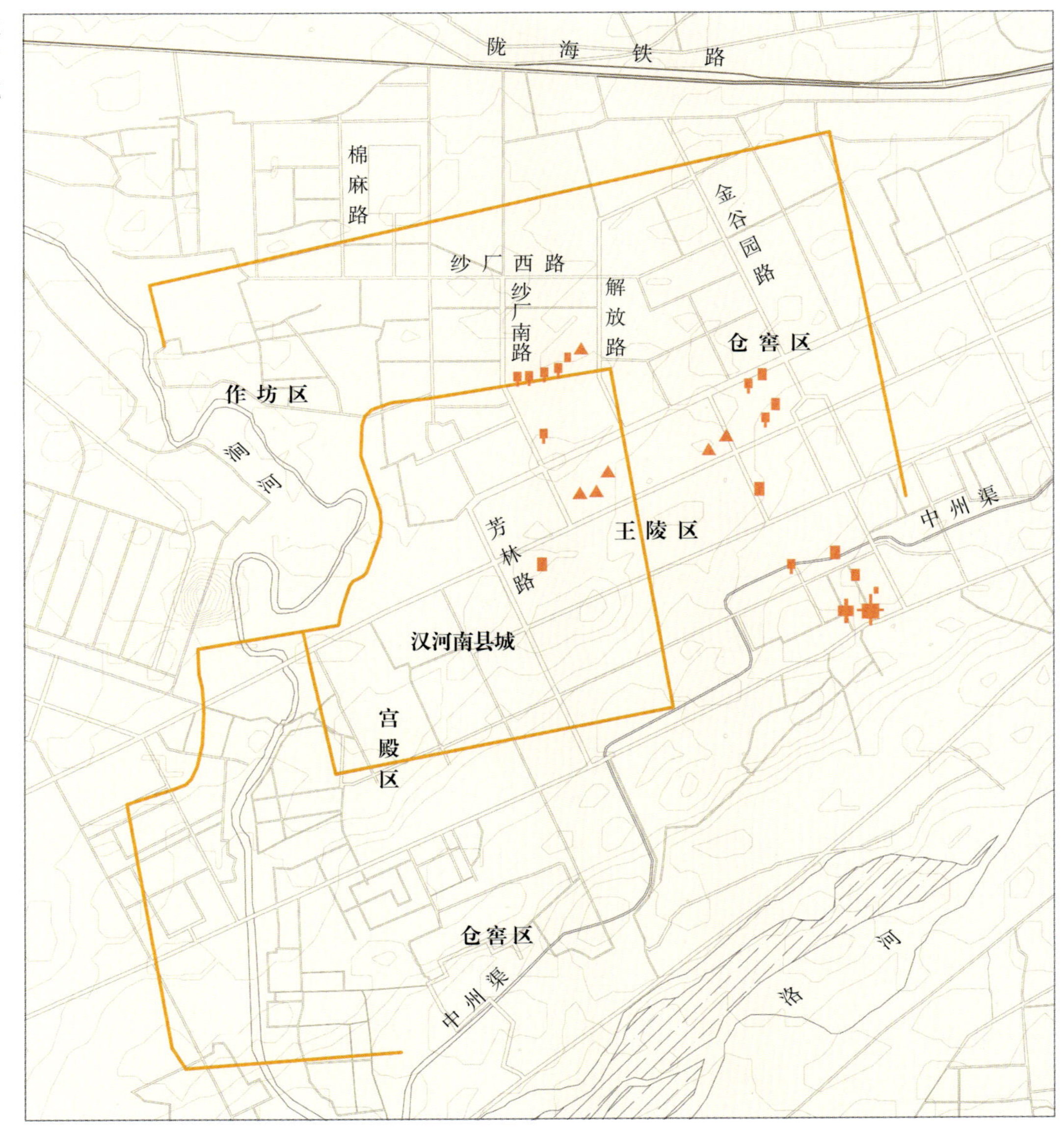

图3-1　东周王城遗址地形图（底图根据1966年航片绘制）

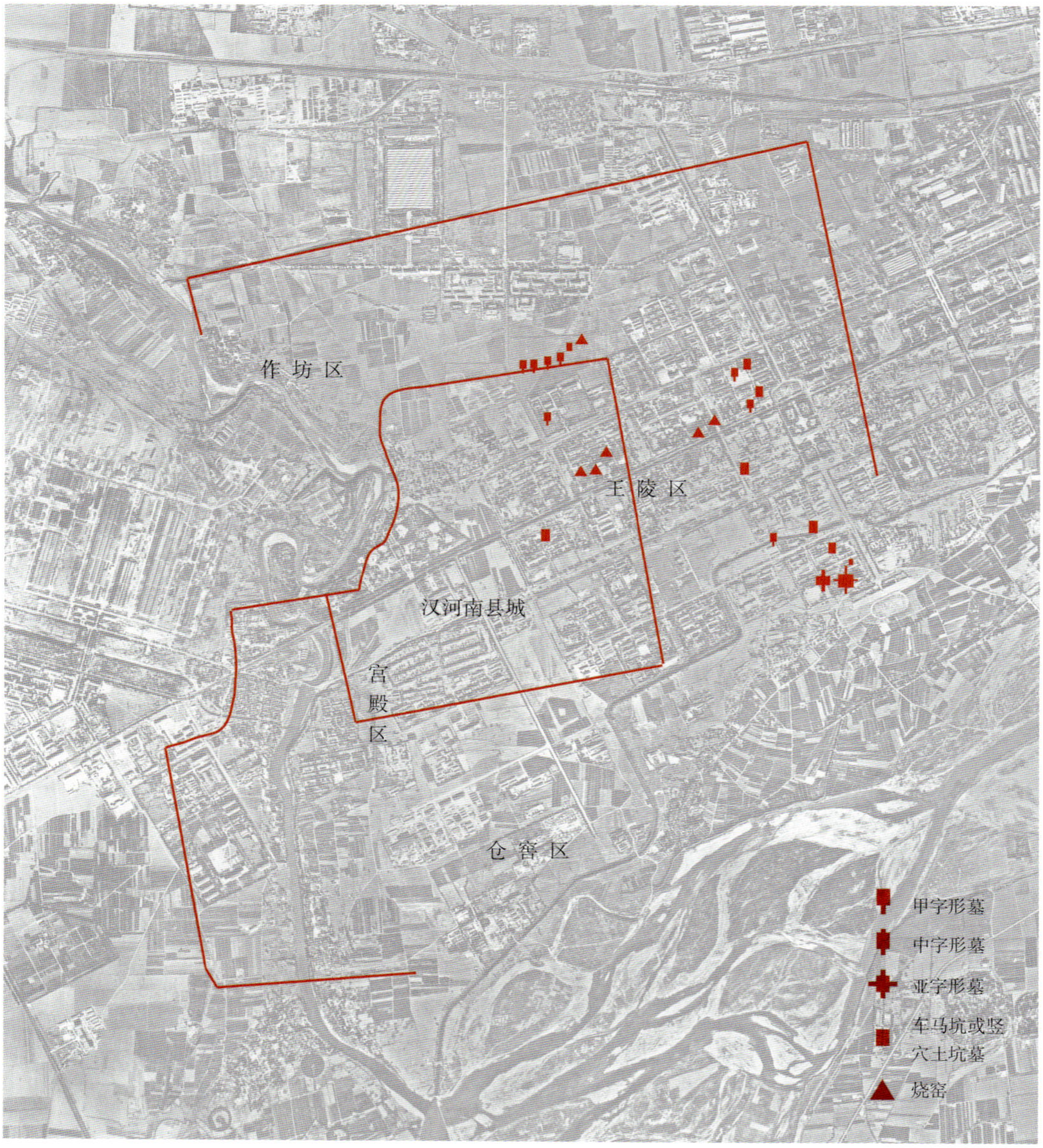

作坊区
王陵区
汉河南县城
宫殿区
仓窖区
甲字形墓
中字形墓
亚字形墓
车马坑或竖穴土坑墓
烧窑

图 3-2　东周王城遗址航摄影像（1966 年）

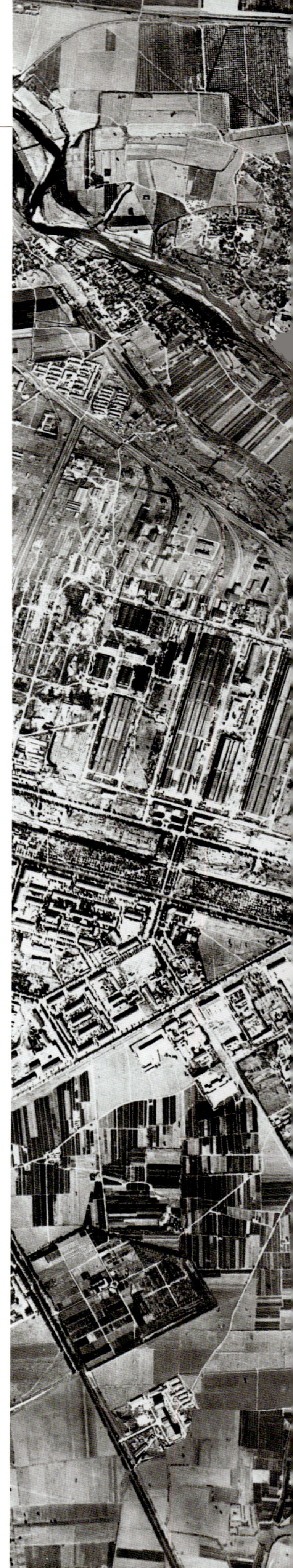

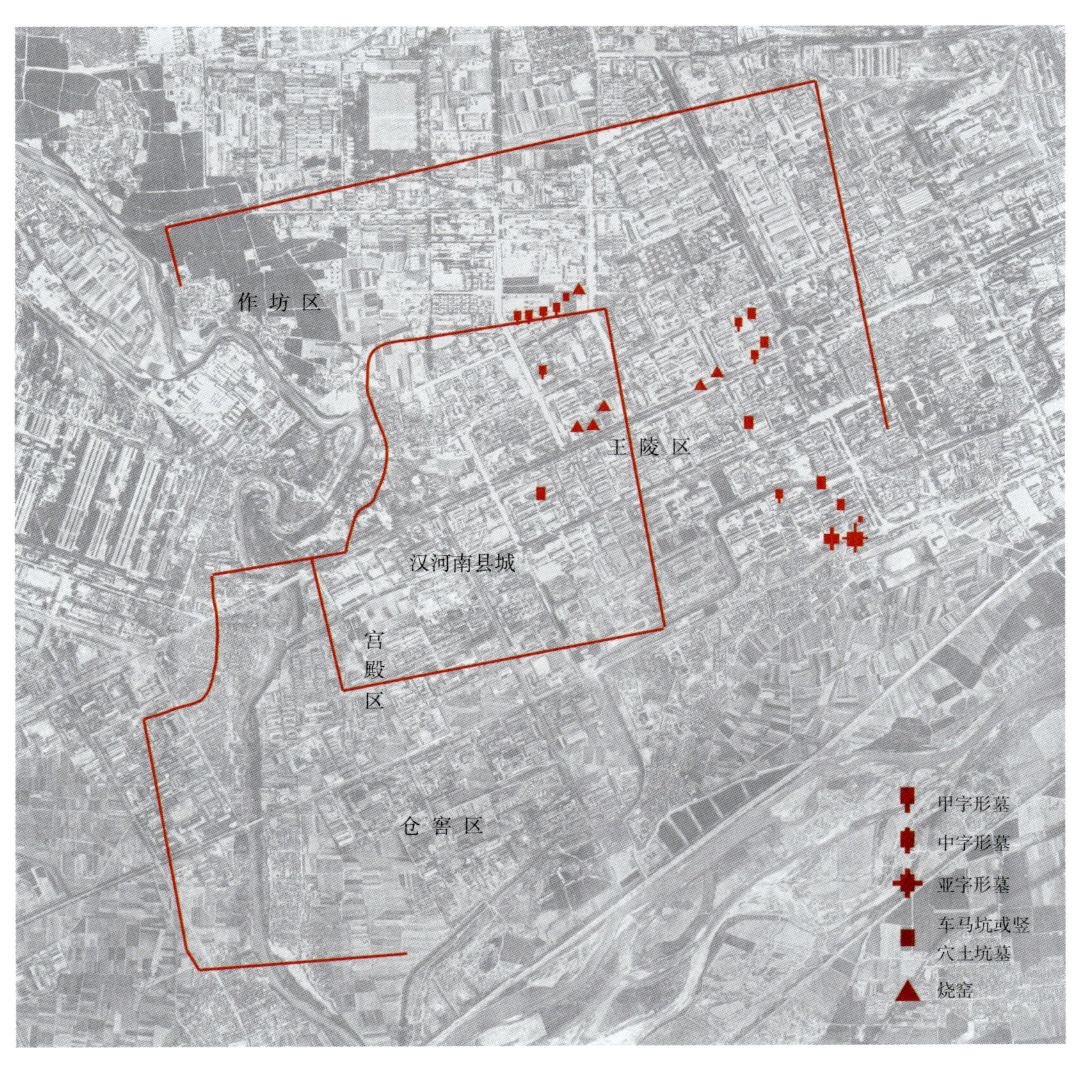

图 3-3 东周王城遗址航摄影像（1979 年）

阳涧河两岸发现东周时期的文化堆积，并确定了洛河以北涧河入洛处为东周王城遗址[1]。

东周王城是洛阳古代五大都城之一，东周王城遗址于 2000 年被公布为河南省文物保护单位。通过数十年的考古发掘和研究，基本确定了东周王城四至和城内布局，即东南部瞿家屯一带的宫室建筑区、仓窖区、北部作坊区和天子驾六车马坑所在的东周王城遗址东区的东周王陵区（图 3-1 ~ 3-3）。

二 城墙

东周王城的郭城平面近方形，四周为夯土城墙。在洛阳市纱厂西路与涧河桥相接处东南约 200 米处，地面至今还保存有东周王城西北角城墙，高约 4 米（图 3-4、3-5）。城墙建在生土之上，先由地面向下挖开浅槽，并于槽内夯实基础，再从底部填土逐层夯打结实。地面墙体部分采用两面夹板逐层用平夯夯打。夯层一般厚6 ~ 10厘米，夯窝直径一般在 2.5 ~ 4 厘米之间。从发掘地层关系及包含物可知，城墙大约建于春秋中期以前，即城墙的年代早于春秋晚期，晚于西周初年或西周，其绝对年代早不过

图 3-4 东周王城城墙夯土（20 世纪 50 年代）

图 3-5 东周王城城墙夯土（2004 年）

图 3-6　洛阳唐宫路三公司东周王城东墙发掘现场（2008 年）

春秋，晚不过战国。从城墙上保存有多处战国及秦汉时期以及唐代的城墙来看，战国、秦汉曾加以修补，西汉以后渐废，唐代又加以修筑利用，东墙北段 15 米的宽度就是唐代修筑增宽的。

东墙：从洛阳 801 仓库院内北墙东端起向南经光华路、省建三公司、市邮电局，过中州中路、旋宫大厦、农行大楼、市二十七中到九都路。走向南偏东 5°30′。东墙南段被水冲毁，仅存北段残长 1800 余米，全长约 3500 米，一般宽度 15 米，残高 0.8 ~ 1.65 米（图 3–6）。

西墙：北部于纱厂西路涧河桥东南角向南，经东涧沟村，沿河曲折进入王城公园，在中州路涧河桥北折向西，至胶鞋厂又南折，过牡丹大酒店西侧，入七里河村西向，过黄河路入轴研所后南折，至洛阳建专南院东转为南墙。总长约 4000 米，一般宽度在 5 米左右，残高 1.5 米（图 3–7）。

南墙：仅残存西段少部。西起洛阳建专南院，呈 89° 直线向东经兴隆寨村，东

图 3-7　东周王城西北处西墙（2010 年）

越涧河，过瞿家屯。东段被洛河冲毁。残长 850 米，宽度 14 米左右，最高达 1.4 米。

北墙：保存较好。由西北角城墙向东，经纱厂、春晴路北侧，一直到光华路北端，至道南路的 801 仓库。北墙呈西南—东北向，方向为 78°30′。全长 2890 米，宽度在 8 ~ 10 米之间。

三　宫室建筑区

1959 ~ 1960 年在小屯村东、南和瞿家屯以北一带，进行大面积铲探和试掘，发现一处大型夯土建筑基址，在夯土层附近出土了大量东周时期的筒瓦、板瓦和瓦当。瓦片堆积极厚，地面上暴露着大量的板瓦、筒瓦和饕餮纹、卷云纹瓦当。当时主要的建筑物和重要的生活区大约在这一带。城内东南部接近涧河入洛处一带的大型夯土建筑基址，其中最具代表性的是南北两组。北组建筑四面有一周夯土围墙，平面呈长方形，东西长 344 米，南北宽约 182 米，方向近正南北。正门设于南面，墙内中部偏北分布有两个长方形夯土建筑基址。南组建筑紧靠北组建筑，平面也呈长方形。在夯土建筑的东部，有一条宽约 20 米的南北大道。在上述两组建筑遗址范围内，出土大量板瓦和饕餮纹、卷云纹瓦当，表明这是东周城内的主要建筑之一[2]。

1999 年上半年在洛阳市西工区行署路与临涧路交叉口西南侧发现一处大型夯土基址，该基址西距涧河约 250 米，东部和南部紧邻东周王城遗址内的战国粮仓遗址区。大型夯土建筑基址平面呈长方形，东西长 55 米，南北宽 30 米。夯土是在原生土上夯筑，厚 15 ～ 32 米，夯层坚硬，夯窝清晰。夯土中包含有少量东周时期的陶片。夯土基址北 25 米处，有一条与基址平行的墙垣，宽 35 米，长达数百米。墙外有深 7 米的壕沟。基址北部和东部各发现有东周时期的圆形陶质排水管道，其中北部排水管道位于地下 4 米深处，残长 10 余米，南北流向[3]。

2004 年 11 月至 2005 年 12 月，洛阳市文物工作队配合基建在瞿家屯东南、东周王城南城墙外西南部洛河北岸与涧河交汇处发掘一处战国中晚期大型建筑遗址，主要遗迹有夯土墙、夯土台基、排水管以及与建筑有关的散水、水池和仓窖等。遗址内出土了大量的建筑材料如板瓦、筒瓦、瓦当、瓦钉及米字纹空心砖、方砖等，而生活用器鲜有发现[4]。

这是一处大型院落建筑的西半部分，由南北残长 207 米左右的西墙和东西残长约 19 米的南墙围成，墙体均夯筑而成。该大型院落内有两条东西向夯土墙将其分隔成三组相对独立的建筑单元，由南向北依次为第一组至第三组建筑（图 3-8、3-9）。

第一组建筑是最南部的一组建筑，包括有主体建筑夯土台基 1、排水管道以及与其相连的池苑、北侧的夯土墙和西侧的夯土墙。夯土台基 1 为大型院落内最南部的一处夯土台基，平面呈长方形，南北长约 23.8 米，东西宽约 18 米。台基中间有一天井，南北长约 7.6 米，东西宽约 6.4 米。四周有散水，散水西侧用较大卵石竖砌，高出较小卵石铺成的散水平面。台基东侧约 1.5 米处有一条南北向散水，残长约 22.5 米，宽约 1 米。从夯土台基 1 的建筑特征来看，应为一处四合院式的建筑，门向东。池苑位于夯土台基 1 的东侧，平面呈长方形，南北长 11.8 米，东西残宽约 4.5 米。池苑四壁呈斜坡状，用大卵石铺成，底部发现有大量的螺蛳壳。

第二组建筑由南、北、西夯土墙（东侧出发掘区）组成相对封闭的建筑单元，包括两个单体的大型夯土台基，即夯土台基 2 和夯土台基 3。其中夯土台基 2 位于大型建筑的中轴线上，南北长约 16.3 米，东西残宽 3.4 ～ 5.5 米。夯土台基 3 在夯土台基 2 的西侧约 135 米处，平面呈长方形，南北长约 47 米，东西宽约 66 米。两处夯土台基的边缘残存有柱础石和用鹅卵石铺成的散水。

图 3-8 瞿家屯东周建筑遗址全景（2005 年）

图 3-9 瞿家屯东周建筑遗址排水系统（2005 年）

第三组建筑是发掘区域内最北部的一组建筑，也是由夯土墙围成的建筑单元，包括有大型夯土台基4、夯土台基5以及相关的天井、散水和排水管道等。夯土台基4残存平面呈曲尺形，东西残长286米，南北宽约347米。其南部偏西处有一规模较大的天井，天井东西长186米，南北残宽176米，东、西、北三面残存有散水。北侧偏西有一小天井，东西长约12米，南北宽约8米，四周有散水。夯土台基5位于夯土台基4北侧偏西小天井的北面。台基东西长约181米，南北宽约64米，台基南北边缘有柱础石。从建筑特征以及高大的体量推测，夯土台基4是一座"四阿重庑"建筑，前有廊房。夯土台基5是一座两面坡式的建筑，属夯土台基4的附属建筑。

种种迹象表明，这可能是一处战国时期属于东周王城一部分的宫室建筑。综合地层关系、遗迹内的包含物以及相互间的叠压打破关系可知，这处大型建筑院落始建于战国早中期，废弃于战国晚期或西汉初。《国语·周语下》载"灵王二十二年（公元前550年），谷、洛斗，将毁王宫，王欲壅之。太子晋谏曰：'不可……'王卒壅之"，说的是洛水暴涨，与谷水（现涧河）两者相互冲激，有冲毁王宫的危险。这些建筑遗存正位于洛水与谷水相交处，与文献记载王宫位置相吻合，应是东周时期的宫殿（宫室）建筑。

1999年和2007年在东周王城遗址内东南部先后发现两处夯土墙和壕沟，有研究者认为应是宫城的北墙和东墙，并进一步认为东周王城为城郭制的城市布局[5]。

四　仓窖区

1970年，在1959～1960年发现的宫室建筑的东侧，发现一处建造年代约为战国中期的仓窖遗址。在东西长约300米，南北宽约400米的范围内钻探出排列密集而有序的地下粮仓70余座。通过对数座仓窖的发掘得知，仓窖为口大底小的圆形，仓口直径一般在10米左右，深约10米。筑窖过程为：（1）开挖窖坑。由地表向下挖出口大底小的圆坑，坑壁斜坡较陡，周壁修整光滑，但坑底不太平坦，有的仓口有斜坡作为进出口。（2）铺设防潮设备。以保存较好的第62号窖来看，窖底结构从下至上有四层。第1层，在不太平整的生土上涂抹一层铁锈色的物质，厚约0.1～0.3厘米，较为坚硬，作为隔水层；第2层，在隔水层上敷一层厚3～5厘米的青膏泥，在距底40厘米高的周壁也敷有一层较薄的青膏泥；第3层，在青膏泥上铺两层木板，上下相互叠压。每层靠边缘处均顺壁平铺两圈，中间以纵横相错的木板铺排填补，下层底板一般长 1.5 ~ 2 米，宽 0.3 ~ 0.4 米，木板较薄，在窖底四周发现固定底板的长方形或椭圆形木橛孔；第 4 层，在木板上撒铺一层谷糠。在存放粮食前再铺一层苇席和竹箔，用来隔开粮食和谷糠。从仓内出土大量砖瓦和圆木看，窖顶可能有高出地面且顶上敷瓦的圆锥形木构建筑。在其中第 62 号仓窖底部，出土了 126 件 30 余种铁制和铜制的农具和手工工具，铁器有镈、铲、凿、削等农业和手工业工具，铜器有齿轮、锯和铜料、铅料等，还出土 116 枚东周时期的金属铸造币空首布、平首布和圜钱等[6]。

1994 年 7 ~ 9 月在位于东周王城南部的洛阳 740 厂住宅楼工地，发掘仓窖 1 座。经发掘，仓窖开口于东周层下，是一座口大底小的圆形窖穴，口径 10、底径 7、深 9.6 米。坑内堆积分为三层，诸层时代均为东周。其周壁光滑，规律地分布着脚窝和柱洞。窖底有火烧痕，底平且见树皮纤维痕，似在底部用树皮铺垫。窖内未发现储粮痕迹[7]。

五　作坊区

城内西北部发现大规模制陶作坊、骨器作坊、制玉制石作坊，并发现铸造铜器的陶范、炼铜渣等，可能是铸铜遗址。这一区域应是东周王城的手工业作坊区。

1957 年在洛阳西工区小屯村北、东干沟村东北、东周王城西北部发掘战国时期的规模较大的烧制陶器的烧窑遗址。遗址内共发掘陶窑 15 座，一般建在生土里，由操作坑、窑门、窑室和烟道组成。窑室形状分圆形和椭圆形两种，均为直壁穹顶，用土坯筑成，烟囱有的开在顶部，有的开在右侧或后部。在烧窑附近发现有房屋和灰坑，出土了拍打、刮磨、印纹和垫置等制陶工具和大量的残破陶器。烧窑遗址出土器物以陶器为主，另有少量铁器和蚌器。陶器有建筑材料、生活用具、制陶和烧陶工具等。建筑材料有板瓦、筒瓦、瓦当和瓦钉等；生活用具数量较多，有罐、盆、瓮、壶、豆等；制陶和烧陶工具主要有陶拍、陶垫拍、陶范和陶支垫等。在窑场的东面发现了很多经过锉磨的骨料，这应是当时的制骨场所；在窑场东南发现一处战国时期制作玉石装饰品的地方，出土很多石环、石片等石器的半成品，形状与洛阳东周墓出土的玉石器十分相似；在窑场的西南面，发现有铸造铜器用的陶范[8]。

1998 年 10 ~ 12 月发掘的陶窑遗址位于纱厂西路路南，涧河东岸。其北距王城北城墙约 200 米，西距王城西城墙约 400 米，处于东周王城遗址区的西北隅，也属隋唐东都城西苑遗址区范围。目前已知该遗址东西长 50 米，南北宽 22 米。在遗址北、西、南三面围墙下，均见陶窑超出探区，所以窑址的实际范围要超出这个面积。发掘面积350平方米，发现战国陶窑18座、灰坑11个、墓葬3座。该遗址清理的17座陶窑，根据结构的不同，可分为四种形制。第一种窑窑室平面呈椭圆形，窑壁弧曲且粗糙不平。窑床面积很小，火膛较大，火膛之上有斜置的泥条隔栏，窑室后部未见烟囱，推测当在窑室的顶部。第二种窑窑室平面呈圆形，窑壁垂直且光平。第三种窑窑室平面呈扁圆形，窑床面积较小，火膛面积较大，窑壁抹光，窑室后部近底处开一排烟孔，向上直通地面。第四种窑窑室平面呈梨形，前窄后宽。窑床面积增大，火膛变小且较深，窑壁多用草拌泥抹光。烟道同第三种窑。陶窑内出土遗物有板瓦、筒瓦、瓦当、罐、壶、盆、瓮、甑、鬲、盒、豆、碗、鼎足、盘、拍、垫拍、器范、锛、锄和蚌片等[9]。

从窑内的出土遗物特征推断第一种和第二种窑时代相当于战国早期或稍早，第三种窑时代相当于战国中期，第四种窑时代相当于战国晚期。从墓葬内出土器物推断两座成人墓时代均为战国中期，瓦棺葬时代当属战国时期。窑址的时代从战国早期延续到战国晚期，说明这里的烧陶业发达，持续时间长，几乎没有间断。另外，结合战国制玉、制石作坊遗址的位置可以看出，战国时期的手工业作坊区集中于东周王城的西北部，并且这种格局是长期固定不变的。

2009年2～5月，在洛阳市西工区解放路东、健康东路北侧、东周王城遗址内北部，发掘一处古代烧窑遗址，其中发掘东周烧窑12座。烧窑形制与同时期烧窑相同，窑内包含物有斜绳纹里外素面的筒瓦和板瓦以及陶豆盘、陶豆座、陶盆残片等[10]（图3-10）。

这些现象表明，城内北部偏西可能是手工业作坊较为集中的区域，同时也反映出东周时期市与作坊是连在一起的。

六　王陵、墓葬区

东周自平王迁都洛邑，至秦统一六国，共历500余年。其陵区一般认为有三处，王城西南周山王陵区、东部的金村王陵区和王城王陵区。王城王陵区即东周王城遗址内东部的墓葬区。在王城王陵区内不仅发现有近万座东周时期的小型墓葬，也有墓葬形制较大、规格高的大、中型墓葬和马坑、车坑、车马坑。2001年，在东周王城东南部发掘一座有四条墓道的“亚”字形春秋墓和有两条墓道的“中”字形春秋墓，从“亚”

图 3-10　窑址发掘现场（2009 年）

字形墓中出土的铜鼎和铜鬲上“王作鬻……”铭文看，很可能是春秋时期某周天子的墓葬。2002 年，在现王城广场发现并清理 20 余座东周时期用于陪葬的马坑和车马坑，其中最大的一座车马坑南北长 40 余米，宽 7 米左右，坑内有车 20 余辆，驾马有三、四、六三种。据文献记载，天子用六驾。这足以证明东周王城东部为王陵区。

（一）王陵

1. 金村王陵区

金村王陵区位于汉魏洛阳城遗址内城东北隅（今孟津县平乐乡金村东）。钻探得知，自东向西、自北向南分两行排列有 8 座大墓，从加拿大传教士怀履光所绘墓葬平面图看，均为带墓道的“甲”字形墓，其中 3 座墓葬的南端各有一座车马陪葬坑。1927 ~ 1934 年，这 8 座墓中出土数千件文物，大多流失海外。日本梅原末治收集资料并出版《增订洛阳金村古墓聚英》一书，书中收录金村大墓出土珍贵文物 312 件，有错金银及嵌玉铜器、银器、玉器、大型铜器、铜镜，另有木胎、夹纻、铜胎及陶胎漆器等[11]。怀履光著《洛阳古城古墓考》也有收录。1962 年在金村一带钻探出一座长 9、宽 14、深 12 米的大墓，墓道长约 60 米。在其周围还探出 20 余座大型、小型墓葬和车马坑等[12]。经多年的钻探、发掘及研究表明，“作为东汉、曹魏、西晋和北魏国都的汉魏洛阳城，其城市规模和形制不是某一个时期的产物，而是在西周城址的基础上，适应社会发展需要，经过春秋晚期、秦代的增扩，东汉、曹魏及北魏等时代的修缮和增筑活动，才逐渐形成的”[13]。

关于金村大墓的性质，历来多有争议。怀履光认为金村大墓是战国时期韩国的墓葬；唐兰先生曾定为晋墓，后又指出应是两周中的东周墓葬[14]。李学勤先生对金村古墓中出土的铜器铭文考证后认为，“金村墓葬群的时代自战国前期延至晚期。所出有许多属于周朝宫廷的器物，包括曾在甘地离宫使用的服御器。有些作器者是周朝的宗室大臣……这处墓葬群不是东周君的，应属周朝，很可能包括周王及其附葬臣属。”[15]

2. 周山王陵区

周山王陵区位于洛阳市涧西区孙旗屯乡三山村一条方向大致呈西南—东北走向的黄土小山岳上，东北距东周王城遗址约 3500 米，因相传山顶埋藏有东周时期周王的坟墓而得名。周山地处洛阳盆地的西部，洛河北岸，海拔 180 ~ 265 米。周山山顶平缓，其上目前存有 4 座高大的封土，呈东西向一字排开。其中西部为独立大冢 M1，又称“灵王陵”。冢前有清乾隆年间洛阳知县龚松林所立“周灵王陵”石碑；东部 3 座大冢相连为一组呈“山”字形，编号 M2 ~ M4，又称“三山”。

2002 年洛阳市第二文物工作队对这 4 座墓进行地面踏查和重点钻探，对墓葬的形制、性质等有初步的了解[16]。

M1　覆斗形封土，覆斗的转折处明显，顶部平坦。封土平面基本呈正方形，轴线方向 354°，边长 105 ~ 110 米，高约 20 米。由夯土筑成。在封土南侧正中有长斜坡式墓道，方向 4°。墓道北段叠压于封土之下，南段伸出封土之外。伸出封土外的墓道南端被断崖破坏，残长 40 米，宽 5.8 ~ 6 米（图 3-11）。

M2 ~ M4　三冢相连，形如“山”字（图 3-12、3-13）。均为覆斗形封土，顶部平坦。三冢整体平面呈“亚”字形，轴线方向 352°，总长 130 米，宽 70 米，高约 14 米。夯土筑成，质密，有明显夯层。三冢南北各有一条长方形斜坡式墓道，方向各有差别。

图 3-11　周灵王陵（2004 年）

关于周山周王陵，历代多有争议。或认为并非周代王陵，或认为是周王陵，但墓主不清。曹魏时期编撰的《皇览》记载："周灵王葬于河南城西南周山上，盖以王生而神，故谥曰灵，其冢人祀不绝。"北魏郦道元《水经注》卷十五《洛水注》载："（洛水）枝渎又东，径周山，上有周王冢……（洛水枝渎）又东径三王陵东北出，三王，或言周景王、悼王、定王也……今陵东有石碑，录郝王以上世王名号，考之碑记，周墓明矣。"可知，早在曹魏时期"周山"已有，其所指"河南城"即为汉河南县城。

3. 东周王城王陵区及东周墓葬

在洛阳市区发掘的 7000 余座东周时期的墓葬中，约有 6000 座出自东周王城遗址区域内，而已发掘的十多处东周时期的马坑、车坑和车马坑也大多出于此区域。近几年来洛阳东周王城考古工作更是取得世人注目的成果，如天子驾六车马坑的发掘、

图 3-12 周山三王陵（20 世纪 70 年代）

图 3-13 周山三王陵远景（2004 年）

二十七中“亚”字形大墓的发掘、盛世唐庄建筑遗址的发掘、空空导弹研究院及唐宫路小学车马坑的发掘、唐鼎公司积石积炭墓的发掘等，大大丰富了洛阳东周考古的成果。这数千座东周时期的墓葬，其墓葬形制既有带墓道的特大型墓，如带四条墓道的“亚”字形墓、带两条墓道的“中”字形墓和带一条墓道的“甲”字形墓，更有数量占绝大多数的不带墓道的竖穴土坑墓和少数洞室墓，包括了东周时期所有的墓葬形制。

（1）“亚”字形特大型春秋初期墓

2001 年在东周王城遗址内东南角、洛阳市第二十七中学教学楼基建工地钻探出东西向排列 3 座东周墓，从西至东编号为钻编 M2（C1M10123）、M3、M4（C1M10122），3 座墓葬中心距离均为 20 米。其中 M2 和 M3 均为有南北两条墓道的“中”字形墓，M4 为有四条墓道的“亚”字形墓[17]。其中 M4 随葬品有铜器、玉器、骨器、石贝等 200 余件套。铜器主要位于墓室中部及南部，其中铜礼器如铜鼎、铜鬲、铜爵等在中部，铜兽面饰、铜兵器等多在南部。铜鼎和铜鬲的腹部内壁和口沿上分别有铭文“王作……”等字。

（2）“中”字形特大型春秋初期墓

2001 年在“亚”字形墓西约 20 米处发现并排的两座“中”字形墓，其中 M2 墓道位于墓室南北两侧，由于被现代建筑所压，墓道未全部发掘。南北墓道均为斜坡状，其中北墓道坡度较大。墓底四周有熟土二层台。墓中出土随葬器 170 余件套，有铜器、玉器、蚌器、石器和骨器等。

研究者认为，根据 M4 和 M2 的墓葬形制、铜器铭文、时代以及所处的位置判断，这两座墓应为周平王和其夫人的墓。

2004 年在东周王城遗址内、洛阳市解放路西侧新都购物公园工地钻探出一座“中”字形竖穴土坑墓，墓葬南北向。墓室四周有二层台，底部有厚约 0.2 米的木炭层[18]。

（3）“甲”字形特大型战国墓

1957 年 5 月发掘的洛阳西郊一号战国中晚期墓位于洛阳小屯村东北，汉河南县城东北城角的外面，东周王城遗址内东北隅。据钻探可知与之形制相同的大墓共有 4 座，位置东西毗连，墓道均朝南，从东向西编号为 1 ～ 4 号墓。

M1 为“甲”字形竖穴土坑墓，墓道位于墓室南壁正中，为斜坡墓道。墓室四壁、墓道两壁残存有彩绘痕迹。这种彩绘应是具有帷幕和画幔作用的扩壁装饰。此墓早期被盗，扰乱极为严重。墓中所出随葬品绝大部分位置都被移动过，多数器物集中在椁室南边及东边的南北两边端。随葬品有陶、铜、铁、玉石器，另有骨、蚌制品等。其中一件白色石圭残长 14、宽 6.1、厚 0.8 厘米，其上有黑书“天子”二字[19]。

1973 年 10 月 ~ 1974 年 2 月发掘的位于洛阳市西郊四座东西排列的 1 ~ 4 号“甲”字形墓中最西边的四号战国中期墓。该墓南北长 88 米。墓葬多次被盗，清理出土的遗物除不可辨形者外，仍有 1600 余件。从质地看有铜、铁、玉、石、骨、蚌、陶、玻璃、玛瑙、料器以及牛骨、猪骨、蛋壳等，器物种类有礼器、兵器、乐器、车马器和装饰品等。椁盖顶上部的屋脊形木质结构建筑，是十分罕见的古代墓葬建筑形式。它的发现证实史书所记“椁有四阿，棺有翰桧”的历史记载。墓中所出彩色玻璃珠，经洛阳玻璃厂技术科初步鉴定，为人工制作的玻璃。这种玻璃珠在各地的东周时期墓葬中多有发现，为古代中东、中亚地区所常见[20]。

1974 年 4 月，洛阳博物馆在洛阳市西工凯旋路北侧、北距中州路约 200 ~ 300 米，东周王城遗址内东部发掘了一座战国墓（编号 74C1M4）。墓葬平面呈“甲”字形，墓道位于墓室南端。墓葬破坏严重，残余随葬品多出自盗坑或墓室扰土中，共清理出铜器、铁器、玉石器、骨、蚌器等 359 件。墓中所出铜剑及剑鞘是该墓发掘的重要收获。铜剑长 45、宽 39 厘米，剑身有错红铜铭文“緐（繁）汤（阳）之金”四字。繁汤即繁阳，东周时属楚地。《左传・襄公四年》：“春，楚师为陈叛故犹在繁阳。”杜予注“繁阳，楚地，在汝南鲖阳县”，即今河南省新蔡县北三十里淮水支流汝河北岸。楚国以产铜闻名，《管子・揆度》中记载有繁阳所在的汝河汉水一带产铜：“夫楚有汝汉之金。”《史记・春申君列传》载：“赵平原君使人于春申君，春申君舍之于上舍。赵使欲夸楚，为玳瑁簪、刀剑室以珠玉饰之。”此剑以雕刻精美的象牙作鞘，以珍珠为剑首垂饰，选用优质铜料以及先进的技术铸造，使之成为一件贵重的佩饰而显耀于世人[21]。

（4）大型竖穴土坑战国中期墓

2001 年 11 ~ 12 月发掘洛阳市唐宫西路北侧 20 米、解放路东侧 100 米，东周王城遗址内东北部的一座战国中期墓（C1M7984）。该墓长方形竖穴土坑墓。墓中清理出铜、玉、石等质地器物 87 件（组），随葬品有金箔，铜马、兽，玉柱形板、龙形佩，玛瑙珠，石磬、石圭等[22]，其中墓中所出铜兽制作异常精美。

（5）洞室战国墓

2000 年 8 月在洛阳市空空导弹研究院 1201-1 号楼工地、东周王城遗址内东南部，发掘一座战国墓葬 C1M6635。该墓由墓道、墓室组成，墓室东壁北端有一壁龛，随葬品均放于壁龛内，有陶鼎、豆、壶、盘、罐、碗及石圭[23]。

（二）陪葬坑

1. 周王城广场天子驾六车马坑

2002 ~ 2003 年，洛阳市文物管理局组织联合考古队配合洛阳市重点工程周王城广场建设工程进行考古发掘。在钻探总面积 25000 余平方米范围内，共发现各类墓葬 607 座，车马坑、马坑 28 处，井 32 眼，河道 3 条，沟 3 条，烧窑 9 座。其中发掘墓葬 300 余座，发掘车马坑、马坑 18 座，尤以 5 号车马坑最为重要。该车马坑呈南北向长方形，长 4.2、宽 7.3、深 2.3 米。有马车 26 辆，陪葬马匹达 70 匹。车辆大小基本相同，车轮直径 12 ~ 15 米，辐条 26 ~ 30 根，车厢长 11 ~ 15、宽 12 ~ 13 米。坑中车辆呈由南向北两列南向排序。车多为二马驾一车，次为四马驾一车，在靠近北部有坑中唯一的六马驾一车。在这辆车的车辕两侧，各有三匹背部相对的马匹，即文献记载的“天子驾六”[24]。

2. 中州路战国中期车马坑

1972 年 2 ~ 4 月发掘。车马坑位于洛阳市中州路西工段南侧 15 米，东周王城遗址内中东部。

车马坑为长方形竖坑，坑内埋葬四马一车一犬。车辕南向，辕两侧各有马二匹。四马排列整齐，马头向南，四肢蜷曲伏于坑内，应为杀殉。

车为木质，已朽，仅能根据痕迹进行清理。车子髹漆，以朱漆为底，表为黑漆。车由轮、辕、衡、舆和盖等几个部分组成。

车马坑中共出土遗物 270 件，有铜器、铁器、银器、铅器和贝等，以车马器和兵器为主。其中部分错银、错金银器物最为引人注目[25]。

3. 租赁公司春秋早期车坑、马坑

2001 年 8 ~ 12 月发掘。该车坑、马坑位于洛阳市西工区体育场路东侧、东周王城遗址东墙外约 30 米。车坑、马坑东西相邻。马坑呈正方形竖穴土坑，坑内埋葬马 56 匹，马是被杀后葬入坑中，马骨相互叠压，排列无序。在马坑西侧 1 米有一处小型车坑，车坑平面近方形，车坑内出土有被拆卸后放于坑内车上的车轮、舆以及铜构件，如车毂、车轭足以及车饰等。从部分车构件上的饕餮纹、重环纹、波折纹等纹饰看，具有春秋

早期的特征。因此，此车坑与马坑时代应为春秋早期[26]。

4. 空空导弹研究所点式楼工地马坑、车马坑

2005 年 4 ～ 11 月发掘。该工地共钻探古墓 100 座、马坑（含车马坑）4 座、夯土墙 1 道、烧窑 3 座，其中发掘 1 座马坑（K72），2 座车马坑（K19、K73）。

K72 略呈正方形竖穴土坑，长、宽均约 2 米。坑壁较为规整，底部平坦。坑内葬有马 2 匹，马头均南向。坑被后期墓葬打破。

K73 呈南北向的长方形，长 7、宽 2.86、深 2.2 米。坑内从南向北共放置车 5 辆（编号 1 ～ 5 号）。车轮全部拆后放在坑的东西两壁或靠在车箱上。坑内填土为花土。

K19 位于 K73 车马坑的东北向约 10 米处。坑作南北向长方形竖穴土坑，南北长 7.4、东西宽 3、坑深 0.9 米。方向 7°。坑内从南向北放有车 5 辆（编号 1 ～ 5 号）。每辆车均按原样摆放，由车舆和车轮组成。坑内还发现有狗骨架。坑内填土中包含物有春秋时期陶鬲、陶罐残片[27]。

5. 唐宫路小学战国车马坑

2006 年夏发掘。车马坑位于洛阳市西工区唐宫中路北唐宫路小学院内，南距唐宫中路约 15 米，东周王城遗址内东北部，东南距洛阳周王城天子驾六博物馆约 500 米。车马坑呈南北向长方形，分南坑（K1）和北坑（K2），两坑之间仅有相隔 10 ～ 30 厘米的土隔梁。

K1 南部被现代建筑破坏。坑呈南北长方形。内放置两车四马，即一车二马，呈前后南北向放置，均车辕朝南。

K2 近方形。坑内有一车六马，其中二马背部相对分别位于车衡两侧，四马两两背部相对位于车舆下面，马头均朝南，摆放整齐[28]。

6. 解放路战国陪葬坑

1982 年 8 ～ 9 月发掘。陪葬坑位于洛阳市解放路与汉屯路交汇处西北角，东周王城遗址内东部偏北，南距洛阳西郊四座“甲”字形墓最东侧的 1 号墓约 30 米。陪葬坑为一座南北向的长方形竖穴土坑，开口于汉代层下，打破东周地层。

陪葬坑共出土器物 196 件，以青铜器为主，还有少量的玉、石、骨、角器等。这些随葬器在坑中的位置从整体上看有一定的规律。青铜器主要放在坑的南部和中部，北侧多为生活用器[29]。

东周王城是洛阳五大都城之一，作为东周时期全国政治、经济、文化的中心，在

中国古代都城发展史的研究中具有不可替代的作用。有关东周王城的形制、布局，前人多有描述。其中影响最大的当属《玉海·宫解》，该书作者根据《考工记·匠人》“匠人营国，方九里，旁三门。国中九经九纬，经涂九轨。左祖右社，面朝后市”，对东周王城的形制、城内建筑布局等进行了复原。经考古发掘工作得知，东周王城的布局虽与复原图整体上有一定的差异，但仍有相同的地方。东周王城基本保持中国早期古代城市如龙山时期阳城和洛阳偃师商城城郭制的城市建制形式，《吴越春秋》载“筑城以卫君，造郭以守民”，这种城郭制成为中国古代几千年间都城建制的基本形制。作坊区的位置处于大型建筑群组的北面，当是城内的“市”，符合《考工记》中“面朝后市”的城市规划原则。洛阳战国粮仓是我国保存下来最早的大型地下仓窖，是研究战国时期粮食储备管理制度和农业经济发展状况的重要资料。东周王城遗址内发掘的东周墓葬以及陪葬坑、车马坑是研究东周时期丧葬制度重要的资料，而“天子驾六”车马陪葬坑的发现，更印证了《逸礼·王度记》“天子驾六，诸侯驾四，大夫驾三……”所记的正确。形制大小不同、随葬品悬殊的墓葬反映出不同的等级制度，壮观的车阵、豪华的车饰揭示出贵族奢侈的生活场景。洛阳东周墓出土数以万计的文物，有铜器、陶器、玉石器、骨角器等，种类包括礼器、兵器、工具、车马器、生活用品、装饰品、货币等。铜礼器有鼎、簋、簠、鬲、壶、尊、罍、盘、匜等，如王作鼎、哀成叔鼎、狩猎纹壶、错金银鼎等；兵器有戈、戟、剑、刀、镞等，如繁阳之金剑、越王矛、吴王夫差剑等；玉石器有璧、璜、环、圭、玦、琮、带钩、珠等，如涡纹璧、铁芯九节龙形带钩、包金双龙首银带钩、蜻蜓眼玻璃珠等；乐器有钟、镈、铙、铃、磬等，其中以编钟和编磬为多。东周时期铁器的大量使用具有化时代的意义，特别是铁质工具的大量使用，极大促进了生产力的发展。出土的铁工具有 120 余件 30 余种，有铲、镢、镰、斧、锛、齿耙、凿、削等。以周王畿地区金属铸币——空首布为代表的货币，成为我国古代先秦时期三大货币体系之一。在出土的万余枚空首布中，约半数出土于东周王城遗址内的窖藏、仓窖和墓葬，分大、中、小三种，钱币文字数百种。这些考古发现是研究东周王城都城建制、城市布局、丧葬制度以及政治、经济、文化艺术、工艺制造等诸多领域不可或缺的。越王矛、吴王夫差剑等东周时期诸侯国兵器的发现，不仅表明东周时期战事频繁,同时也表明周天子与各诸侯国之间关系的密切。不仅如此，东周时期周王朝与中亚、西亚之间也有交往。在洛阳战国墓中出土的数十件蜻蜓眼玻璃珠，即为中亚、西亚地区制造的。

注释

［1］中国科学院考古研究所洛阳发掘队：《洛阳涧滨东周城址发掘报告》，《考古学报》1959年第2期。

［2］中国社会科学院考古研究所：《洛阳发掘报告》，北京燕山出版社，1989年。

［3］洛阳市文物工作队资料。

［4］洛阳市文物工作队：《洛阳瞿家屯东周大型夯土建筑基址发掘简报》，《文物》2007年第9期；洛阳市文物工作队：《洛阳瞿家屯发掘报告》，文物出版社，2010年。

［5］潘付生等：《论东周王城为城郭制的城市布局》，《洛阳博物馆建馆50周年论文集》，大象出版社，2008年；徐昭峰：《试论东周王城的郭城布局及其演变》，《考古》2011年第5期。

［6］洛阳博物馆：《洛阳战国粮仓试掘纪略》，《文物》1981年第11期。

［7］洛阳市文物工作队资料。

［8］同［1］。

［9］洛阳市文物工作队：《洛阳东周王城战国陶窑遗址发掘报告》，《考古学报》2003年第4期。

［10］洛阳市文物工作队资料。

［11］（日）梅原末治：《增订洛阳金村古墓聚英》，京都小林出版部，1943年。

［12］怀履光：《洛阳古城古墓考》，上海凯利·威尔士有限公司，1934年。

［13］中国社会科学院考古研究所洛阳汉魏城队：《汉魏洛阳故城城垣试掘》，《考古学报》1998年第3期。

［14］唐兰：《智君子鉴考》，《辅仁学志》第七卷第一、二期；唐兰：《洛阳金村古墓为东周墓非韩墓考》，《大公报》1946年10月23日；唐兰：《关于洛阳金村古墓答杨宽先生》，《大公报》1946年12月11日。

［15］李学勤：《东周王城与金村大墓》，《河洛春秋》1984年第1期。

［16］洛阳市第二文物工作队：《洛阳西郊周山东周王陵调查记》，《中原文物》2005年第6期。

［17］洛阳市文物工作队：《洛阳市体育场路东周墓发掘简报》，《文物》2011年第5期。

［18］洛阳市文物钻探管理办公室：《洛阳龙羽房地产开发有限公司新都购物公园文物钻探报告》，《洛阳文物钻探报告》（第一辑），文物出版社，2008年。

［19］考古研究所洛阳发掘队：《洛阳西郊一号战国墓发掘记》，《考古》1959年第12期。

［20］洛阳市文物工作队：《洛阳西郊四号墓发掘简报》，《文物资料丛刊》第9辑，1985年。

［21］洛阳博物馆：《河南洛阳出土"繁阳之金"剑》，《考古》1980年第6期。

［22］申建伟：《洛阳东周车马坑及墓葬群》，《2005中国重要考古发现》，文物出版社，2006年。

［23］洛阳市文物工作队资料。

［24］洛阳市文物工作队：《洛阳王城广场东周墓》，文物出版社，2009年。

[25] 洛阳博物馆：《洛阳中州路战国车马坑》，《考古》1974 年第 3 期。
[26] 洛阳市文物工作队：《洛阳体育场路春秋车坑、马坑发掘简报》，《文物》2011 年第 5 期。
[27] 申建伟：《洛阳再次发现东周车马坑》，《中国文物报》2006 年 9 月 18 日第 2 版。
[28] 洛阳市文物工作队：《河南洛阳市唐宫路战国车马坑》，《考古》2007 年第 12 期。
[29] 洛阳市文物工作队：《洛阳解放路战国陪葬坑发掘报告》，《考古学报》2002 年第 3 期。

［肆］

汉魏洛阳故城遗址

一　概况

汉魏洛阳故城位于今洛阳市东约 15 千米，洛阳市洛龙区与偃师市、孟津县相毗连的伊洛平原上。北依邙山，南临伊洛河，地势从北向南呈缓坡状逐渐降低。海拔高度约 120 ～ 135 米（图 4–1）。地理坐标为北纬 34°43′35″，东经 112°37′19″（北魏阊阖门残存石柱础中心点坐标）。

1954 年 6 月初，阎文儒先生率领的考古研究所洛阳调查发掘团对汉魏故城遗址进行了短期踏查。因条件的局限性，当时主要是对汉魏故城内城及灵台、金墉城遗址进行了实测，勘察了汉魏

图 4–1　汉魏洛阳故城遗址地形图（底图根据 1966 年航片绘制）

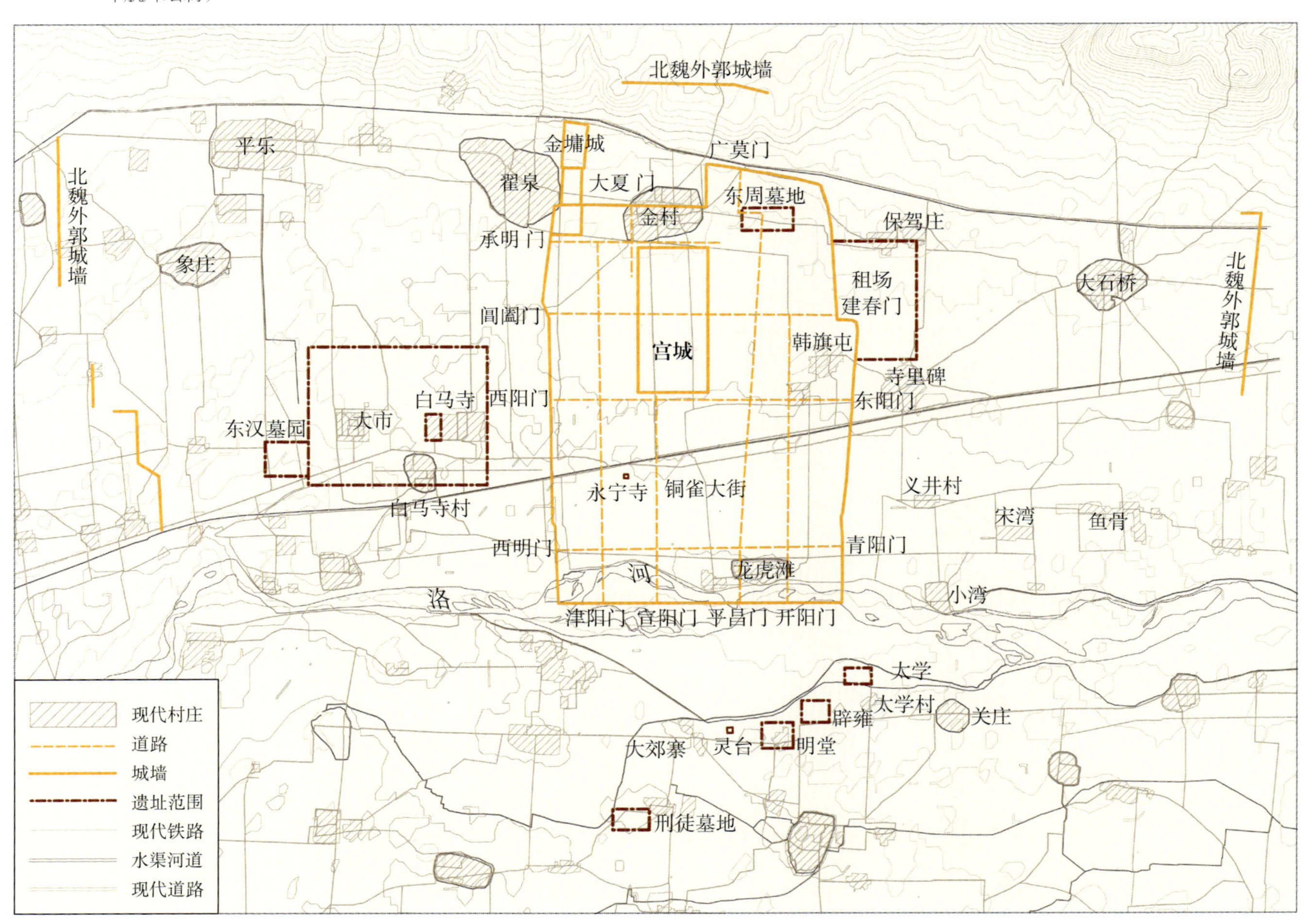

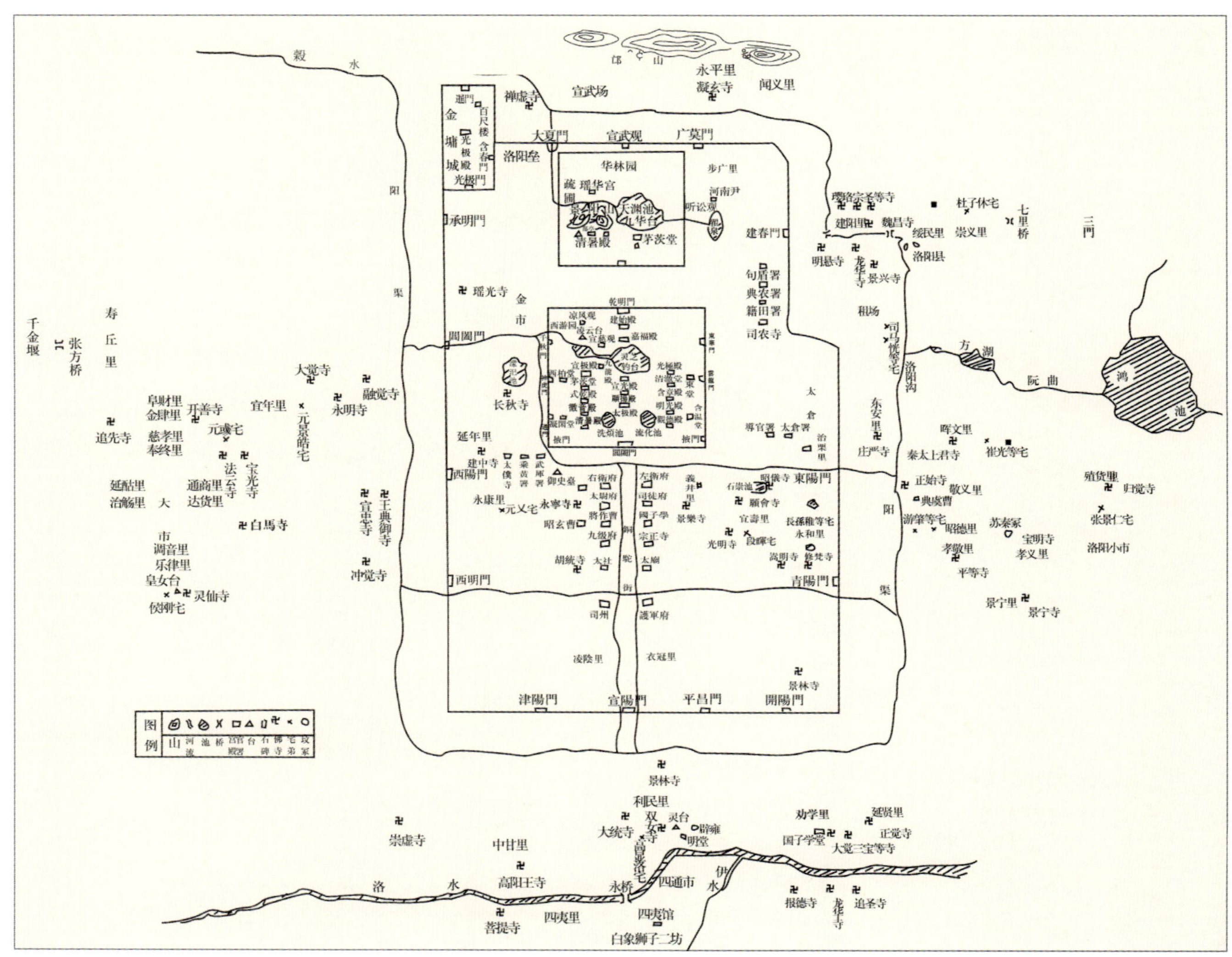

图 4-2 《北魏洛阳伽蓝图》

时期洛阳城的位置、里数、城垣建筑的方法和金墉城的位置，并绘制了第一张有关汉魏洛阳城遗址的实地测量图[1]。

1961 年，汉魏洛阳故城被国务院公布为第一批全国重点文物保护单位。从 1962 年起，中国科学院考古研究所（今中国社会科学院考古研究所）正式成立洛阳汉魏城队，开始对汉魏洛阳故城进行勘察与发掘研究工作。

通过 50 多年的考古发掘研究工作，已对汉魏洛阳故城的总体布局有了较为清晰的认识。汉魏洛阳故城可分为宫城、内城、外郭城三重城圈。发现了城门、宫门、宫殿、寺院、礼制建筑、市场、道路、墓葬等重要遗址[2]。

从对北魏内城墙垣、外郭城等遗址进行勘探发掘结合古代文献可知，汉魏洛阳城并不是一个时期的产物，而是经过多个时期的建设、增筑、修补而形成的。

汉魏洛阳城始建于西周，东周敬王曾迁都于此，称成周。秦代为三川郡郡治。东汉、曹魏、西晋、北魏又先后以此为都达330余年。

西周时期的城址位于内城的中部。东周时，敬王在诸侯的拥戴下，向北扩大了西周城址，建立新城。秦代吕不韦封为文信侯，在洛阳食邑十万户，又向南扩建。东汉在此基础上建设雒阳城，曹魏、西晋、北魏继续增补沿用。北魏宣武帝景明二年（501年）修建外郭城，还营建了洛阳里坊。至此，洛阳城面积最大，据《洛阳伽蓝记》记载“京师东西二十里，南北十五里”（图4–2）。北魏孝武帝永熙三年（534年），北魏分裂为东、西魏，洛阳城成为东、西魏交战的主要战场。北周时，又对洛阳进行大规模兴建，这也是历史上对汉魏洛阳城的最后一次建设。

隋炀帝时，在汉魏洛阳城西新建东京城，汉魏洛阳城的正统地位随之丧失。唐贞观六年（632年），把在汉魏城内的洛阳县与河南县治所迁至东都毓德坊。汉魏洛阳城逐渐废毁，裸露于地面之上的只有位于今洛河北部的断断续续的内城东、西、北城垣，北魏太极殿遗址，金墉城甲城遗址，永宁寺塔基遗址和位于今洛河南部的东汉灵台中心夯土基址（图4–3、4–4）。

二　汉晋大城（北魏内城）

位于今洛阳市洛龙区白马寺镇与孟津县平乐镇、偃师市首阳山镇交界处（图4–5）。北魏时期，因修建了外郭城，东汉、曹魏、西晋时期的洛阳城成为内城。整个城垣南北向长而东西向短，呈不规则的长方形。据《续汉书·郡国志》引皇甫谧《帝王世纪》云：“城东西六里十一步，南北九里一百步。”又引晋《元康地道记》云：“城内南北九里七十步，东西六里十步，为地三百顷一十二亩有三十六步。”内城大体上长九里，宽六里，因此，古人称之“九六城”。

据实测，内城遗址东垣残长3895米，宽约14米，位置在偃师市首阳山镇韩旗村东部与保庄村西之间南北一线（见图4–1）；西垣残长约3510米，宽约20米，位置在孟津县平乐镇翟泉村东向南到今洛河南北一线；北垣残长约2820米，宽达25～30米，位于邙山脚下，北墙并不在一条直线上，东段在孟津县平乐镇金村东北部，

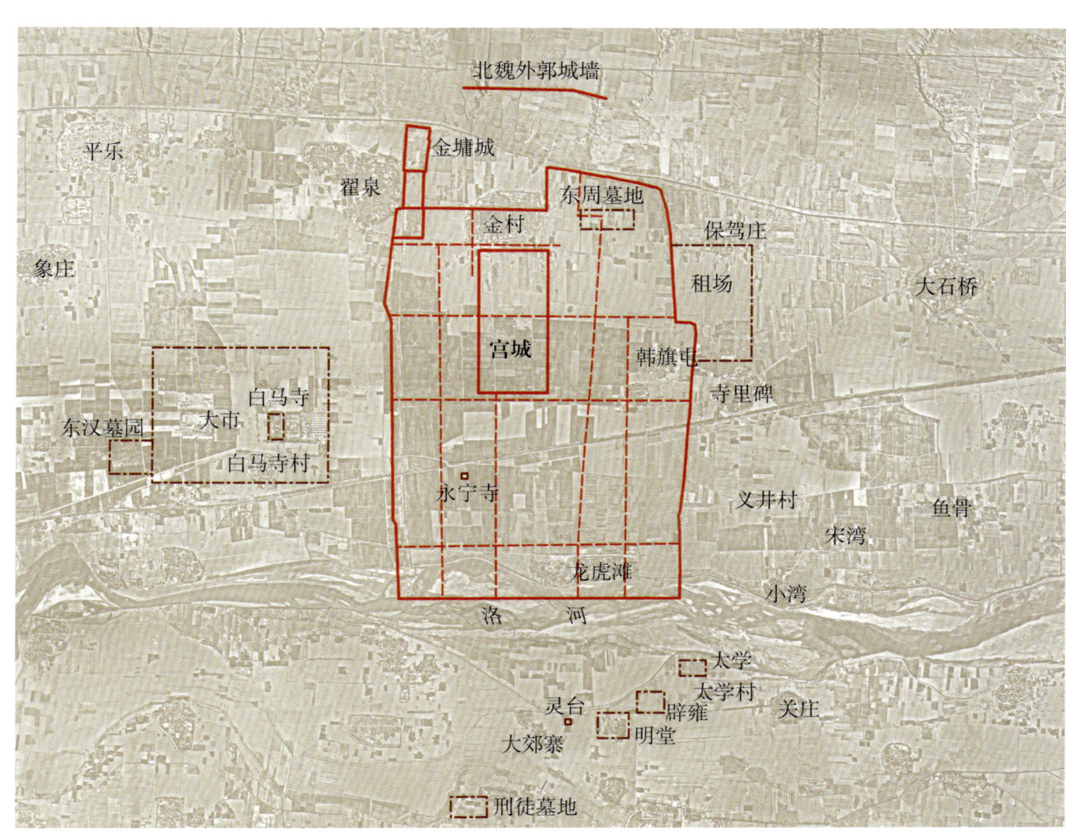

图 4–3　汉魏洛阳故城遗址航摄影像（1966 年）

西段向南折后从金村中部穿过向西延伸；南垣因洛水北移被冲毁而无法度量（图 4–6）。三面残垣高度一般为 1 ~ 2 米，内城东北角保存较高，北垣东段和东垣的残垣高达 5 ~ 12 米不等。虽然有几段墙垣地面上已看不到，但其墙基都埋入地下尚在 1 米以上。

根据文献记载，东汉、魏、晋时，洛阳城有十二门，门皆双阙。北魏建都洛阳后，对汉晋的旧门进行了修缮和改建，并在大城西北新辟承明一门，实为十三门。杨衒之所著《洛阳伽蓝记》有具体记述。目前已探见城门阙口十处。

内城外有宽阔而深浚的护城河环城而流，引水注入城内宫城，称阳渠。城墙外侧建有附属性的建筑“马面”，突出于城墙外。城内街道共发现东西横道四条，南北纵道四条。已勘探的八条主干街道的走向大多与四面的城门分别相对连接。

通过对内城城垣遗迹进行解剖和试掘，发现城墙夯土皆由

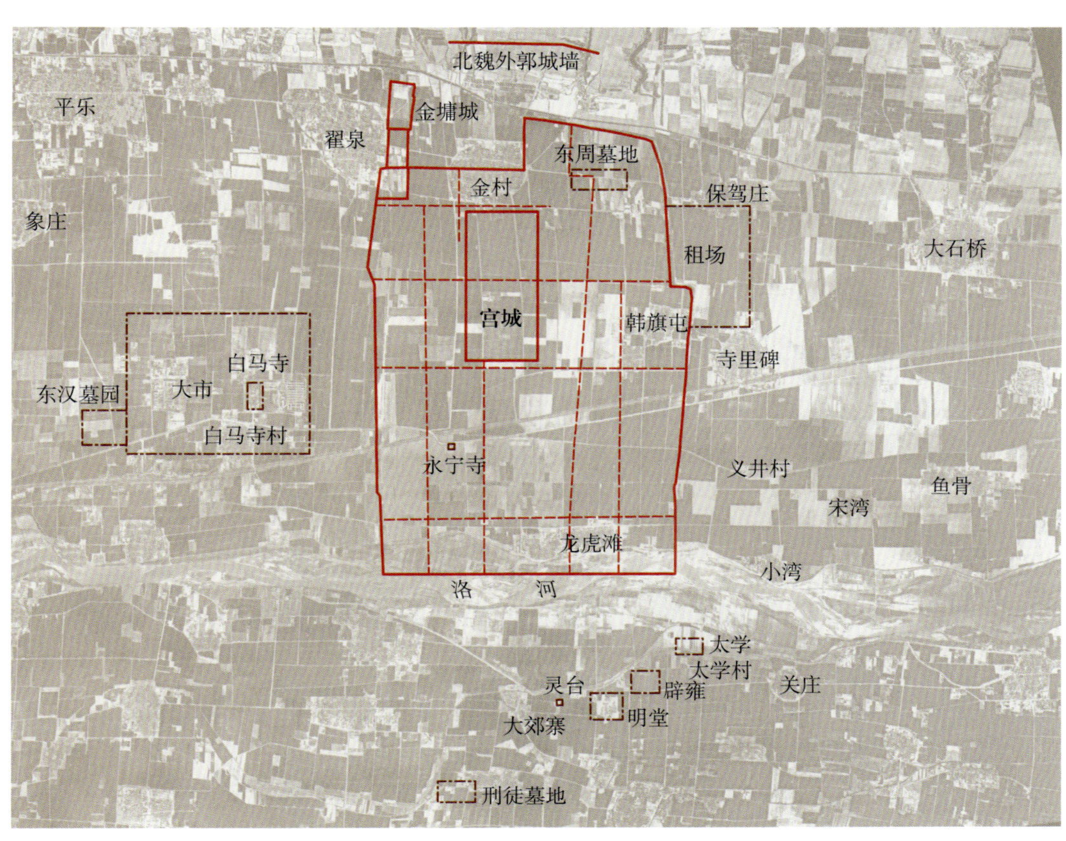

图 4-4　汉魏洛阳故城遗址航摄影像（1979 年）

不少于五块、构筑于不同时期的夯土组成，除最早的西周时期原筑夯土外，其余夯土皆为后期修补和增筑。夯筑时代分别属于周、秦、汉、魏，最早的可到西周，最晚可到北魏，城垣不同部位夯土的始筑或增筑年代也表现出较大差异。

在汉至晋代的洛阳城址上，至少有三个规模不同、时代早晚各异的古代城址叠压在一起，而且每一时代较晚的城都是在沿用前代城的基础上，向北、向南扩大而建筑新城[3]。时代最早的城址位于汉晋洛阳城址中部，为西周时期所筑，其具体范围大约北到自东墙建春门（汉上东门）至西墙阊阖门（汉上西门）的东西一线，二门附近南北向城墙皆有东西向小转折，与这个时期北墙有关；南到东墙青阳门（汉望京门）和西墙西明门（汉广阳门）北侧各自的城墙小转折处的东西一线，这个时期的城圈基本为方形，大致合当时的东西六里，南北五里。时代稍晚的城址位于汉晋洛阳城的中部和北部，约为春秋晚期筑

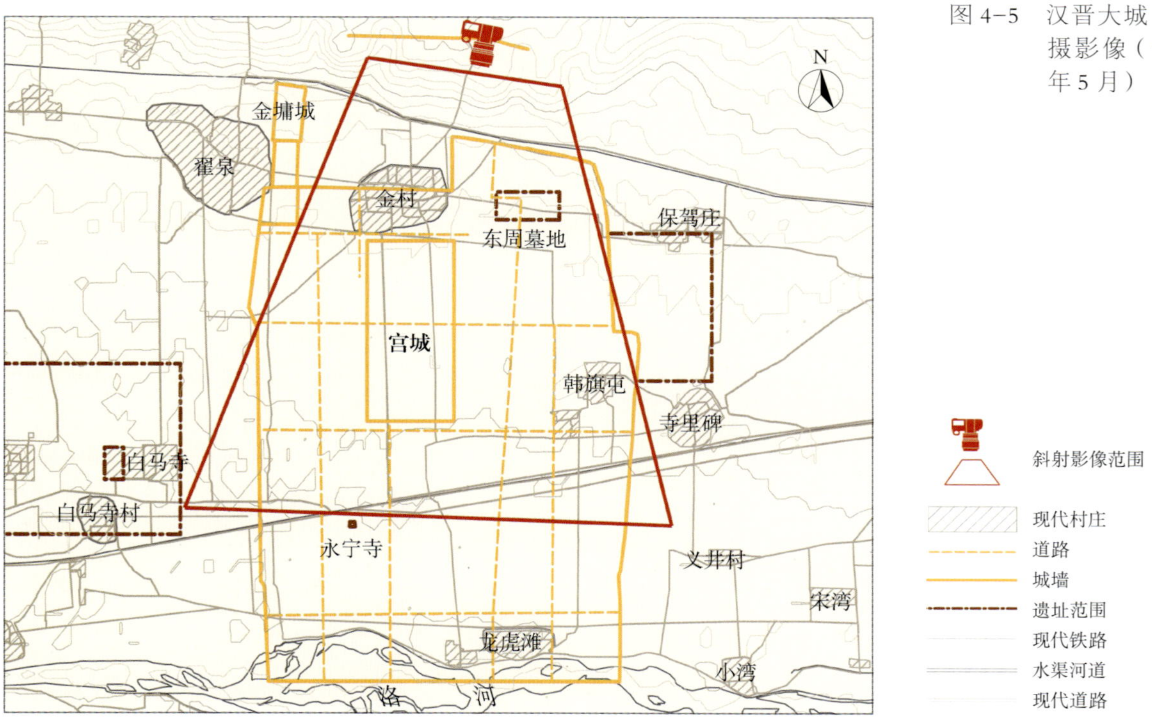

图 4-5　汉晋大城（北魏内城）航摄影像（镜向 195°，1996 年 5 月）

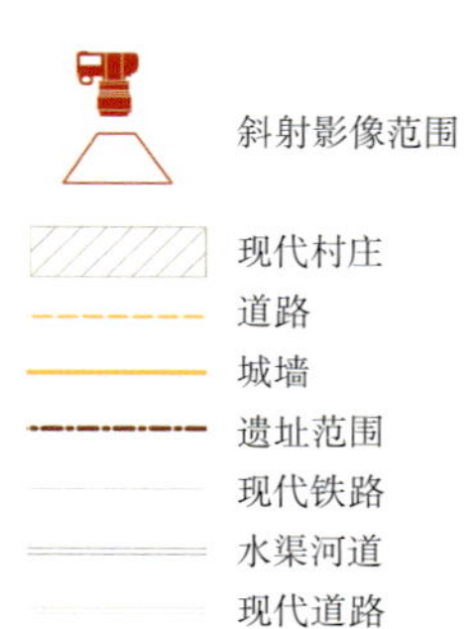

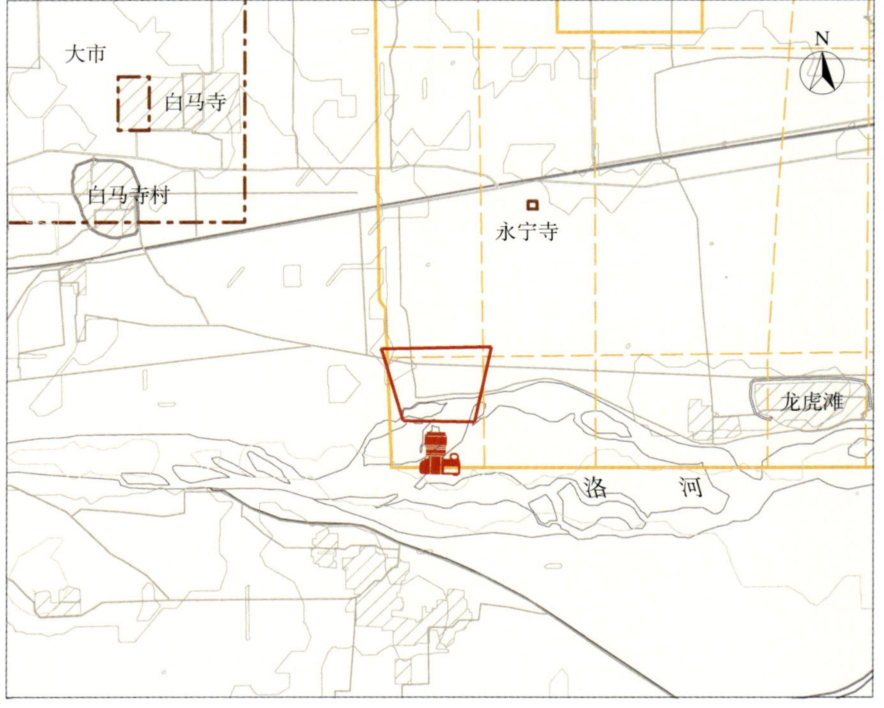

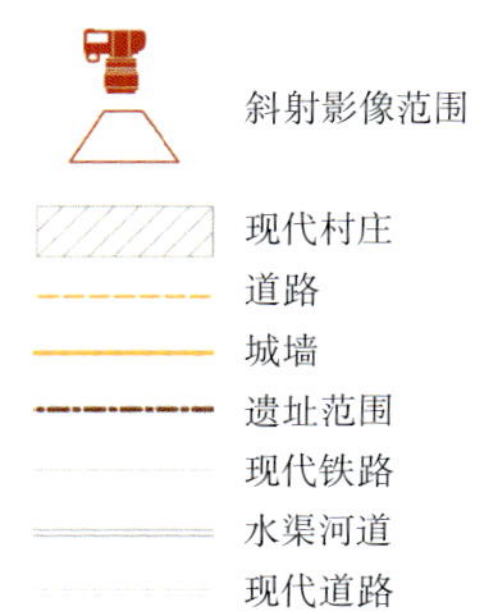

图 4–6　汉晋大城（北魏内城）西南部航摄影像（西墙与现洛河河堤交汇处洛河北岸）（镜向 0°，1996 年 5 月）

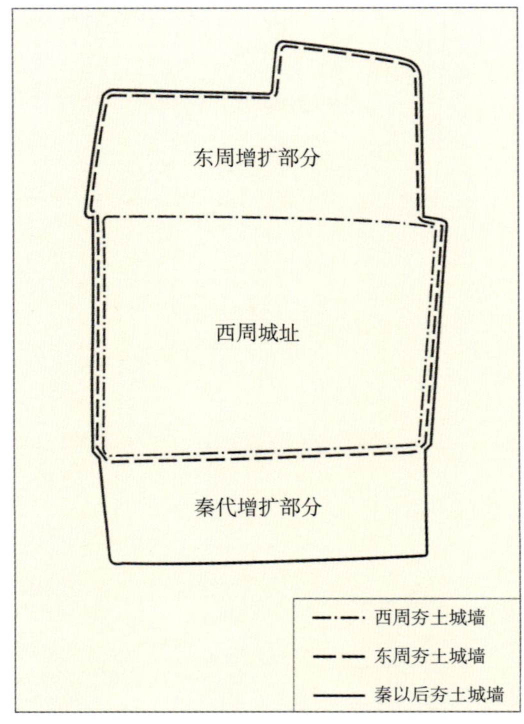

图 4-7　汉魏洛阳故城早期城址沿革示意图

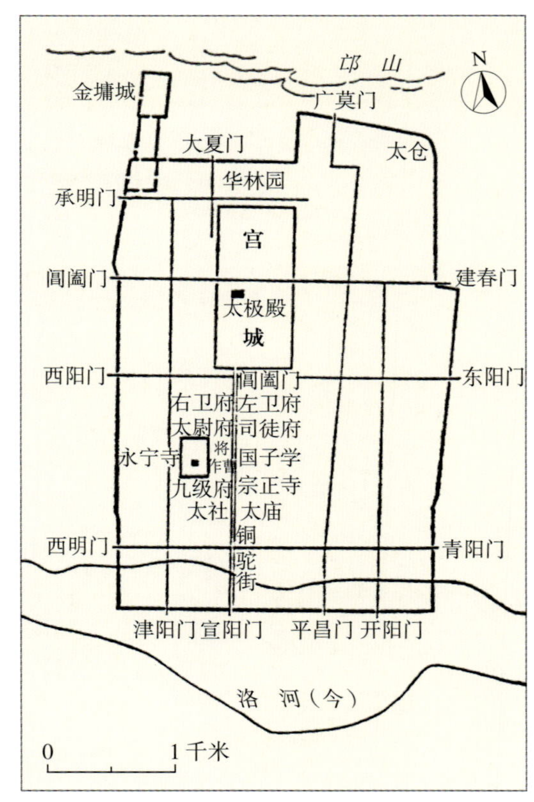

图 4-9　北魏洛阳故城内城平面示意图

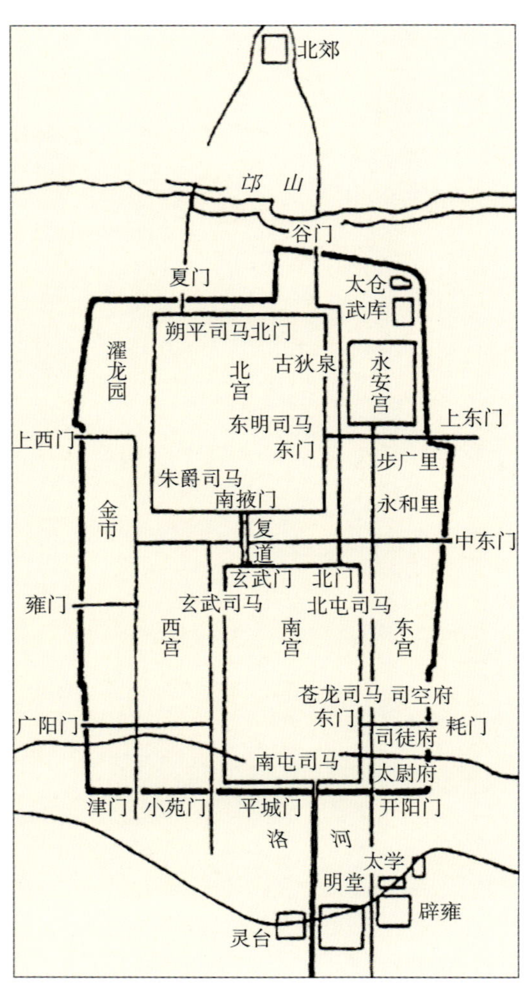

图 4-8　东汉洛阳故城复原示意图

造。这个时期城址除北部为新扩部分外，南部则沿用西周时期所筑之城，并且略有修补或增筑。时代最晚的城址系沿用西周、东周城址并向南扩大而成，其筑造年代约晚于东周、早于汉代。这时期的城址约南北九里、东西六里，已达到并形成了汉晋洛阳城的形制和规模。之后西汉至北魏历代均有修补或增筑，被后代沿用[4]（图 4-7 ～ 4-9）。

三　金墉城遗址

金墉城位于汉魏洛阳城西北角，今孟津县平乐镇翟泉村东北一带的高地上（图 4-10）。史书记载，金墉城始建于曹魏明

图 4-10　金墉城航摄影像（镜向 180°，1996 年 5 月）

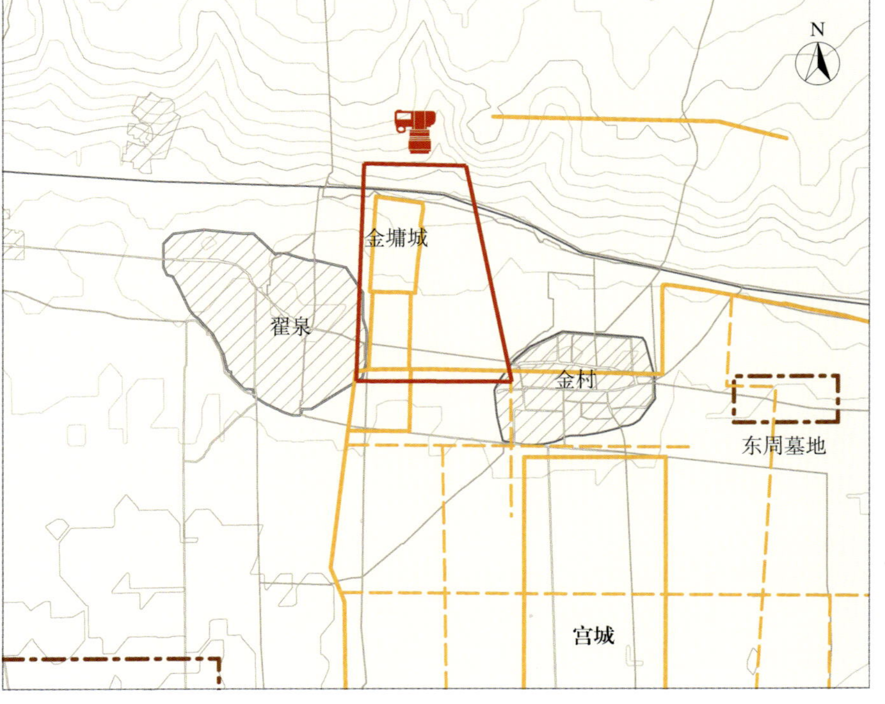

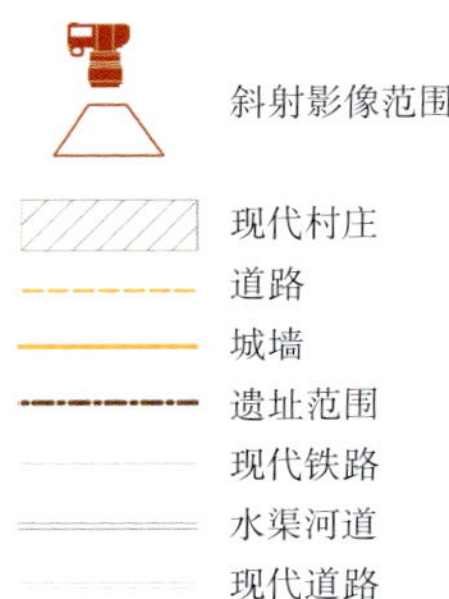

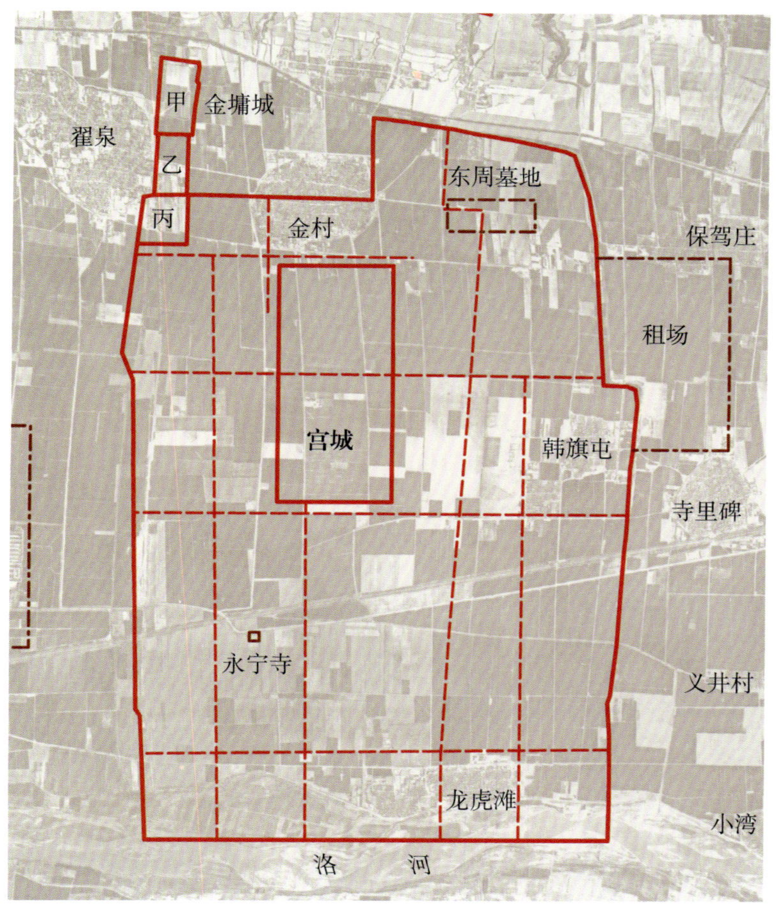

图 4-11　金墉城航摄影像（1979 年）

图 4-12　金墉城甲城西墙北段局部（2004 年 11 月）

帝曹叡，西晋、十六国、北魏、北周、隋及唐初一直沿用。这里背靠邙山，南依皇城，地势高亢而险要，是全城的制高点。魏明帝修筑此城，目的是为了屏障宫城，避险防乱之用或帝王暂居游幸的离宫别院。然而，自曹魏嘉平六年（254 年）司马师废齐王芳迁之于金墉城及咸熙二年（265 年）魏帝禅位于晋出舍金墉城之后，该城更多的是作为废主或弃后幽禁之地。

金墉城遗址为三座小城连在一起，从北向南分为甲、乙、丙城，平面略呈“目”字形，南北长 1048 米，东西宽 225 米（图 4-11）。甲城位处最北，地势较高，面积也较大，保存较完整。四面墙垣依然屹立于地面之上，从航摄片图上、下部黄色部分，可以看出甲城地面上现存的东、西墙向南延伸的地下夯土基址的迹象和走向。西北角墙垣残高约 6 米，系版筑夯墙，结实坚固，宽约 12 ~ 13 米（图 4-12、4-13）。乙城地势狭长而平坦，多为农田所压。东墙位于农田之中，从航片上部所见麦田之中南北延伸的黄色部分，应是东墙夯土墙基地下遗迹。西墙为两条水渠和村间道路所压，北墙和南墙被翟泉村民居所压或已遭破坏（图 4-14）。丙城在内城西北隅，呈南北长方形，地面已不见墙基，北部被翟泉村民居所压。

经过 1995、1997 年的两次勘察发掘，

图 4-13　金墉城甲城航摄影像（镜向 280°，1996 年 5 月）

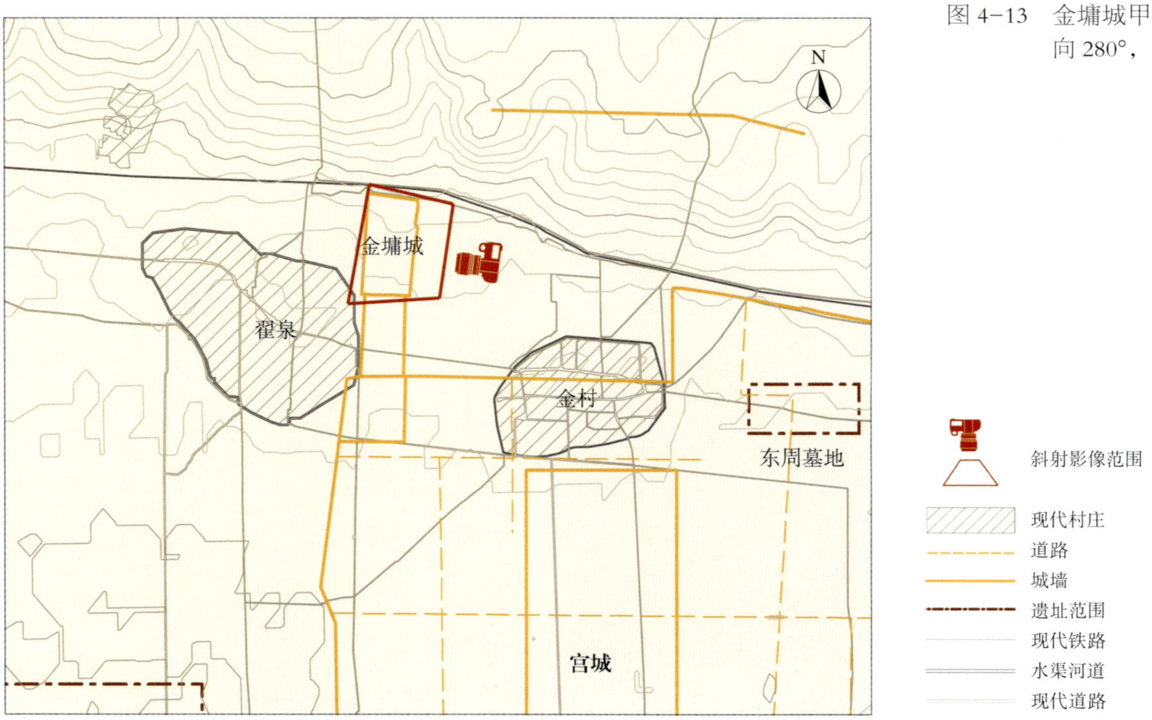

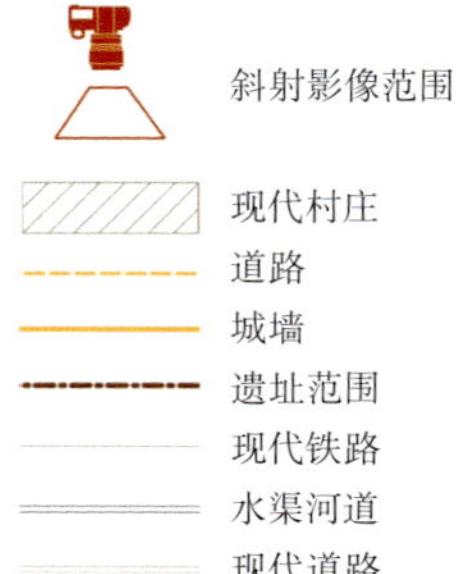

图 4-14　金墉城乙城航摄影像（镜向 90°，1996 年 5 月）

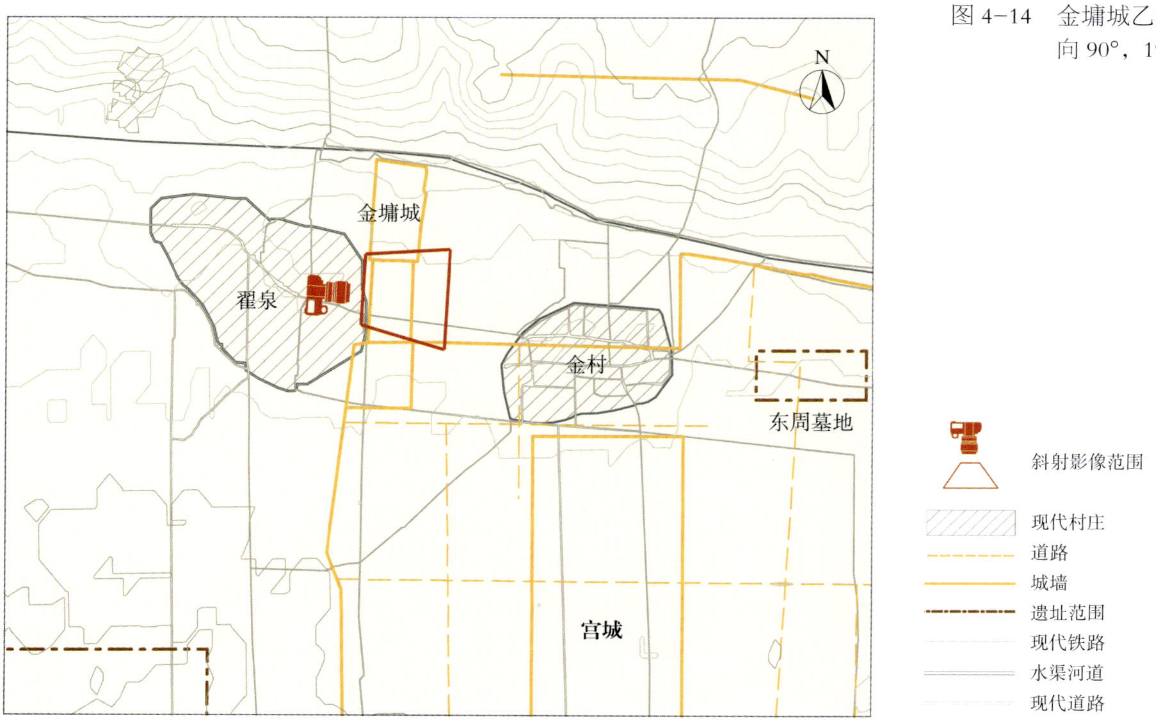

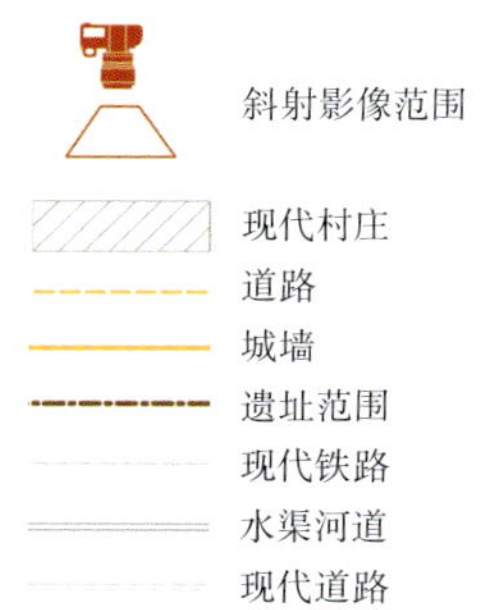

对金墉城的范围和建筑时代有了新的认识。勘探发现，汉魏洛阳城内城西北角甲、乙、丙三个小城，并不是同一时期建造的一组建筑。只有丙城筑建时代不晚于魏晋时期，应是魏明帝所创建的金墉城。而甲、乙两个小城的建筑时代皆不早于北魏，显然是北魏至唐初文献中也称为金墉城的晚期金墉城。唐初，贞观元年（627 年）和二年曾分别将洛阳县和河南县治所移至金墉城内，至贞观六年（632 年）又将二县移至都城之毓德坊。自此以后，金墉城逐渐被废弃。

四　洛南灵台、明堂、辟雍、太学等礼制建筑遗址

灵台、明堂、辟雍、太学是中国古代都城中功能性质较为相近的一组重要的礼制建筑。灵台、明堂、辟雍还被称为“三雍”或“三雍宫”，地位十分重要。其中灵台主要是观天象、望云气、察祥瑞、兴祭祀的场所；明堂是天子祭天敬祖的场所；辟雍是帝王行礼乐、宣教化、祭祀孔子的场所；太学是古代都城中重要的国立学府。

东汉的灵台、明堂、辟雍、太学均位于东汉雒阳城南，古洛河北岸，从西向东北略呈一字形排开[5]（图 4-15 ~ 4-17）。灵台、明堂、辟雍始建于东汉光武帝建武

图 4-15　太学、辟雍、明堂、灵台等遗址航摄影像（1966 年）

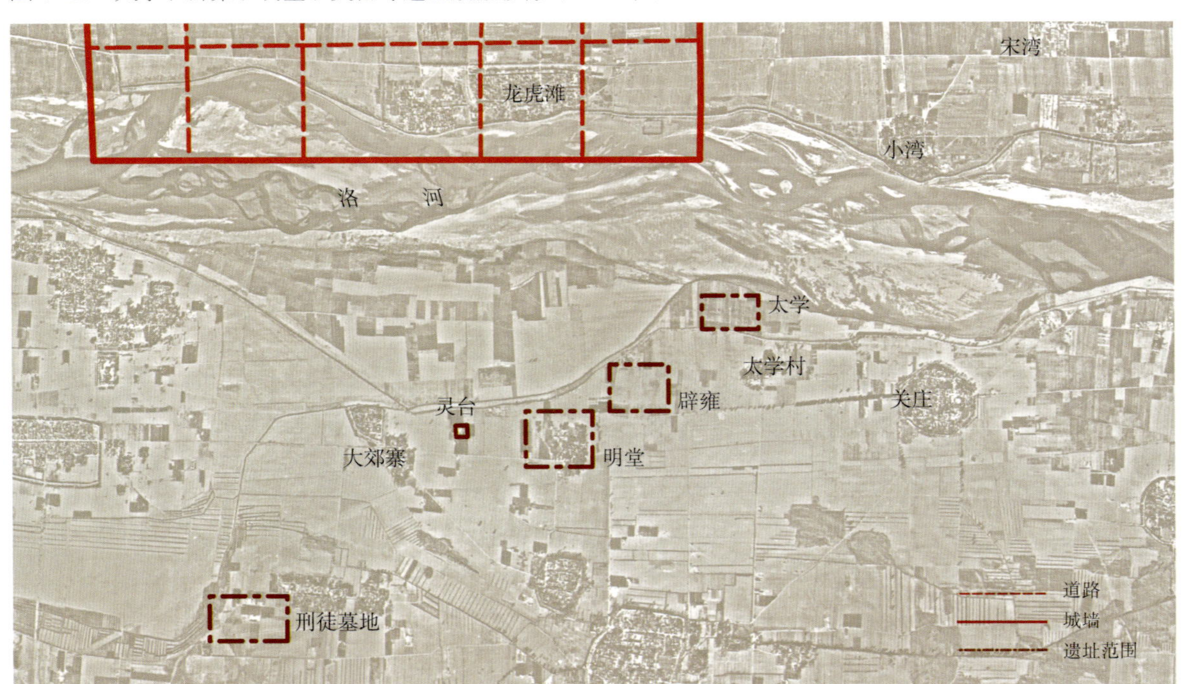

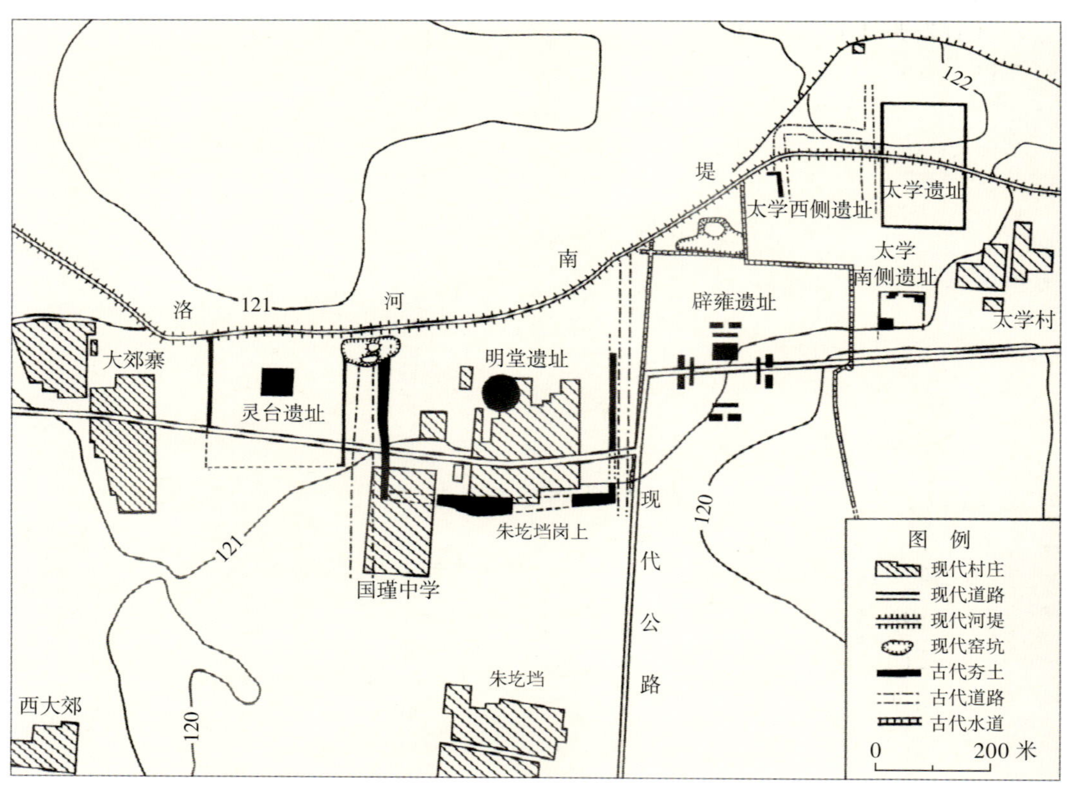

图 4-16 汉魏洛阳故城南郊礼制建筑分布图

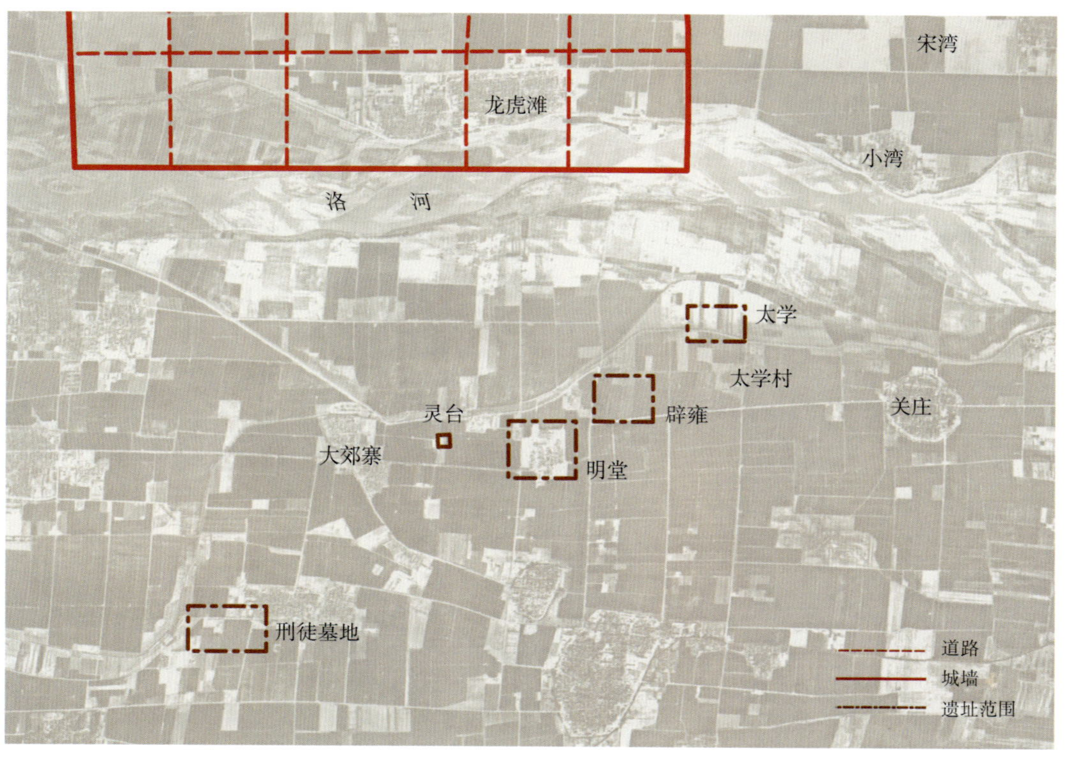

图 4-17 太学、辟雍、明堂、灵台等遗址航摄影像（1979 年）

图 4-18　灵台遗址航摄影像（镜向 185°，1996 年 5 月）

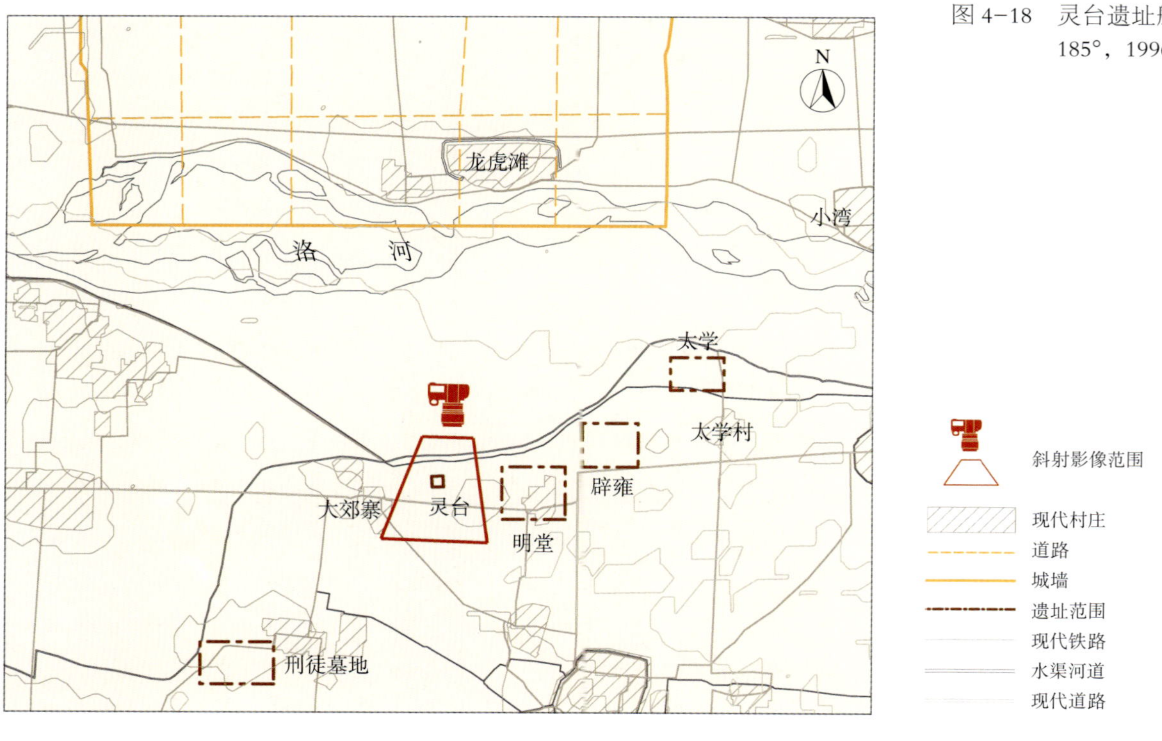

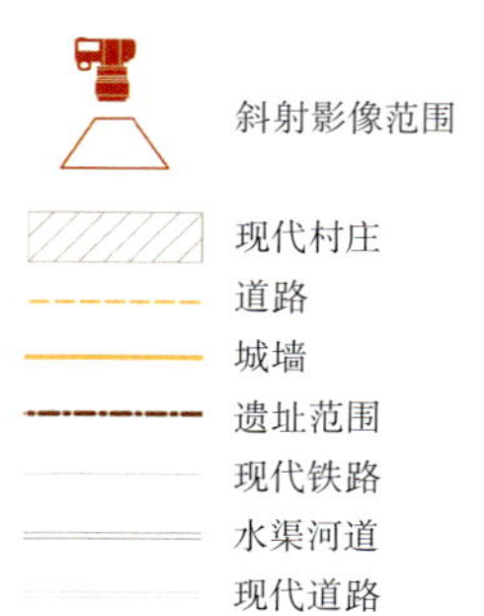

图 4–19　灵台遗址现状（2007 年 11 月）

中元元年（56 年）。太学始建于东汉光武帝建武五年（29 年）。

1. 灵台遗址

文献记载灵台位于东汉雒阳城平城门外大道西侧，曹魏、西晋沿用，北魏时基址改作他用。遗址在今偃师市佃庄镇朱圪垱岗上村西侧 220 米、大郊寨村东侧约 70 米，南部到村间东西公路以南约 30 米，北部为今洛河南堤所压，中部现存有一隆起的大型夯土台建筑基址，其他建筑基址已湮没于地下（图 4–18）。

经发掘可知，灵台遗址院落平面略呈方形，南北残长 220 米，东西宽 232 米。除北部为今洛河南堤所压外，东、西、南三面均发现夯土院墙遗迹。

灵台院落的中心残存有一高大的夯土台基，是灵台的主体建筑基址，南北残长约 41 米，东西残宽约 31 米，残高约 8 米。其地下夯土基址规模较大，东西长约 58 米，南北宽约 49 米（图 4–19）。

灵台中心高台四面有上下两层平台，平台上均有建筑遗迹。北面的廊房、坡道和散水遗迹保存较好[6]。下层平台正中有坡道（或踏道）可通达上层平台。坡道两侧为回廊，东西各五间以上，每间面阔约 2.65 米，进深约 2 米。回廊外用河卵石铺成散水，散水外侧有砖砌水沟。上层平台向内收缩（两层地面高差为 1.86 米），四面皆有殿堂建筑遗迹。每面至少有七个开间，每间面阔 5.4 米左右。上层平台的西面，

图 4-20　明堂遗址航摄影像（镜向 290°，1996 年 5 月）

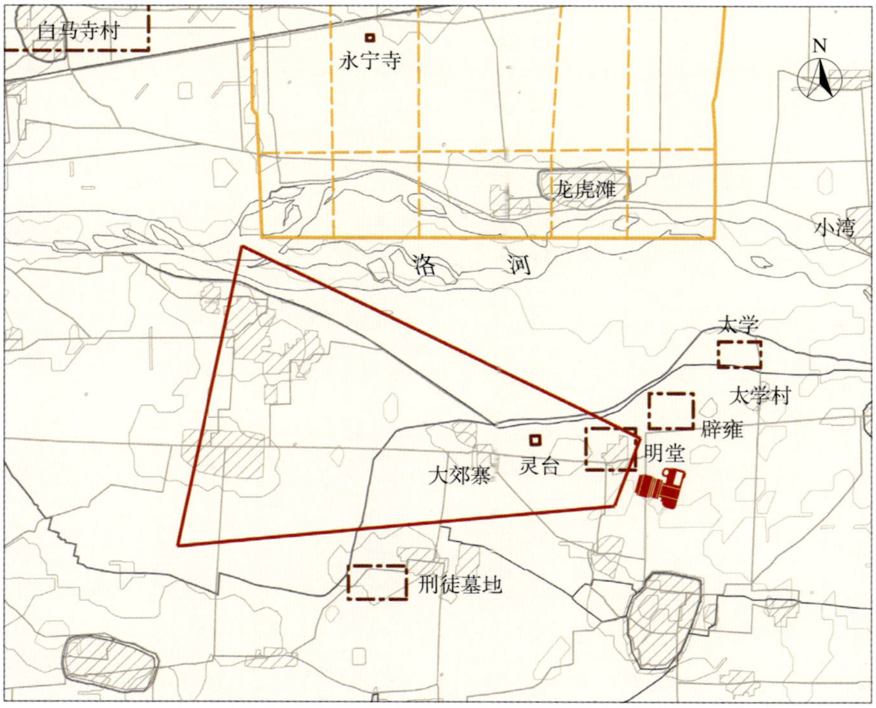

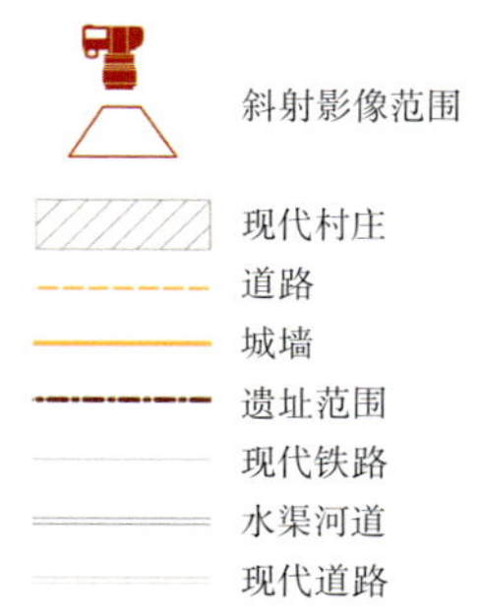

殿堂建筑的内侧，向中间方形夯土台内侧加辟两间长条形小室，每间长约 10.5 米，进深约 2 米，外堂与内室以土墙隔开，室内方砖铺地，后壁无立柱[7]。文献记载张衡试验浑天仪时，或说“以漏水转之于殿上室内”，或说“作铜浑天仪于密室中”（《晋书·天文志》），这两间小房很可能就是灵台密室。灵台顶部是测天象的场所，应是“上平无屋”的建制，被晚期扰乱破坏严重，无建筑痕迹。

考古勘探发现灵台东墙约 20 米外有一南北向古代道路遗迹，残长达 350 余米。路土宽窄不一，约 23 ~ 38 米，北段较窄，南段较宽。道路东部距明堂西墙 10 余米，应是东汉雒阳城南墙正门平城门外御道。

2. 明堂遗址

明堂遗址在今偃师市佃庄镇朱圪垱岗上村西北部（图 4–20），西与灵台隔平城门外大道东西相望。明堂院落大致为方形，东西长 415 米，南北残宽 400 米。四面有夯土围墙，东、西、南均发现夯土墙垣基址，北部被现洛河河堤所压[8]（图 4–21）。

在院落中心部位，为一大型圆形主体建筑基址，地势较高，一般耕土层下即见台基夯土[9]（图 4–22）。考古勘探发现，建筑基址中心部位夯土厚达 2.5 米以上，至少存在三个时期的建造与修补增筑的夯土遗迹，可分为早期（第一期、第二期）与晚期（第三期）。其地下基础夯土最大直径约 64 ~ 68 米，整个地基夯土基本为早期筑造或修补增筑。地上的明堂建筑台基是建造在早期夯土建筑台基之上的，建筑遗迹最晚期保存最为完整，主要残存有夯土台基、台基周边包砌石条的沟槽、台基表面排列井然有序的残存柱坑组成的柱网、石片铺砌的地面等遗迹。经发掘复原推测，带包镶石的完整的圆形台基直径约为 62.8 米。在上层晚期建筑基址的废弃建筑堆积或柱槽填土内，出土了大量北魏时期的素面或磨光面板瓦、筒瓦和莲花纹瓦当等建筑材料，说明明堂建筑基址最晚的建造使用和废弃时代当在北魏时期。而在北魏之前的早期（第一期、第二期）地层、灰坑、路面和基槽夯土中发现的绳纹面布纹里板瓦、筒瓦和云纹瓦当，是东汉和魏晋时期一直使用的建筑材料。这也与《后汉书》、《宋书》、《河南志》等文献关于明堂始建于东汉，魏晋时期重修沿用，北魏时期重建明堂的记载是基本吻合的。

圆形建筑基址的四面约 60 ~ 100 米处，各有一组长条状夯土基址，应是中心圆形建筑的附属建筑。

在明堂东西墙垣外侧，均发现有南北向的古代道路遗迹。西侧道路是东汉雒阳城南正门平城门外御道。东侧道路紧贴明堂东墙，南北残长约 400 米，宽约 30 米，应是东汉雒阳城南东起第一门开阳门外御道。

3. 辟雍遗址

辟雍遗址在今偃师市佃庄镇朱圪垱岗上村东北。据文献记载，辟雍西“去明堂三百步”，与明堂隔开阳门外御道相望。辟雍遗址坐北向南，平面呈方形，四边长均为 165 米。遗址的四面皆置有双阙与门屏建筑，东西、南北各相对，形制、大小基本相同，单阙基址各长 19 ～ 22、宽约 12 米，二阙之间相距约 14 米。每对阙内侧，除北面外，皆有一长条形的门屏式建筑，各长 41 ～ 45、宽 3 ～ 8 米，与双阙间距约 12 米。北侧残存的夯土基址平面形制较为特殊，其基址中部是由东西两个门房台基和中间一个门道组成，门道应当设置有门。由发掘可知，北侧门道和门房应为晚期建筑，是在早期门屏基址的中段向南扩建而成的[10]（图 4–23）。

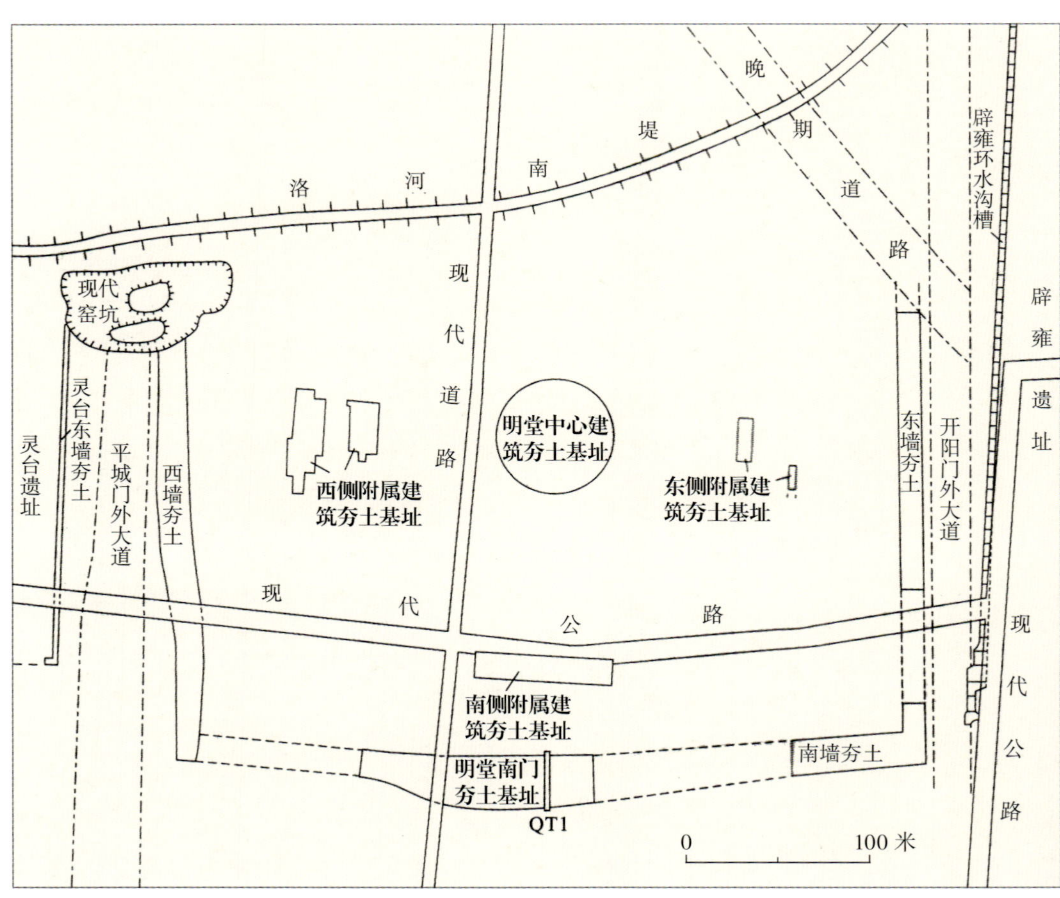

图 4–21　明堂遗址勘探平面图

图 4-22 明堂中心建筑夯土基址航摄影像（镜向 160°，1996 年 5 月）

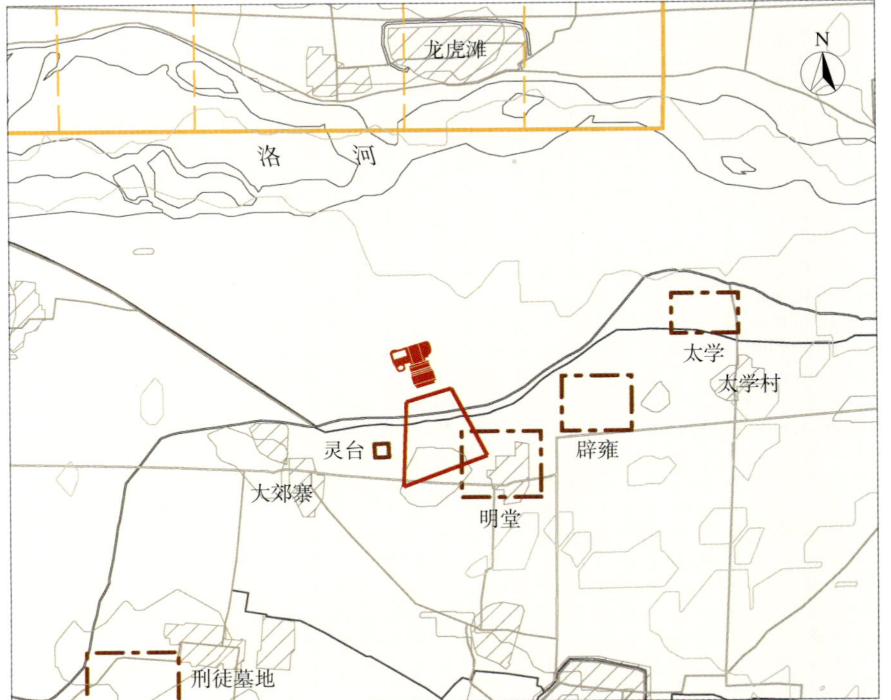

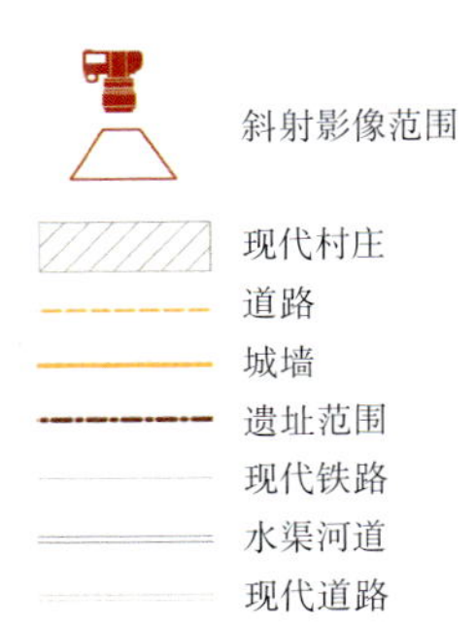

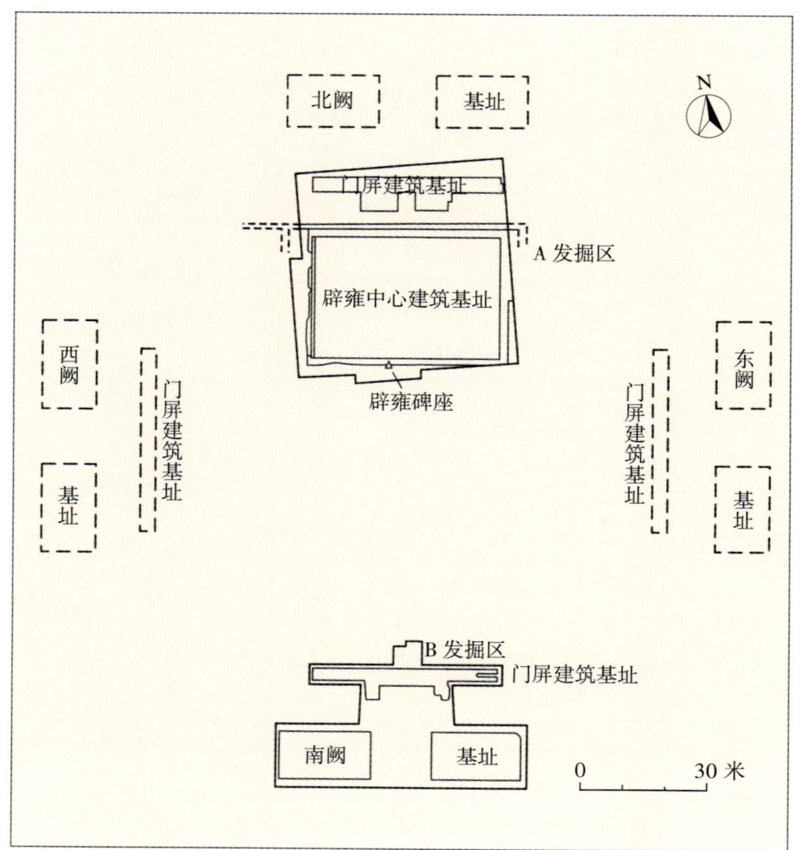

图 4–23　辟雍建筑遗址发掘区位置图

在辟雍遗址中心偏北处的轴线上，有一大型夯土建筑殿址，平面呈长方形，东西长约 46 米，南北宽约 33 米。殿基中心部位的夯土表面被后代农耕破坏严重，没有发现柱础等建筑遗迹。仅在台基四周边缘发现有零星分布的坑槽 13 个。在辟雍中心大型夯土殿基南缘，出土有大型石质构件，即西晋辟雍碑底座，后与 1931 年出土的辟雍碑合为一体，现保存于东大郊村中。

在辟雍建筑群遗址外，发现有沟槽遗迹。水源来自北面，到达遗址北部向东西分流，各流出 180 余米后折向南流，未见闭合迹象。这说明辟雍的环水不是文献记载的“水圆如璧”，与传统的建筑形制有所不同[11]（图 4–24）。

辟雍遗址出土了大量汉晋时期的素面方砖、几何纹方砖和云纹瓦当、绳纹瓦等建筑材料，几乎不见北魏时期常用的素面或磨光瓦片等建筑材料。由此可知，辟雍遗址的始建年代应为东汉，魏晋时期又修建沿用，与文献中对辟雍的记载基本相符。

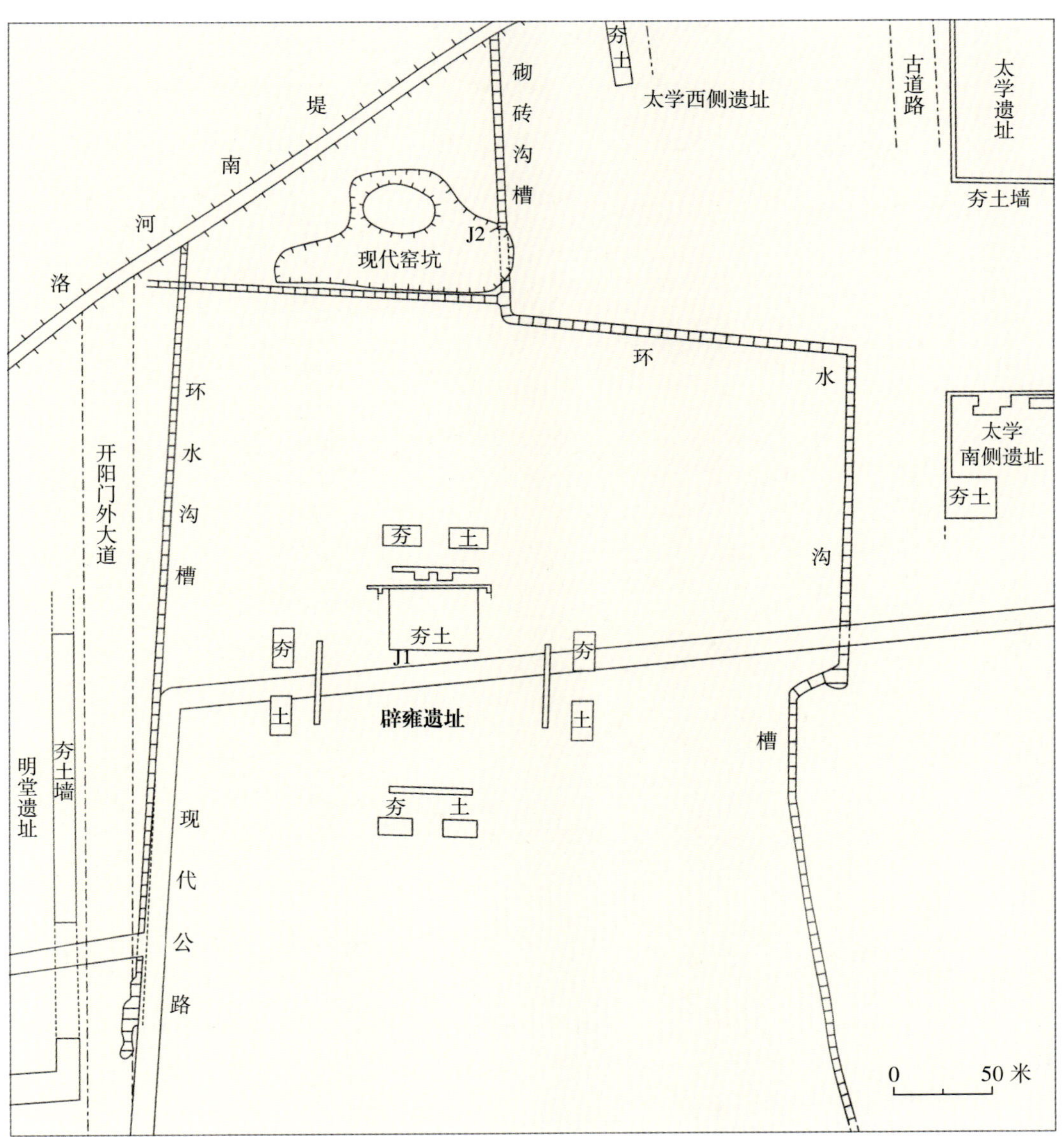

图 4–24　辟雍遗址勘探总平面图

4. 太学遗址

太学遗址位于今偃师市佃庄镇太学村西北，西南与辟雍遗址相距不远。遗址分布在今洛河南堤的两侧，地势较为平坦。因太学范围较大，尚未找到其准确范围。目前，在此发现有三处建筑遗迹，一是晚期太学院落遗址，西南距辟雍遗址约 300 米，一是辟雍遗址正北发现的与晚期太学排房基址相似的建筑遗迹，还有一处在晚期太学南侧约 100 米处[12]（图 4–25）。

据勘探可知，发现的晚期太学遗址属魏晋至北魏时期，院落整体呈南北长方形，南北长约 220 米，东西宽约 156 米，院落四面围墙断续残存，除南墙保存较差外，其他三面墙垣中段均发现院门。一条东西向道路和一条南北向道路分别贯穿四面院门，在院落中部交汇成十字街。院落内西北、西南部均发现许多条状夯土，东西平行，排列密集，一般相距 5 ~ 10 米，应为太学校舍的排房基址。院落内东北部的条状夯土互相交错连接，组成多个单体院落。在中心十字街的东南部，发现一处大型夯土建筑基址，为两组正房坐西朝东、两侧带有廊庑、中间有院落的院落建筑基址。东西约 18 米，

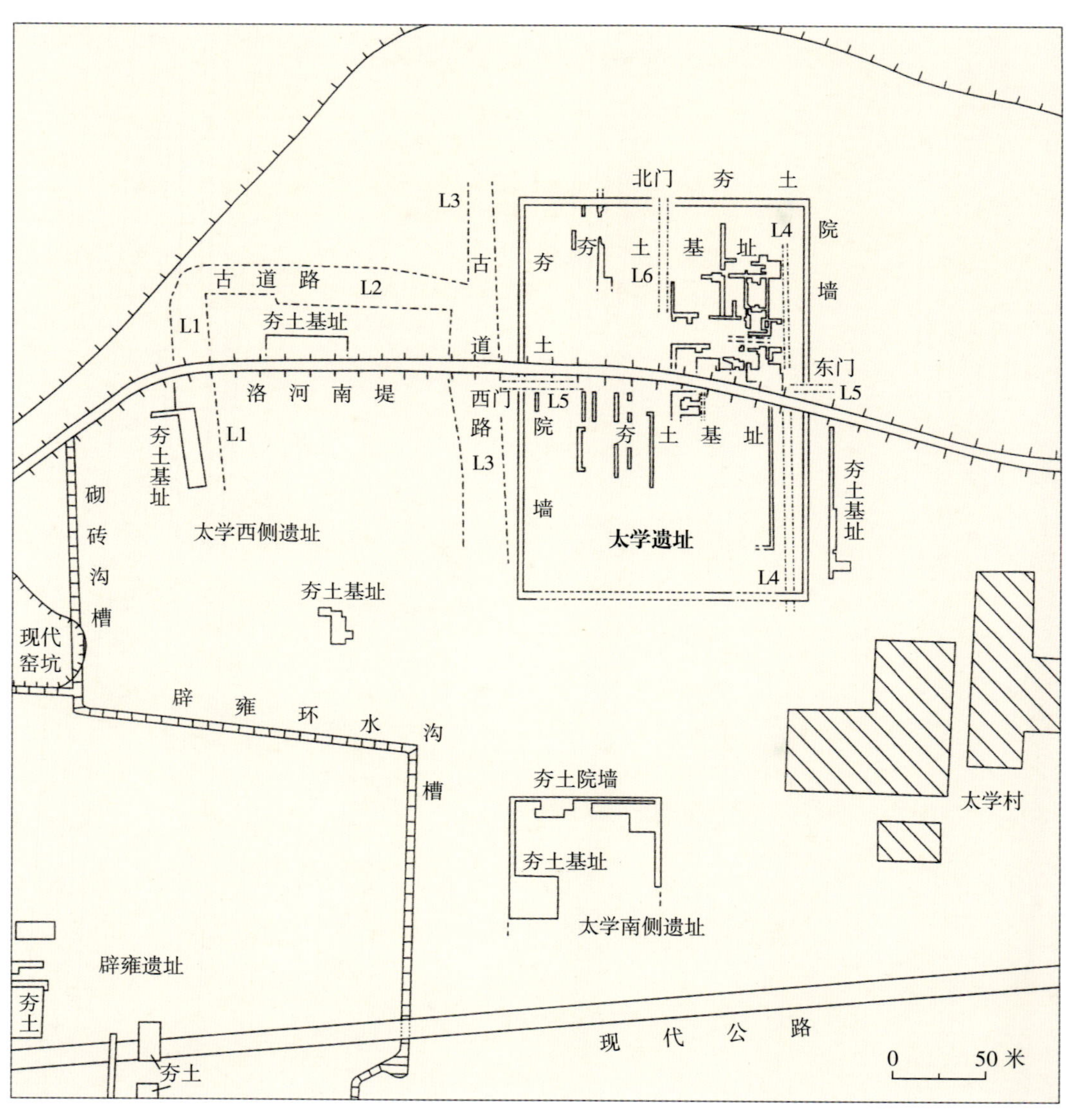

图 4-25 太学及周围遗址勘探总平面图

南北约 20 米。主要遗迹有墙基址、柱础或柱槽、夯土地面、圆形水池、台基石条、铺地砖、道路、砖砌水槽等，遗迹保存较差。据考察结合文献资料判断，此处年代最晚、布局最完整的建筑院落当为北魏时期在东汉和魏晋太学的基础上修建起来的。

晚期太学院墙南侧 100 米处，也发现一处较为完整的建筑院落。其东、西、北三面院墙保存较好，南面已被破坏。西南角有一长方形夯土殿基，院落东北部有一较大面积的曲尺形夯土建筑基址。据发掘可知，此院落时代略早，建造使用于东汉，魏晋时期仍继续沿用。

太学西侧遗址曾出土过石经碑座。在此清理发掘出一条早期南北向砖砌水道沟槽和魏晋、北魏不同时期的夯土建筑遗迹及路土。据文献中“太学在国学东二百步”、“两学齐列”的记载，此处或许就是魏晋的国子学。

在太学遗址曾出土过大量东汉熹平石经和曹魏正始石经残石，主要为《论语》、《春秋》、《鲁诗》、《仪礼》及其校记等。

五　内城城墙遗址东北角

位于今孟津县平乐镇与偃师市首阳山镇保庄村交界的地方，是汉晋洛阳城、北魏内城的东城墙与北城墙交接处，为该城保存最好、最高的一段城墙城垣，城垣系版筑夯土墙，细密结实，一排排版筑夹棍洞的痕迹清晰可见。内城城墙东北角内侧地势平坦，据文献记载是汉魏时期的太仓、武库，西晋时的太子宫及北魏太仓和河南尹等官署仓厩所在地。经过考古勘察，在此发现两组较大的汉魏时期的建筑遗址和周代墓地（图 4–26 ~ 4–28）。

第一组建筑位于东北城角南侧约 200 米，其东墙紧邻东城垣。平面近似方形，四面有夯筑围墙，中心有一群小方形夯筑台基，南北五排，规整有序，排间距约为 4 米，每排约有 12 个台基，除最南一排正中央为一面积较大的方形台基和最北一排中心位置为两个长方形台基外，其余正方形台基皆 2.5 米见方。围绕小方形台基四周，有大约 13 座大小不等的夯筑建筑基址。南墙东段有一缺口，应是门址。

第二组建筑位于第一组建筑北侧，据北城垣仅 53 米，是由夯筑墙基围成的两座方形的庭院建筑。西侧庭院平面呈长方形，中有 5 座大小不等的夯土台基，正中一座南北长 57 米，东西宽约 17 米，应是中心建筑。东侧庭院约 50 米见方，院内未见任何建筑物遗迹，也不见有缺口。

图 4-26　内城城墙东北角航摄影像
（镜向100°，1996年5月）

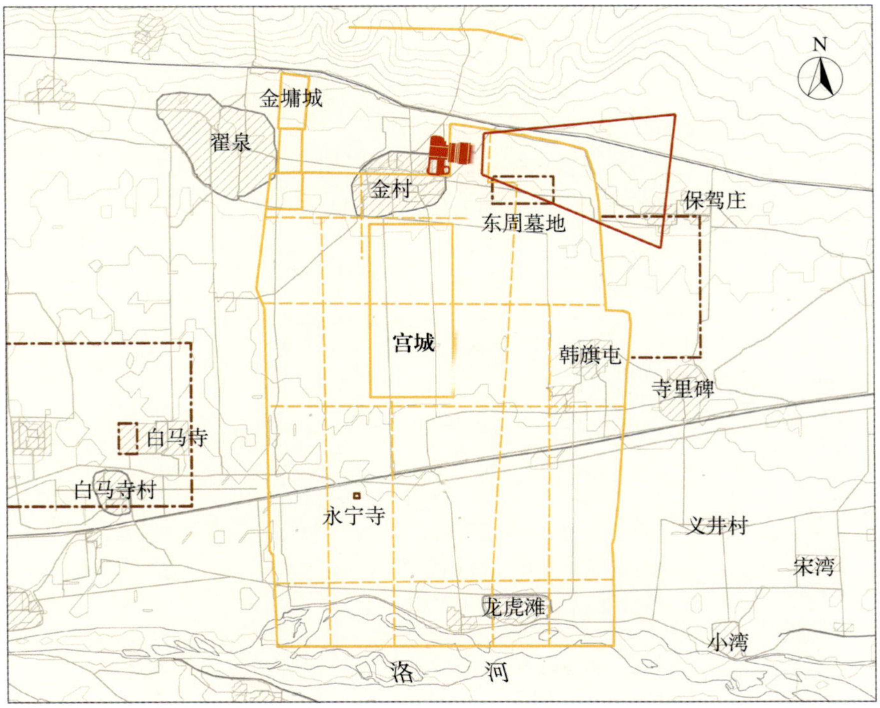

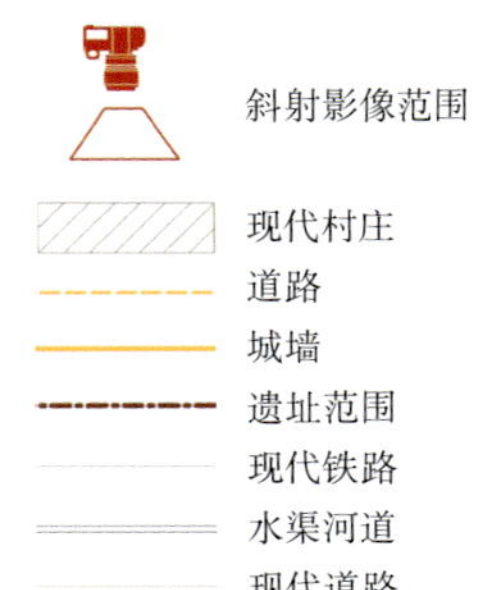

图 4-27　内城东北部东周墓地航摄影像（镜向 355°，1996 年 5 月）

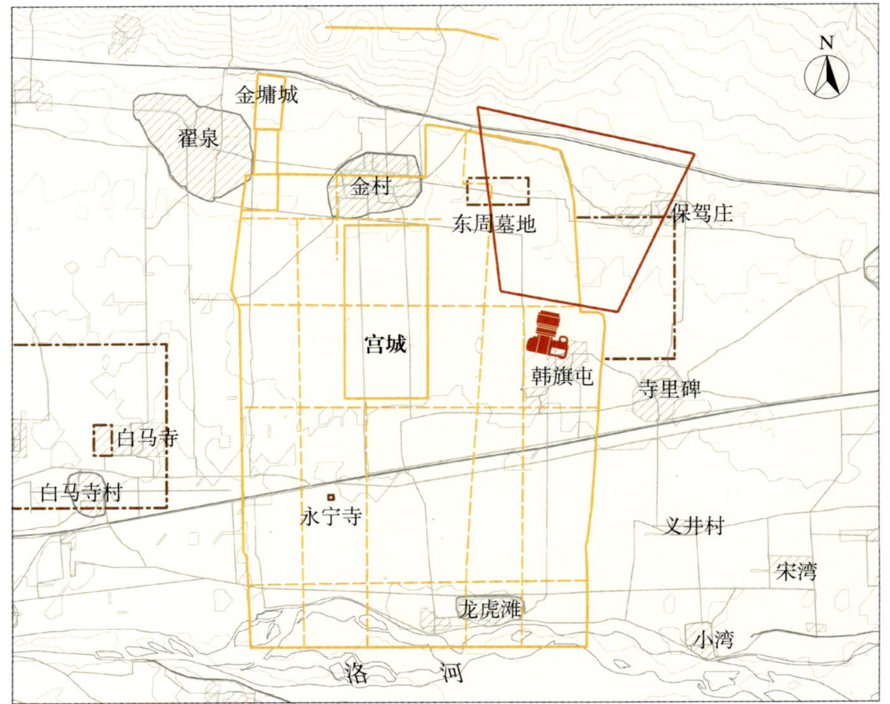

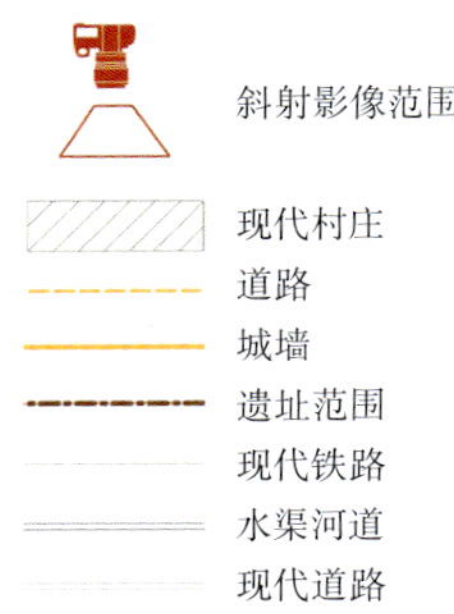

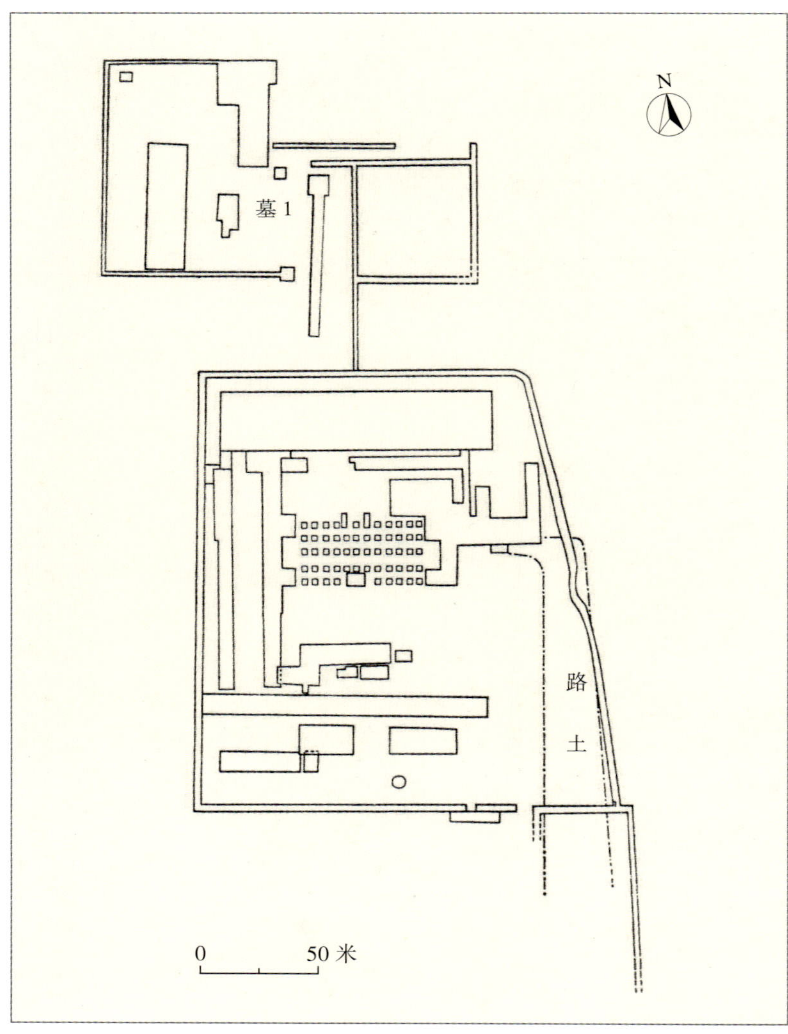

图 4-28　内城东北角建筑基址平面图

在两座建筑物之间发现大墓一座。《水经注》载："今按周威烈王葬洛阳城内东北隅，景王冢在太仓中。翟泉在两冢之间，侧广莫门道东，建春门路北，路即东宫街也。"又曰："悼王葬景王于翟泉，今洛阳太仓中大冢是也。"据此判断，以上第二组建筑可能就是汉晋时期的太仓遗址[13]。

1928 年，加拿大传教士怀履光曾在东城墙西侧发掘 8 座东周时期的大墓，出土了大量精美的文物，有青铜器、错金银器、玉器、象牙雕刻、骨尺等[14]。

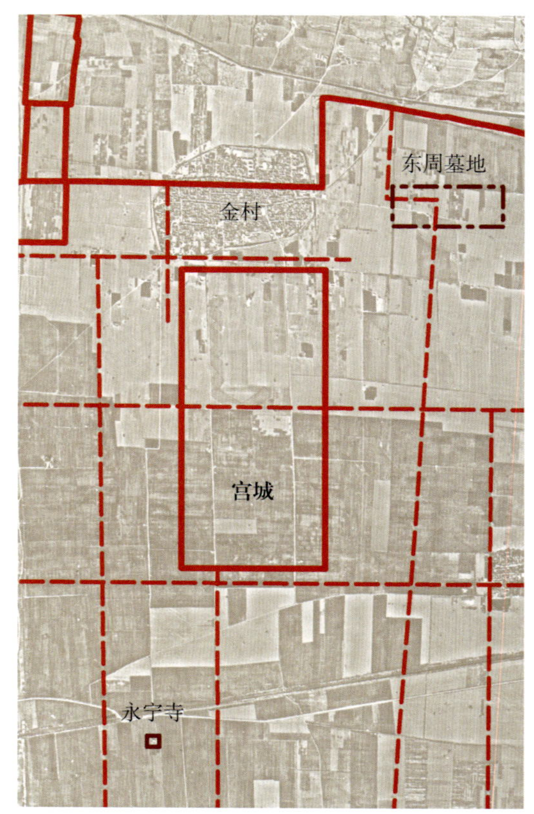

图 4-29　北魏洛阳故城宫城航摄影像（1966 年）

六 宫城遗址

宫城遗址主要为北魏时期所遗留。勘探发现，北魏宫城位于内城中北部略偏西，位置在今孟津县平乐镇金村村南（图 4–29）。平面略呈长方形，南北长 1398 米，东西宽 660 米。东、南、西三面保存较好，夯土墙垣皆在现地面以下，尚能连接起来。南墙位于贯穿内城的东阳门至西阳门御道北侧，墙基宽 8 ~ 9 米；东墙地下水位较浅，较难勘探，墙垣遗迹不明（图 4–30），现存南段墙基宽 4 ~ 8 米，最宽 11 米；西墙保存较好，南段墙基宽约 13 米，北段墙基宽约 20 米。宫城墙西南角距阊阖门约 190 米。北墙未发现墙垣，但在勘探出的承明门内御道南发现大片夯土基址，东西长 480 米，南北宽 180 米，厚 3 ~ 5.5 米，应是一处宫殿基址。

宫城东、南、西三面墙垣上，均发现城门缺口遗迹。西墙中段和北段各发现一处缺口。中段一处缺口较大，宽约 25 米，西墙阊阖门内御道由缺口穿过，墙内外两侧各有凸出的夯土阙，对称分布，形制较大。北段一处在中段缺口北面约 310 米，缺口宽约 7 米。在西墙门址相对应的东墙中段，也发现一座门址，由于地下遗迹复杂，尚未能探明，从其所处位置推断，极有可能是宫城东门云龙门。南墙仅在西段发现缺口一处，北面正对宫中正殿太极殿遗址，南面直对内城正门宣阳门内的南北轴线大街——铜驼街，此应是宫城正门阊阖门。

在宫城内勘探发现有 20 ~ 30 处夯土殿台基址，并且有上下叠压关系。宫城被内城东墙建春门与西墙阊阖门之间的御道从中部横穿分成南北两部分。宫城南半部西侧夯土基址较多，并且似以南门阊阖门为中轴线有规律地成组对称排列。位于阊阖门北侧东西道路以北的一组建筑，平面略呈“日”字形，规模很大，南北长 430 米，东西宽约 330 米，似为两进院落并带有廊庑的宫殿建筑。宫城北半部殿台建筑较少。西南角为一平面略呈方形的大型宫院，东西长约 410 米，南北宽约 380 米，东、北面筑有夯土窄墙，西面利用宫城西墙，南面则利用一座南北宽约 45 米的东西向大型夯土基址。南部正中有一单独的长方形殿台，东西长约 55 米，南北宽约 20 米，其位置直对南面正殿太极殿、宫城正门阊阖门，当是后宫中一座重要的殿址。

1965 年，在宫城内西北部，西距宫城西墙约 65 米，南距内城东墙建春门至西墙阊阖门的东西大道约 300 米处，发掘清理出一座砖砌圆形建筑基址。此圆形建筑基址有一边长 25 米的方形夯土台，当地俗称“羊冢”，发掘时仍高于地表 2.5 米。夯土

图 4-30　宫城东部航摄影像（镜向 165°，1996 年 5 月）

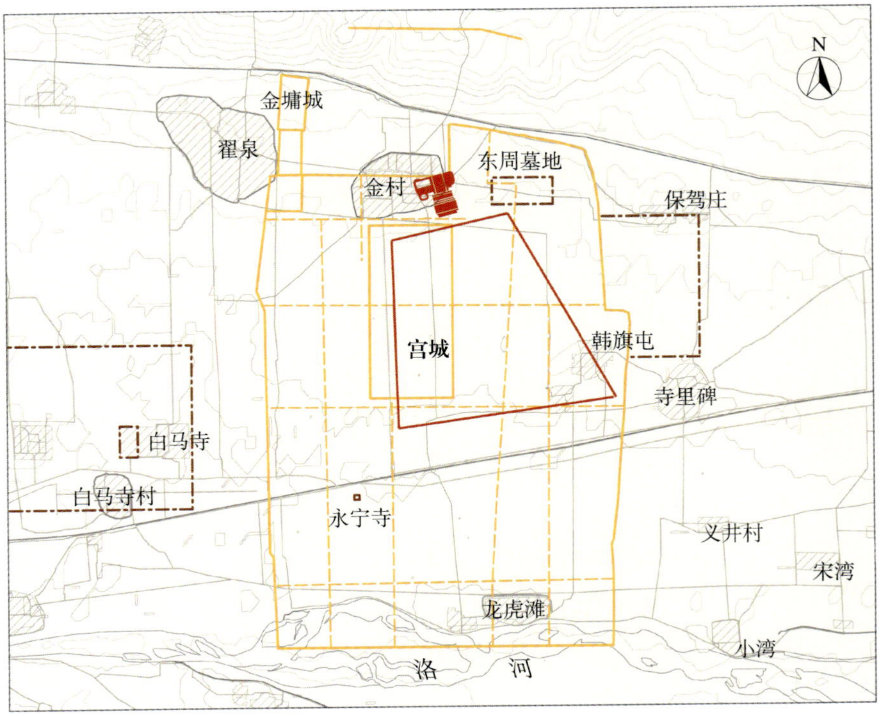

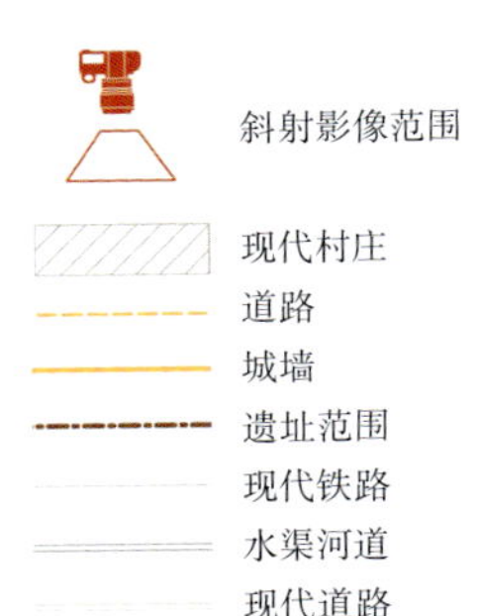

内是以魏晋时常用的长方形小砖砌筑的圆筒形基址，内壁还残存有构架上下两层“井”字形枋梁的榫槽痕迹。建筑内地面铺装着由四面向中间倾斜的泛水砌砖地面和小圆池等积存水设施，由此推断，该圆形建筑应是宫中藏冰的冰室或冰井遗址。结合文献记载考证，此圆形建筑遗址应是曹魏文帝始建至北魏一直沿用的宫中避暑高台建筑凌云台，而其所在院落就是北魏的后宫禁苑西游园。西游园北面、东面均勘探出有大型夯土基址[15]（图 4-31）。

宫城以北、内城大夏门以东应是汉晋至北魏一直沿用的皇家园林——华林园的所

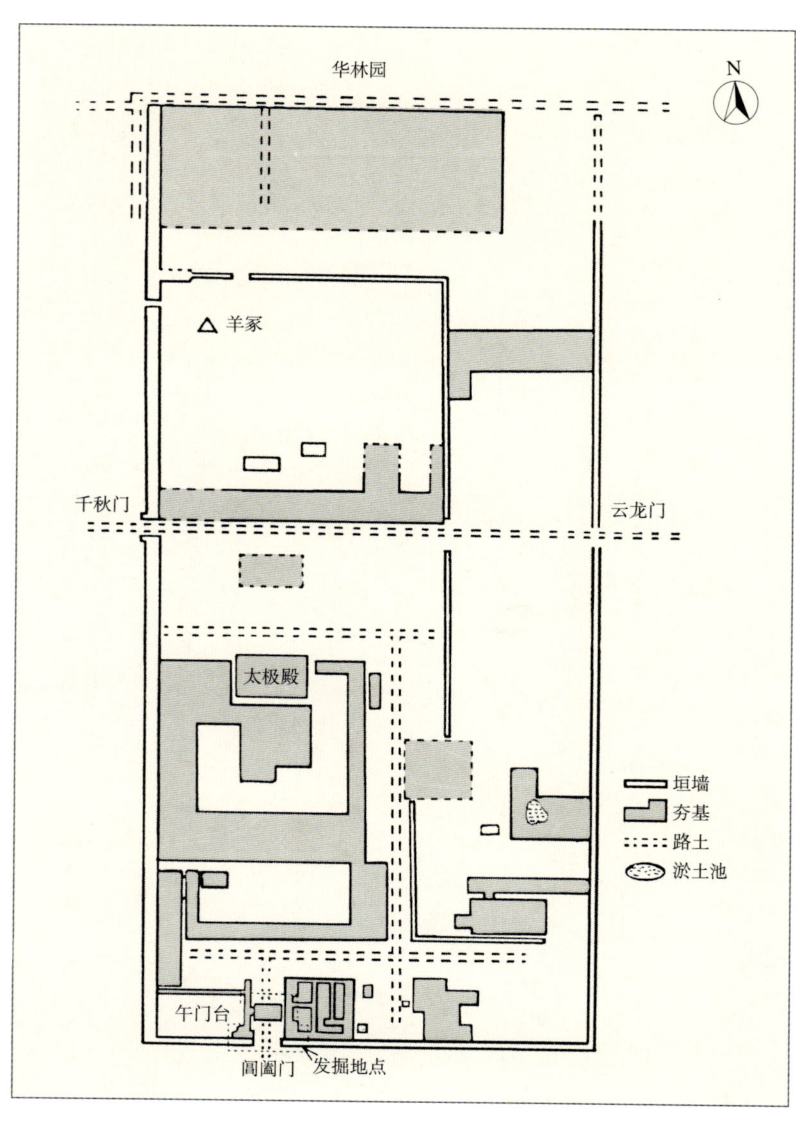

图 4-31　宫城勘探平面示意图

在，现被金村占压，遗迹情况不明。

七　太极殿遗址

太极殿位于北魏宫城中部略偏西处，即宫城西路南区北端正中的位置，为宫城内最重要的宫殿，是帝王举行日常朝会、听政、宴请以及其他重大活动的场所。遗址在今孟津县平乐镇金村南的一片高地上，为宫城中地势最高的地方，今仍高出四周地面约 4 米，当地俗称“金銮殿”，南距宫城正门阊阖门约 520 米。航摄片中的黄色部分即为夯土高台基址所在之处（图 4-32、4-33）。1984 年，考古工作者曾对此进行过试掘，并对基址顶面进行了简单清理。2012 年为了保护太极殿遗址，正式开始对太极殿遗址进行全面发掘（图 4-34）。

据初步考古勘察可知，北魏宫城正殿太极殿所在宫院规模宏大，南北长约 430 米，东西宽约 330 米。中心殿基位于宫院北部正中，地上夯土台基东西长约 100 米，南北宽约 60 米，残高约 2 米，地基夯土厚约 6 米。基址夯筑结实，形制保存尚好，顶部残损较严重。台基周边残存有漫道、踏道和柱洞等遗迹。殿台边壁包砌有砖壁或涂抹白灰墙皮，砖壁外侧铺设砖砌散水，台基和踏道上则铺砌石板。东西二侧壁为直壁，尚高 2 米余，壁表有包砖。南侧壁破坏严重。北侧壁保存较好，高 1 米余，尚残存有登殿坡道，壁表有包砖基址，还有砖铺散水及地面铺石。在太极殿中心殿基东、西两侧，发现有太极东堂和西堂殿址，台基规模均小于正殿。在太极殿与东、西堂基址之间，残存有相互连接的夯土隔墙和木架构建筑柱础，中间有南北向的门道遗迹，当是太极殿与东、西堂之间的便门和楼阁廊道遗迹。

八　阊阖门遗址

阊阖门是北魏洛阳宫城的正南门，遗址现位于孟津县平乐镇金村南的农田之中，地势较南部抬高约 1 米。2001 年秋 ~ 2002 年春，中国社会科学院考古研究所洛阳汉魏城队对阊阖门遗址进行了发掘，2007 年为进行阊阖门遗址保护展示工程，又重新进行全面发掘，清理了城门楼台基、门前左右双阙、阙间广场及城门两侧东西院落的一部分[16]（图 4-35 ~ 4-38）。

门址位于北魏洛阳宫城南墙正中略偏西，其城门楼不是坐落在宫城南墙上，而是向北凹进去数十米处；门前左右双阙坐落在宫城南墙门址相对缺口的两侧，与宫城南

图 4-32　太极殿遗址航摄影像（镜向 270°，1996 年 5 月）

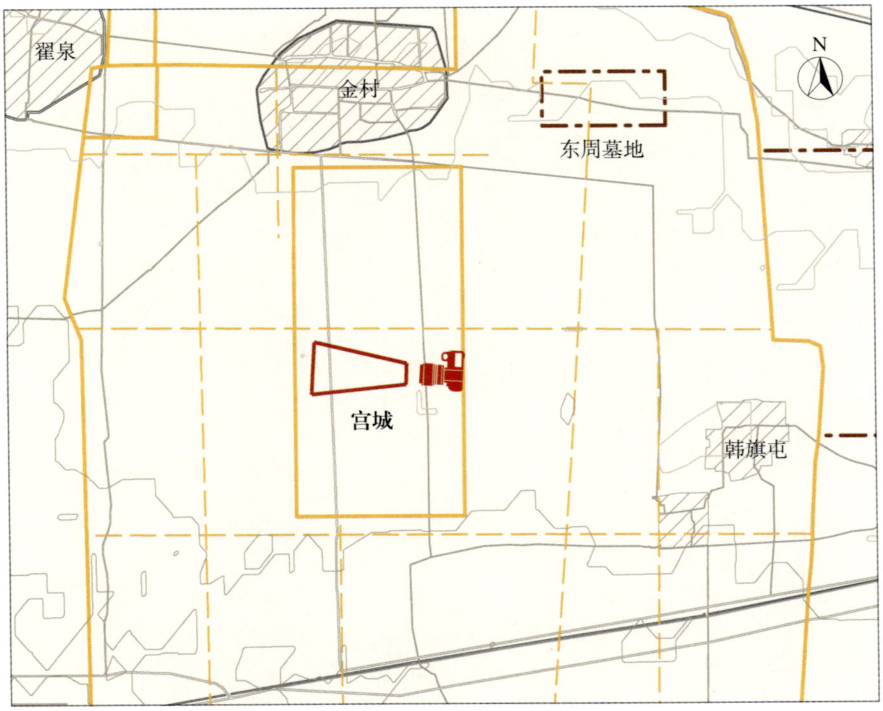

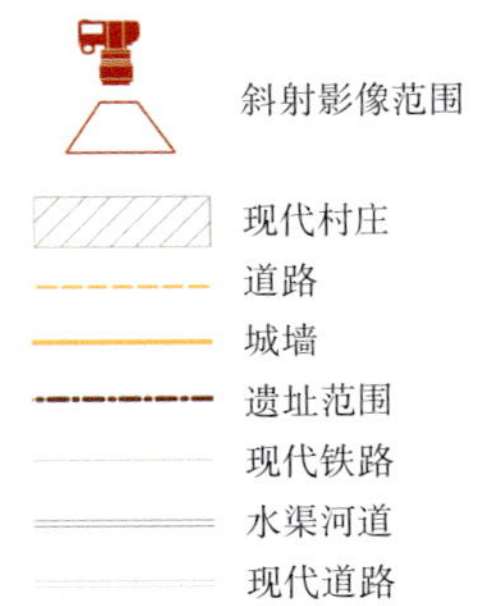

图 4-33　太极殿遗址东部航摄影像
（镜向 0°，1996 年 5 月）

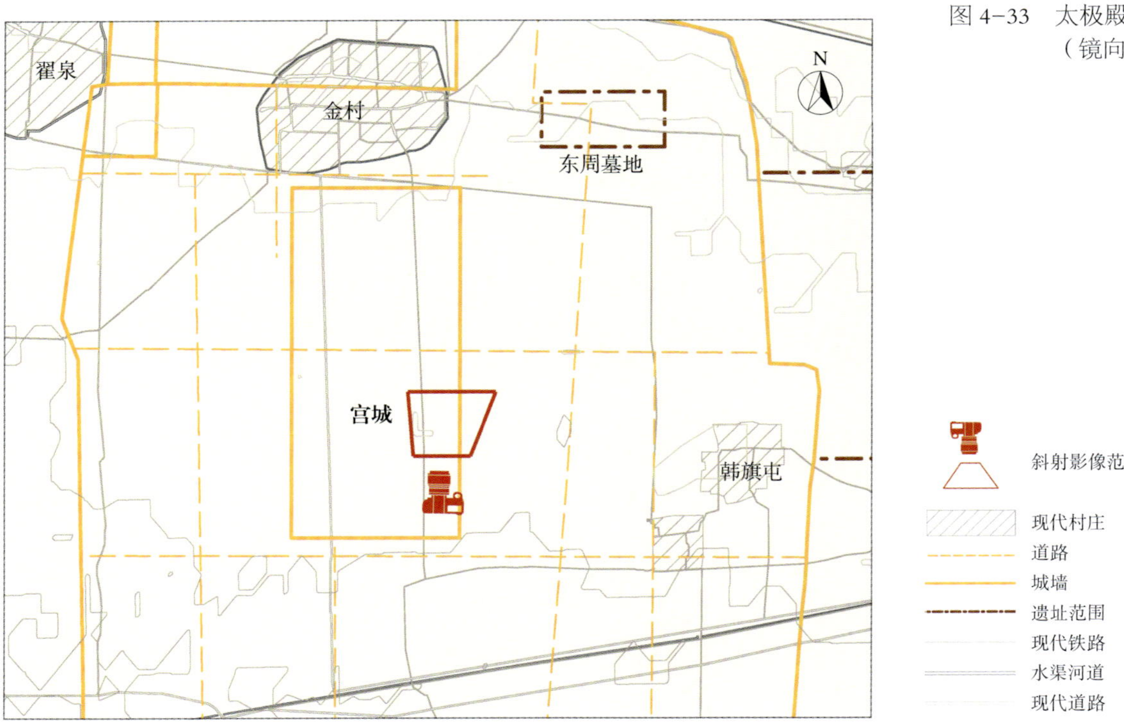

翟泉
金村
东周墓地
宫城
韩旗屯

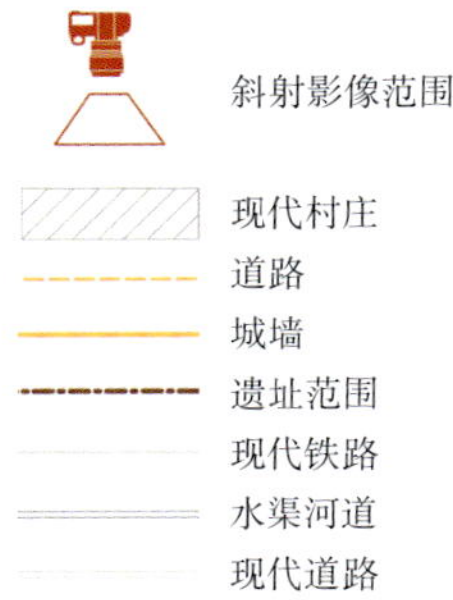

图 4-34　太极殿东阁遗址发掘现场（西－东，2016 年 3 月）

墙相连。门址所在的东西长方形大型夯土基座分为地下基础与地上台基两部分。据勘探可知，其地下基础东西长 48 ~ 50 米，南北宽 31 ~ 34 米，厚 1.25 ~ 2.2 米。地上台基东西长约 44.5 米，南北宽 24.4 米。台基周边设有 8 条踏步，其中南、北侧各 3 条分别正对城门楼 3 个门道，东、西侧各 1 条。台基上残存有东、西两个夯土墩台和两间隔间墙的残迹，并由其隔出左、中、右三个门道。东、西夯土墩台南北长约 19.6 米，东西宽约 6.8 ~ 7.1 米。东、西隔间墙南北长 8.6 ~ 8.9 米，东西宽 6.8 ~ 7.1 米，从而形成东西均长 28 米，前庭南北宽 5.5 米，后庭宽 5 米的前后庭。除中门道略宽面阔开间为 6 米外，其余东西两个门道皆宽 5.7 米。台基上还保存有东西 5 排、南北 8 列排列整齐的 40 个柱础或础坑组成的完整柱网。中门道南端西侧还残留有一块柱础石，约 1.05 ~ 1.08 米见方。由此构成了这座城门三个门道、面阔 7 间、进深 4 间，前、后有庭的殿堂式城门楼建筑格局。这种做法明显与后世常见的使用密集排叉柱的抬梁式城门和更晚的过洞式城门不同，显然是为了适应这座殿堂式城门楼特殊的建筑结构需要，与其属于威仪建筑重在礼仪的特殊要求有关。

城门基址东西两侧由夯土短墙分别与两组 4 个院落相连。院落遗迹保存较差。

门前东西两阙对称分布，为分别由 1 个母阙连接北侧和东（或西）侧的 2 个子阙所组成的曲尺形一母二子阙式。阙体建筑在规模巨大的地下夯土基础上，双阙的东西子阙

图 4-35　阊阖门遗址发掘现场（西－东，2007 年 4 月）

图 4-36　阊阖门遗址保护工程鸟瞰（北－南，2008 年 11 月）

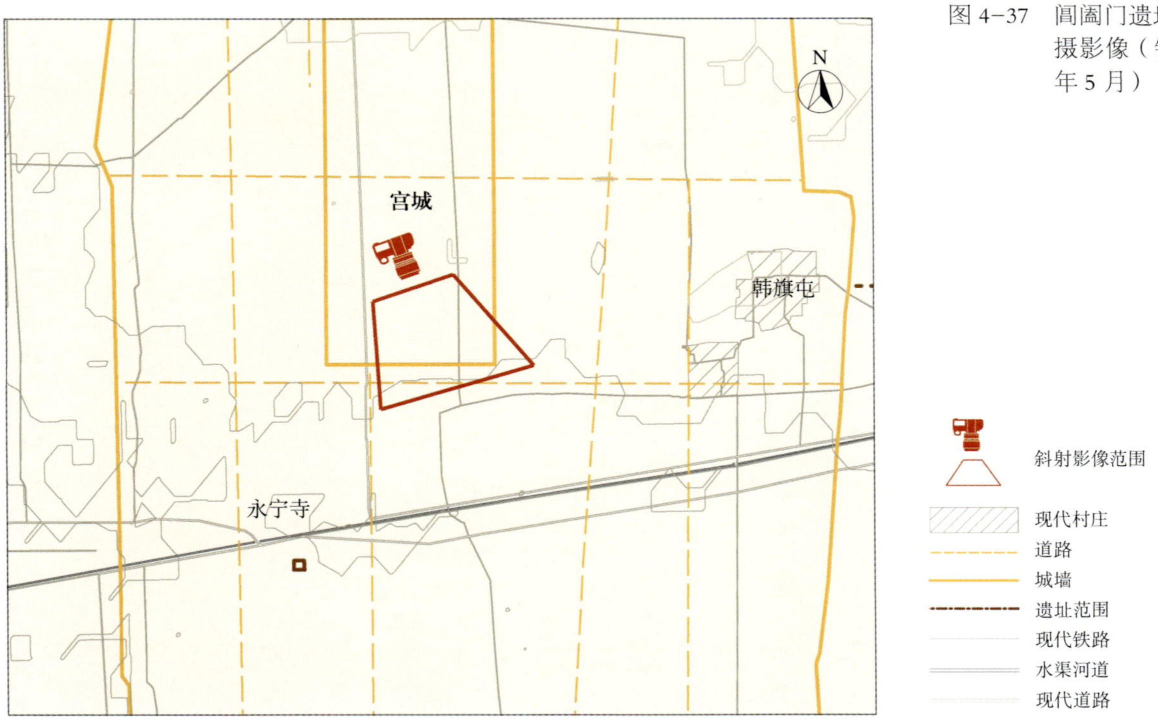

N
宫城
韩旗屯
永宁寺

图 4-37　阊阖门遗址及周边宫城航摄影像（镜向 155°，1996 年 5 月）

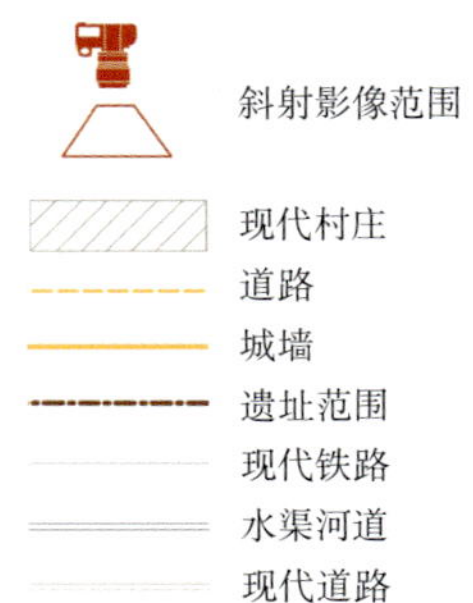

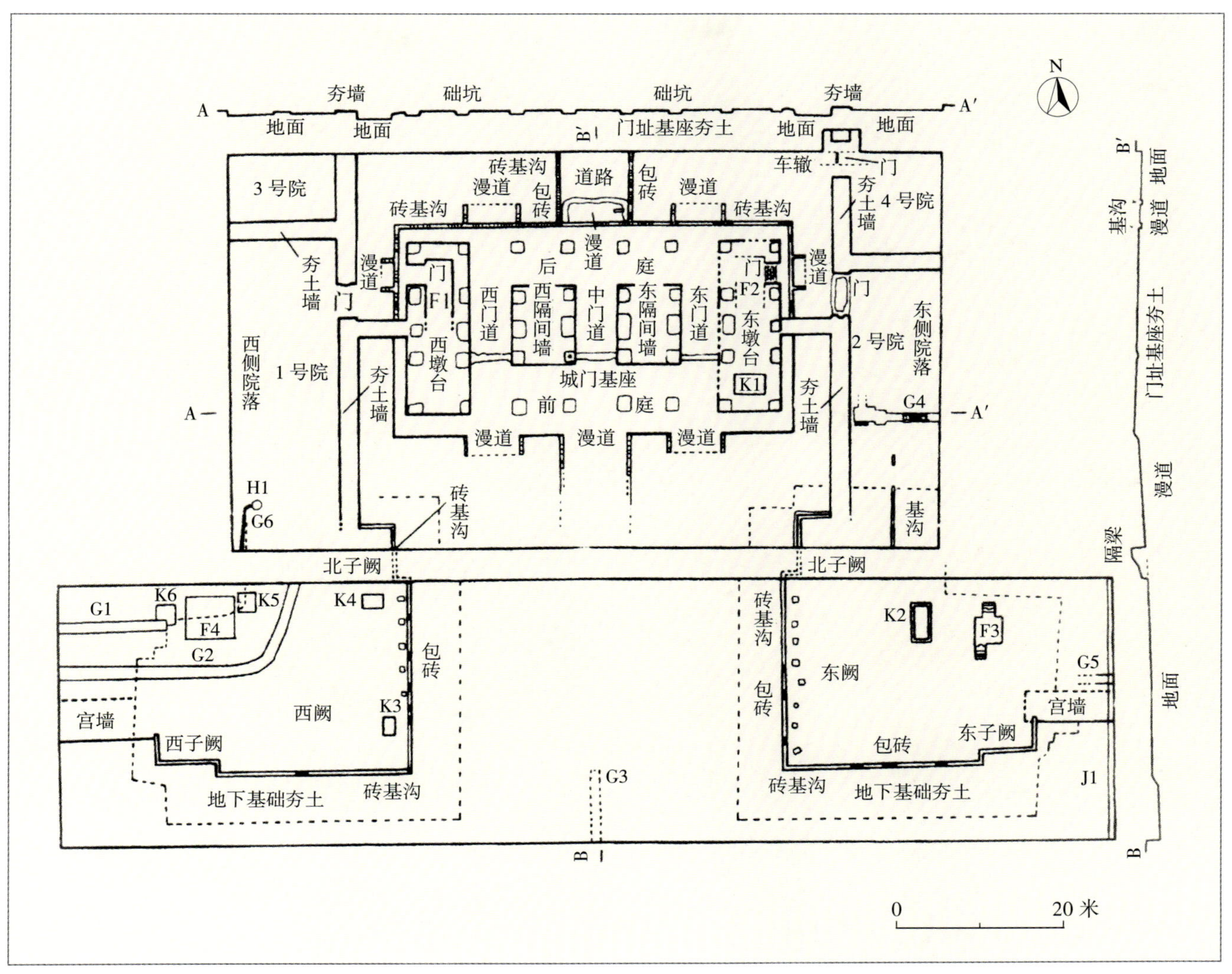

图 4-38　阊阖门遗址平、剖面图

分别与宫城南墙相连，北侧的两个子阙则通过城门两侧院落的南北向窄墙与城门连接。

门址与双阙间为一片宽阔的广场，东西长 41.5 米，南北宽约 37 米。

通过对门址基础夯土、台基边壁两侧院落窄墙及宫城南墙的发掘解剖发现，该城门至少经过三个时期的修建与沿用，也就是说，现保存较好的这座北魏时期以及更晚的北周时期的宫城正门阊阖门，是在曹魏初期建造的洛阳宫城阊阖门基础上修补沿用的。

九　白马寺与齐云塔

据文献记载，东汉永平十一年（68 年），汉明帝在洛阳城西雍门外三里御道北修建佛寺，用以安置印度高僧，是佛教传入中国后由官府正式创建的第一座佛教寺院。

图 4-39　白马寺与齐云塔航摄影像
（镜向 25°，1996 年 5 月）

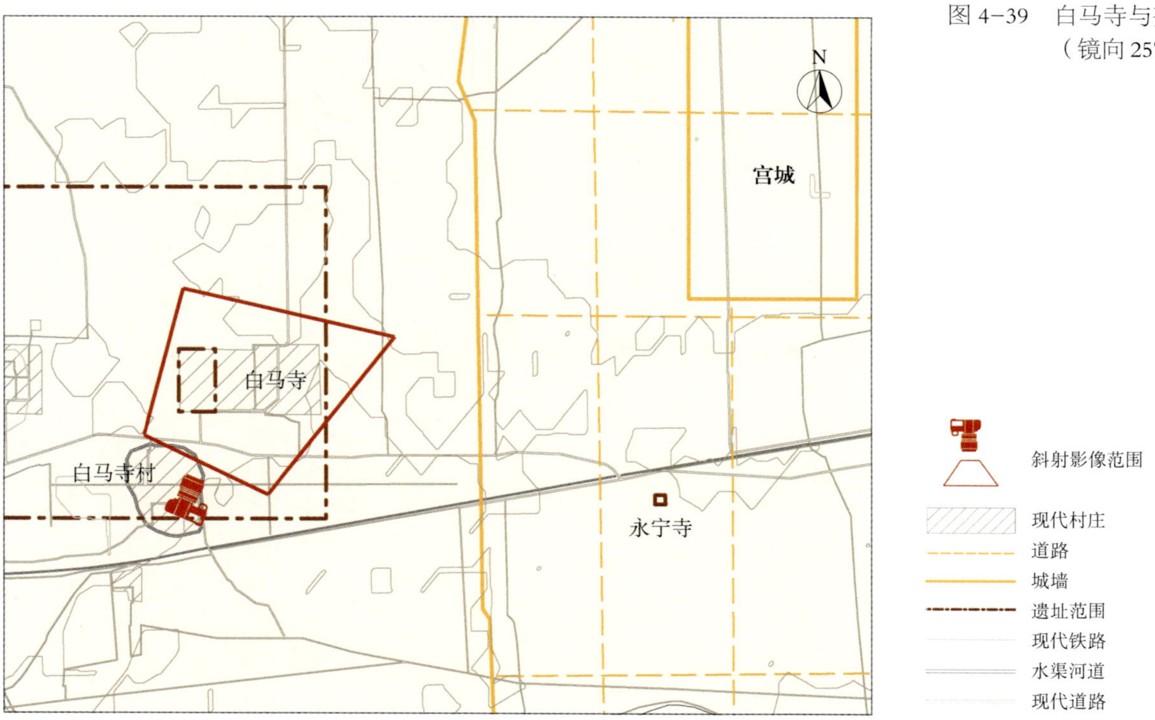

N
宫城
白马寺
白马寺村
永宁寺

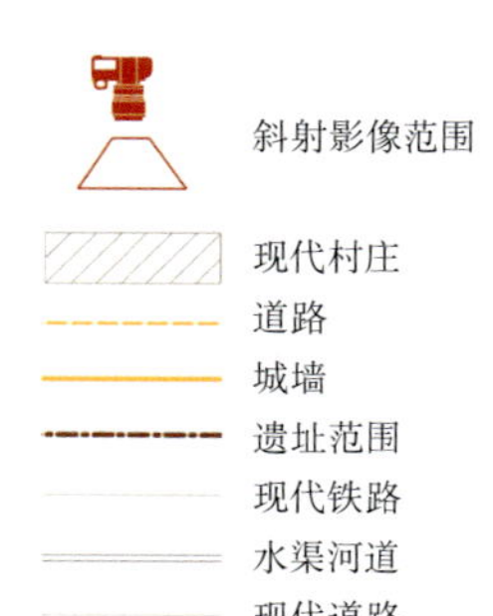

图 4-40　白马寺航摄影像（1966 年）

之后白马寺一直沿用至今，唐代时达到鼎盛。明代嘉靖三十四年（1555 年），太监黄锦大修白马寺。此次重修大体上奠定了今天白马寺的规模和布局（图 4-39）。

经考古勘探，今白马寺位于现洛阳市东约 12 千米，东距汉晋洛阳城西城墙雍门缺口约 1.5 千米，寺内外还保存有历代与白马寺有关的遗迹遗物，如唐代高阁之柱础、宋初东白马寺木塔之柱础、金代齐云塔、元代大殿、元代龙川和尚墓及唐代烧窑遗址，可知白马寺大体位置一直未变。1961 年，国务院公布白马寺为第一批全国重点文物保护单位。

现存白马寺院坐北朝南，为一长方形的院落，南北长 239.5 米，东西宽约 135.6 米。寺内的主要建筑分布在由南向北的中轴线上。前后有五座大殿，依次为天王殿、大佛殿、大雄殿、接引殿、毗卢阁，东西两侧分别有钟鼓楼、斋堂、客堂、禅堂、祖堂、藏经阁、法宝阁等附属建筑，左右对称，布局规整。寺西有和尚墓地与北魏大市遗址（图 4-40、4-41）。

图 4-41　白马寺院航摄影像（镜向 180°，1996 年 5 月）

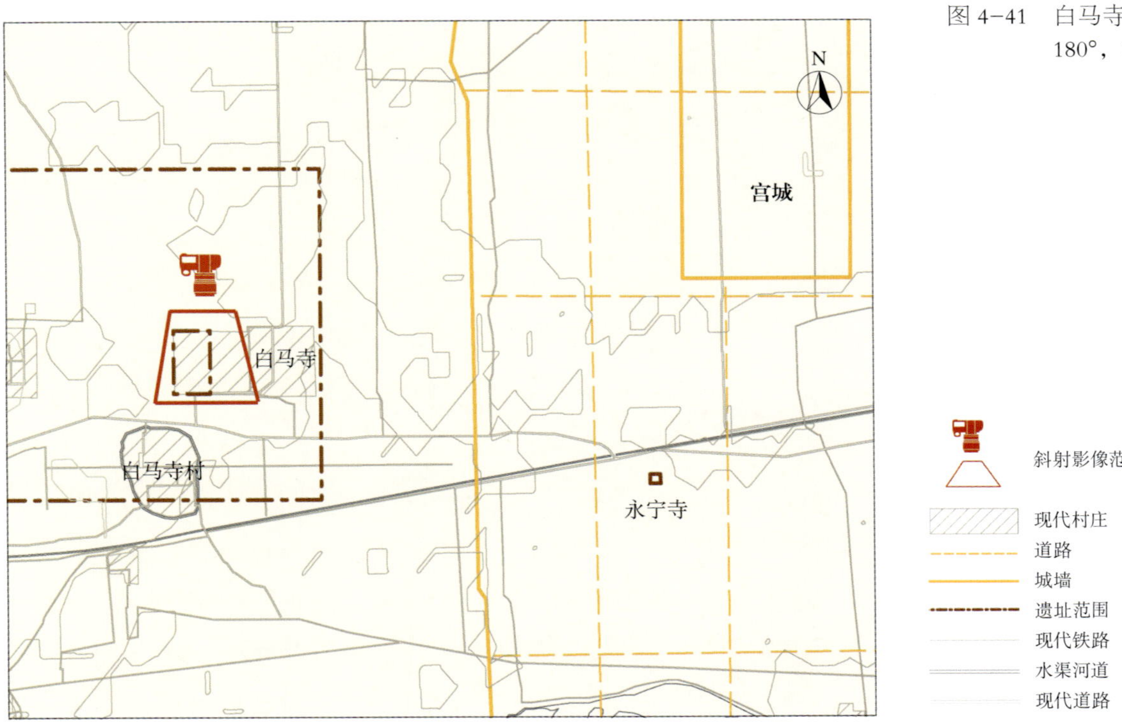

N
宫城
白马寺
白马寺村
永宁寺

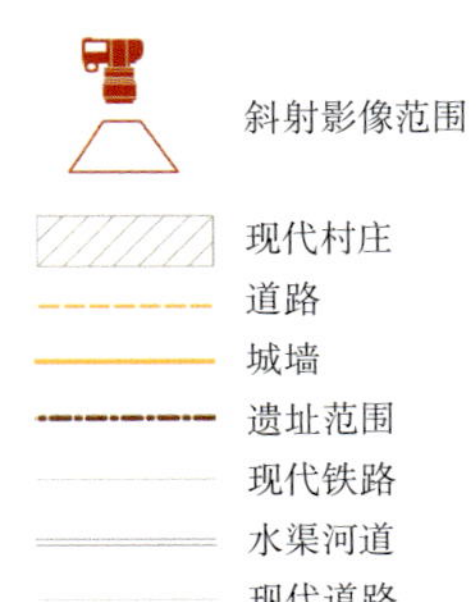

图 4-42　齐云塔（2004 年 6 月）

齐云塔位于现白马寺山门外东南约 200 米处，为四方形叠涩密檐式砖塔，十三层，高约 25 米。底部为正方形束腰须弥座。据寺内现存宋代刻石记载，齐云塔初建于东汉明帝永平十二年（69 年），是中国最古老的一座佛塔。现存的砖塔为金大定十五年（1175 年）所建，是洛阳一带地面现存最早的古建筑（图 4-42）。

一〇　永宁寺与永宁寺塔基遗址

永宁寺遗址位于北魏洛阳内城西南部，在今白马寺东约 1 千米，310 国道与陇海铁路从遗址北部穿过（图 4-43、4-44）。东北距宫城阊阖门遗址约 500 米，东距铜驼街遗址约 250 米。北魏熙平元年（516 年）由孝明帝元翊之母灵太后（宣武帝妃胡氏）发起兴建，是北魏的一座皇家寺院。孝武帝永熙三年（534 年），寺院木塔被雷电击毁，寺院随之废毁。

据史书记载，永宁寺规模宏大，整体是一座平面呈长方形的院落。四周有墙，各开一门，南门（山门）、木塔、佛殿等主要建筑自南向北依次纵贯在寺院的中轴线上，寺院的东、西二门则严格按照左右对称的原则布置。木塔雄踞寺院中央，寺院四门与其直对，前方及左右两侧空旷开阔，北部有大型佛殿相配。这显然是一种以佛塔为主、

图 4-43　永宁寺塔基航摄影像（1966 年）

佛殿为辅的寺院建筑格局。

从 1963 年开始对永宁寺遗址进行考古勘察，特别是 1979 ~ 1981 年和 1994 年先后对木塔基址、南门、西门多次进行了考古发掘工作。据考古勘探可知，永宁寺平面呈南北向长方形，南北长约 305 米，东西宽 215 米。四周墙垣皆夯土版筑，下挖有深 1.5 米左右的夯土基槽，宽 2 ~ 2.2 米。西南角保存较好，为一凸出南墙外的长方形夯土基址[17]（图 4-45）。

东、西、南墙中部都发现有大型夯土基址，应为门址。其中南门、西门基址已经

图 4-44　永宁寺遗址航摄影像（镜向 0°，1996 年 5 月）

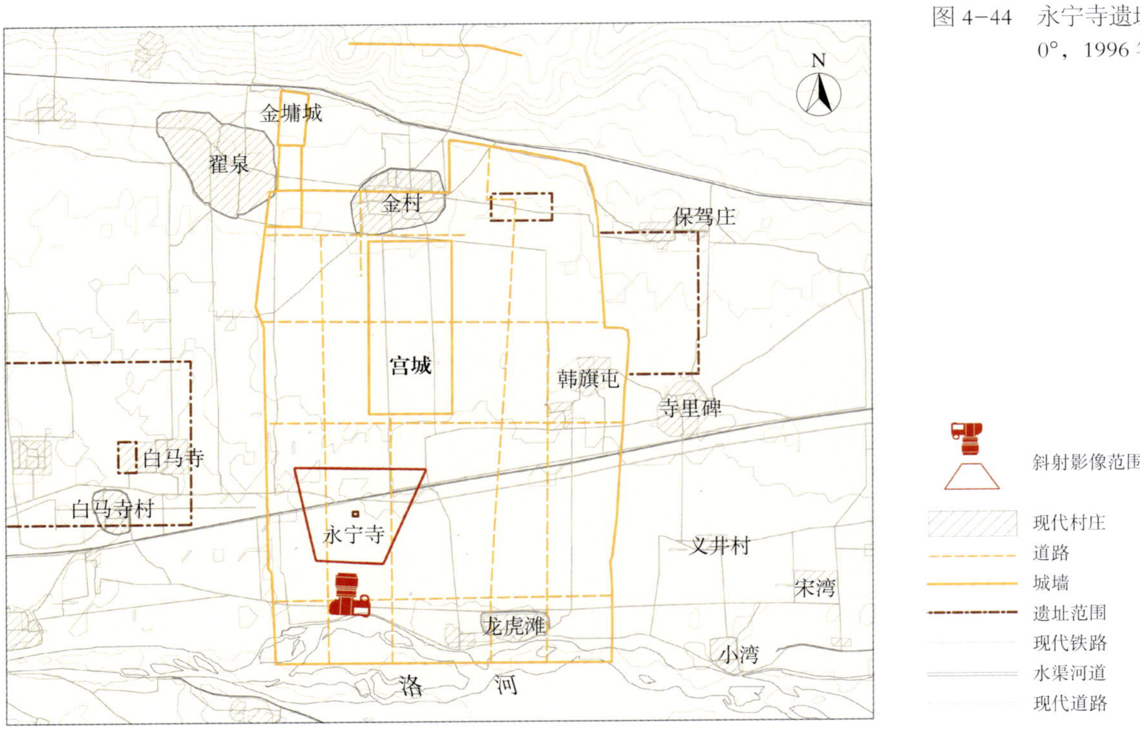

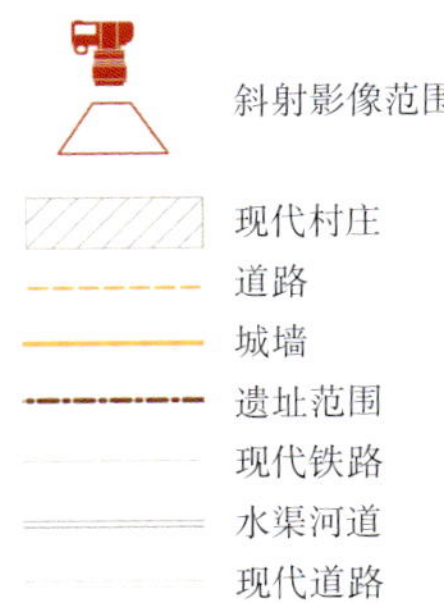

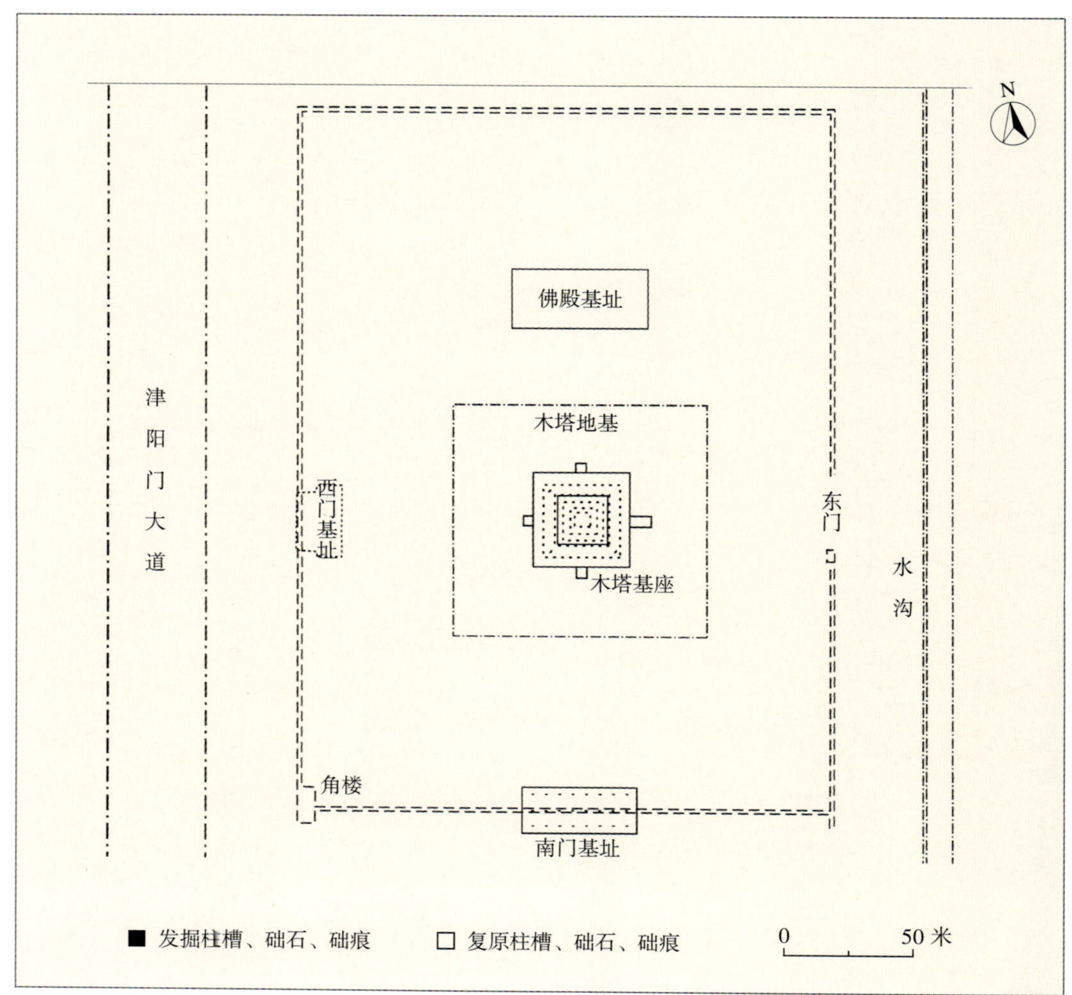

图 4-45 永宁寺遗址平面示意图

过全面发掘。南门为永宁寺正门，基址位于南墙正中，台基平面呈东西向长方形。台基夯土表面残存有排列整齐的 24 个柱础坑，南门应是面阔七间、进深两间的殿堂式门楼。西门门址上仅存 3 个柱础坑，推测西门也是面阔多间，进深两间的殿堂式建筑[18]，规模较南门小得多。东门门址破坏严重。

永宁寺塔基遗址位于寺院中部，尚残存高大土丘，残高约 8 米（图 4-46）。塔基边缘南距南门址约 92 米，西距西门址约 72 米，其距东门址距离，应与西门相似。塔基基座为方形，分地上地下两层，皆为夯土版筑而成。木塔台基上发现有 124 根方形柱础或柱础坑痕迹。分作五圈排列，组成方形柱网（图 4-47）。

塔基内出土了大量与佛教有关的泥塑像及石雕、瓦、瓦当等建筑材料。

塔基北部发现有一座较大的夯筑遗迹，当是佛殿遗址。因被铁路所压，尚未探明其范围。

图 4-46　永宁寺塔基航摄影像（镜向 355°，1996 年 5 月）

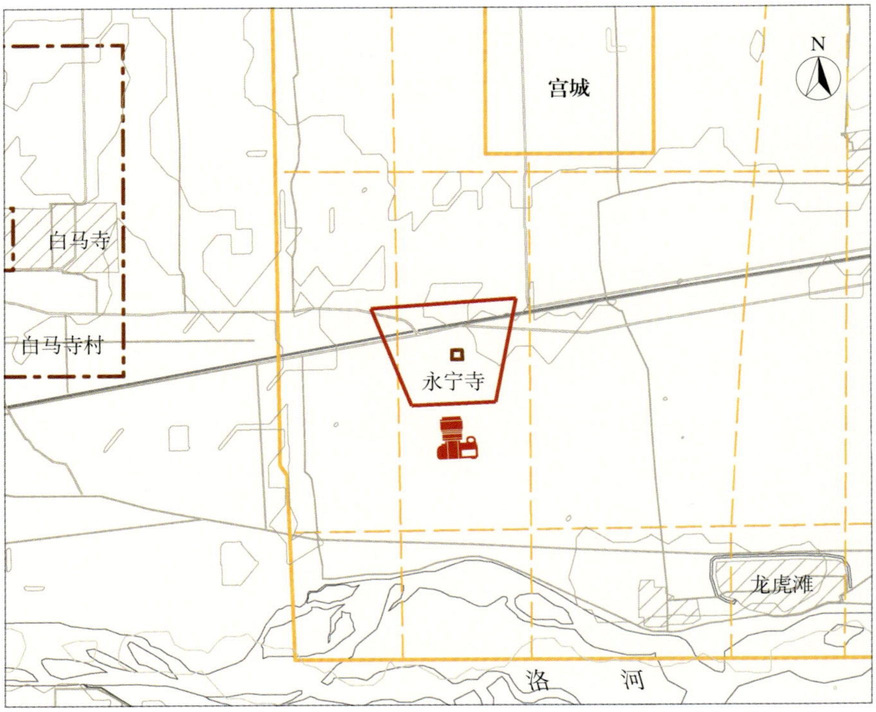

N
宫城
白马寺
白马寺村
永宁寺
龙虎滩
洛　　河

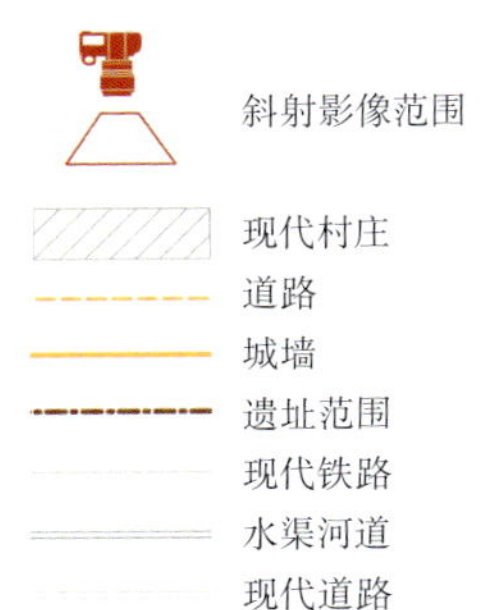

图 4-47　永宁寺塔基发掘现场（1981年）

一一　东汉洛阳刑徒墓地

位于汉魏洛阳故城南郊偏西南处。根据考古勘察，墓地位于汉魏时期的洛河南岸，其位置在今偃师市佃庄镇西大郊村西南的一片高地上，当地称作“岗上”。高地的北部，即汉魏时期的洛河故道（图 4–48）。

1964 年春，中国科学院考古研究所洛阳工作队开始对墓地进行大规模全面发掘。墓地东西长 250 米，南北宽 200 米，面积约在 5 万平方米以上。从勘察情况看，整个高地布满刑徒墓，估计有 16000 座左右。发掘区域选在高地的东半部，发掘面积达 1810 平方米，共清理刑徒墓 516 座。墓地范围很大，墓坑集中稠密，排列整齐有序，绝大部分为南北向，少数为东西向。多随葬有用残缺废砖所刻的墓志铭砖。在发掘区域中共出土和收集墓志砖 823 块。砖铭为竖行自右向左写刻，全部用隶书。刻文记录了刑徒的部属、无任或五任、来自郡县狱所、生前判罚的刑名、刑徒姓名及死亡年月和日期。其他随葬品极少。

一二　东汉墓园

东汉墓园位于汉魏洛阳故城内城（汉晋洛阳城）西墙原东汉雍门西约 2500 米，今洛阳市洛龙区白马寺镇陈村村东的一片高地上（图 4–49）。1987 年曾进行大规模发掘。墓园遗址呈东西向长方形，东西长 190 米，南北宽 135 米，四周有夯土墙垣。因墓园南部被公路和现代建筑占压，发掘部分皆在公路以北。发掘区约占墓园总面积的二分之一[19]（图 4–50）。

墓园内分为东西两部分，西部为墓主人的陵墓，东部是以大型殿基为主体的墓侧建筑群。陵墓位于西半部中间偏东处，地上原有高大的封土，经历代损毁，仅余地面以下封土基部，直径 48 米，残高 1 米余。中部深 4.5 米处有多室的砖室墓，此墓南向，由墓道、甬道、横前室、耳室、后室五部分组成。

陵墓东侧由一南北向长方形夯土台基相隔，向东形成以大型殿基为主体的 3 个院落（Ⅰ～Ⅲ号院）。3 个院落皆是仅清理了北半部。其中Ⅰ号院落位于最西部，院内发现五座建筑基址（F1 ～ F5），中部形成方形天井[20]。Ⅱ号院落保存较差，天井居于中心部位，北侧有较大型殿堂 F7，南侧是中心以石铺地的方形建筑 F6。Ⅲ号院落中心为一夯土，东、南、北各有房舍一座。整个建筑群规模恢宏，结构严谨，殿堂、廊房、天井错落分布其间。

由墓中出土的货币、陶器及墓葬形制推断，此墓的年代相当于东汉晚期桓帝至灵帝时期（约 147 ～ 160 年）。整个墓园的年代应与此一致。

一三　丛葬墓地

1988 年 5 月，在汉魏洛阳故城东外郭城内，今偃师市首阳山镇寺里碑村东，俗称景阳冈的带状高地的中部和北部，发现有两处丛葬墓地。两处丛葬墓地的布局大体一致，墓地墓葬排列紧密有序，均南北成行，行距仅 40 ～ 60 厘米，间距虽小，但互不扰乱。

相当一部分骨架的头骨与颈椎骨错位，随葬品主要为小件器物，以“五铢”铜钱最多。其次为小件玉、石器及小件铜器，还有一些小件银器、铁器、漆器和陶器。

两墓地墓葬的这些特点可以明确地告诉我们，两墓地的死者多数为非正常死亡，并皆无迁葬现象，而且是在同一时期按照预定规划一次埋葬。

图 4-48　洛河故道航摄影像（1966 年）

在岗中部墓地 T7M4 和 M5 发现两块完整的朱书文字砖，砖铭为："南头第十九西人故在，东北头第一柱间□□□头"，"南头第廿西人故在东□北头第一柱间门□□□□故在东南□□"。这些砖铭似主要记述墓穴的方位及其编号，其中"西人"一词显然是一个专有名词。究明"西人"一词的真正含义，是弄清死者身份及其生活年代的关键所在。

据《宋书·胡藩传》记载，刘裕讨伐桓玄，"义旗起，玄战败，将出奔。藩于南掖门捉玄马控曰：'今羽林射手犹有八百，皆是义故西人，一旦舍此，欲归可复得乎？'玄直以马鞭指天而已，于是奔散相失"。《资治通鉴·晋纪》三十五安帝元兴三年（404 年）条载有同一事，记述更详。"胡藩执马控谏曰：'今羽林射手犹有八百，皆是义故西人，受累世之恩，不驱令一战，一旦舍此，欲安之乎！'玄不对，但举策指天。"对于此段文字，胡三省注云："桓氏世居荆楚，西人皆其义旧，此盖从玄东下。桓既篡，因以为羽林。"由此可知，"义故西人"或可简称为"西人"，正是东晋时期执掌朝廷大权的荆楚望族桓氏所带的一批亲信及随从，而葬在汉魏洛阳城东的"西人"当与桓氏集团的活动有关。

在两晋时期，桓氏作为名门望族，出现过数位影响颇大的重要人物，其中桓温是东晋初期的显赫人物，执掌东晋军政大权多年。他主张"一切北徙，还都洛阳"，并曾亲率人马三次北伐，特别是东晋穆帝永和十二年（356 年）的第二次北伐，从这次以收复故都洛阳、修复西晋五陵为目的的北伐中，似乎可以找到解开汉魏洛阳城内晋丛葬墓疑团的一些线索。

西晋永嘉以来，刘曜、石勒、苻坚等相继率兵南下，侵略中原。所到之处，烧杀掠夺，尽施残暴。尤其是石勒"并贪而无礼，既王有十州之地，金帛珠玉及外国珍奇异货不可胜记而犹以为不足，曩代帝王及先贤陵墓靡不发掘而取宝货焉"，西晋帝陵屡遭挖掘。祖宗陵墓被掘，使得偏安于江南的东晋帝王蒙受奇耻大辱。皇帝"素服临太极殿三日"，"频年元会废乐"，并多次

图 4-49　东汉墓园航摄影像（1966 年）

遣将派使，希望修复五陵，但都以失败告终。而当时桓温力主北伐，东晋朝廷却恐其借机势力增大而极力抑制。待到穆帝永和十二年（356 年），桓温再次请求移都洛阳，修复陵园，“章十余上不许”，而派遣其去讨伐姚襄。姚襄战之不及西窜，守将周成率众出降，桓温进驻洛阳。“温屯故太极殿前，既而徙屯金墉城，乙丑谒诸陵，有毁坏者修复之，各置陵令。”这是东晋时期桓温北伐取得成功的记录，也是西晋灭亡、五陵遭劫后，东晋南朝屡次发动以收复洛阳、修复园陵为目的军事行动的第一次胜利。

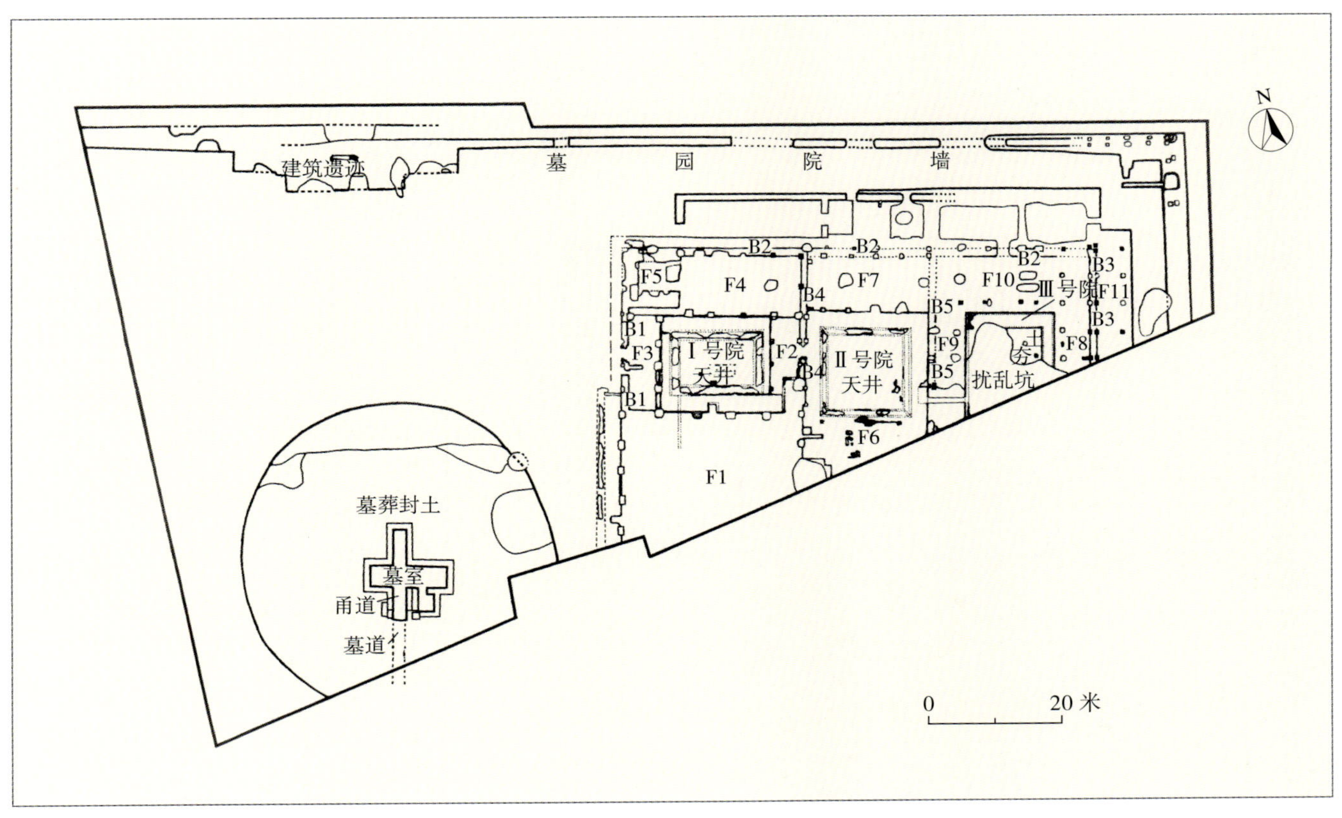

图 4-50　东汉墓园发掘平面图

"义故西人"既受桓氏"累世之恩"，自然在桓温北伐时有大批追随者，所以汉魏洛阳城东外郭城内的丛葬墓很可能是桓温北伐时所带的"义故西人"，在洛阳附近战死或因其他原因死亡者的葬地。

注释

［1］北京大学阎文儒：《洛阳汉魏隋唐城址勘查记》，《考古学报》第九册，1955 年。

［2］中国社会科学院考古研究所洛阳汉魏故城队：《河南洛阳汉魏故城北魏宫城阊阖门遗址》，《考古》2003 年第 7 期。

［3］中国社会科学院考古研究所洛阳汉魏城队：《汉魏洛阳故城城垣试掘》，《考古学报》1998 年第 3 期。

［4］钱国祥：《汉魏洛阳故城沿革与形制演变初探》，《21 世纪中国考古学与世界考古学》，中国社会科学出版社，2002 年；王仲殊：《中国古代都城概说》，《考古》1982 年第 5 期。

［5］中国社会科学院考古研究所：《汉魏洛阳故城南郊礼制建筑遗址（1962 ~ 1992 年考古发掘报告）》，文物出版社，2010 年。

［6］~［12］同［5］。

［13］中国科学院考古研究所洛阳工作队：《汉魏洛阳城初步勘查》，《考古》1973 年第 4 期。

［14］中国青铜器全集编辑委员会：《中国青铜器全集》，文物出版社，1998 年。

［15］钱国祥：《汉魏洛阳故城圆形建筑遗址殿名考辨》，《中原文物》1998 年第 1 期。

［16］同［2］。

［17］中国社会科学院考古研究所：《北魏洛阳永宁寺 1979 ~ 1984 年考古发掘报告》，中国大百科全书出版社，1996 年。

［18］同［17］。

［19］中国社会科学院考古研究所洛阳汉魏城队：《汉魏洛阳城西东汉墓园遗址》，《考古学报》1993 年第 3 期。

［20］同［19］。

[伍] 隋唐洛阳城遗址

一 概况

隋唐东都洛阳城遗址位于今洛阳市西工区、老城区、瀍河区和洛龙区范围内的洛河南北两岸，地处伊洛平原中心。“南直伊阙之口，北倚邙山之塞，东出瀍水之东，西逾涧水之西，洛水贯都，有河汉之象焉”[1]，城址面积47平方千米，是我国历史上隋唐两代及五代后梁、后唐、后晋的都城（图5-1）。

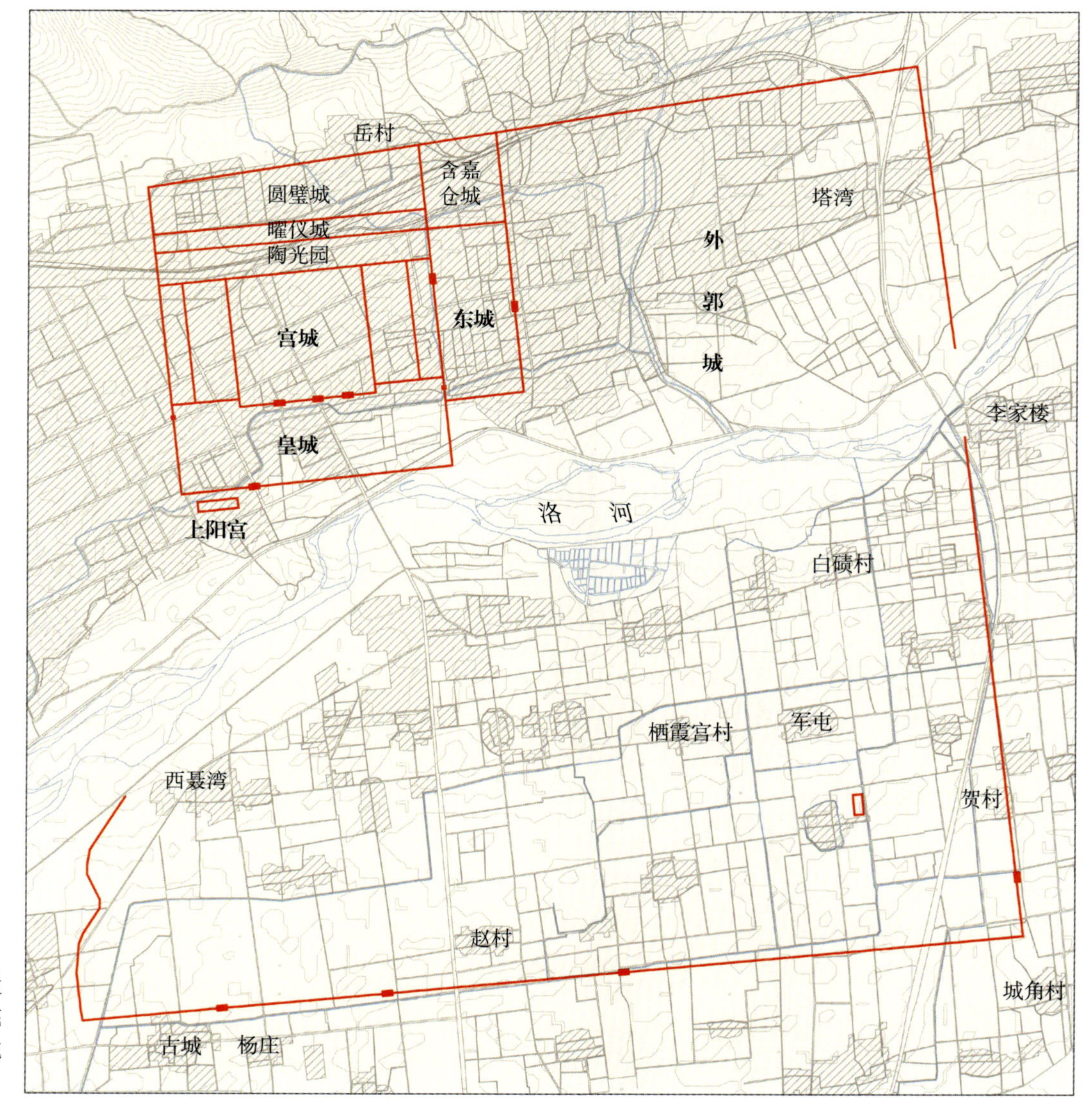

图5-1 隋唐洛阳城遗址地形图（底图根据1966年航片绘制）

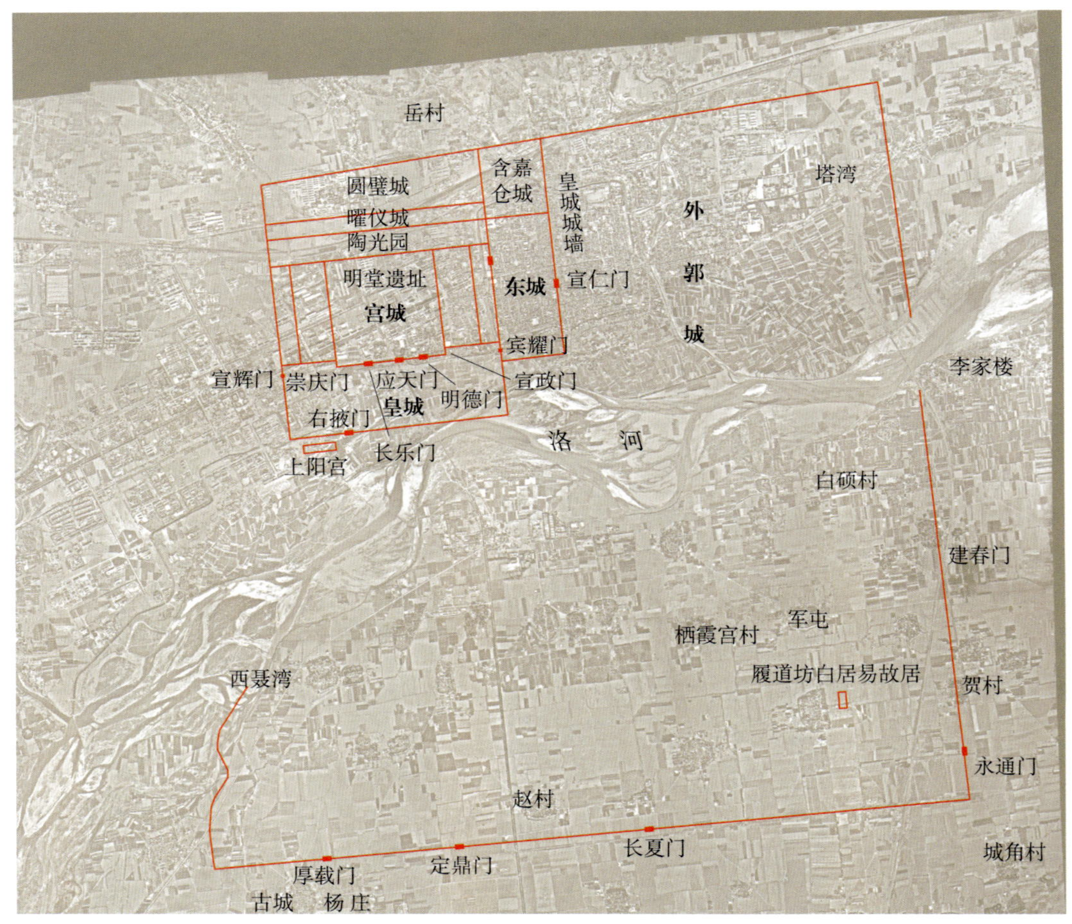

图 5-2　隋唐洛阳城遗址航摄影像（1966 年）

隋大业元年（605 年）三月，隋炀帝命尚书令杨素为营作大监，纳言杨达、将做大匠宇文恺为副监，每月役丁二百万人，大规模营建东都。“发大江之南五岭以北奇材异石，输之洛阳，又求海内嘉木异草，珍禽奇兽，以实园苑”[2]。大业二年（606 年）东都建成，隋炀帝于当年四月“自伊阙，陈法驾，备千乘万骑，入于东京”，六宫、百官及眷属等大批贵族也接踵迁居洛阳[3]，洛阳城成为隋王朝政治、经济、文化的中心。此为隋唐洛阳城之始。

唐初废隋东都之名，到唐太宗贞观元年（627 年）称之为“洛阳宫”。唐太宗两次下令修葺，四次来洛处理内政及对外事务，在这里居住近两年。唐高宗显庆二年（657 年）夏，改洛阳宫为东都，高宗往来于东都、长安，称两京为“东西二宅”，其晚

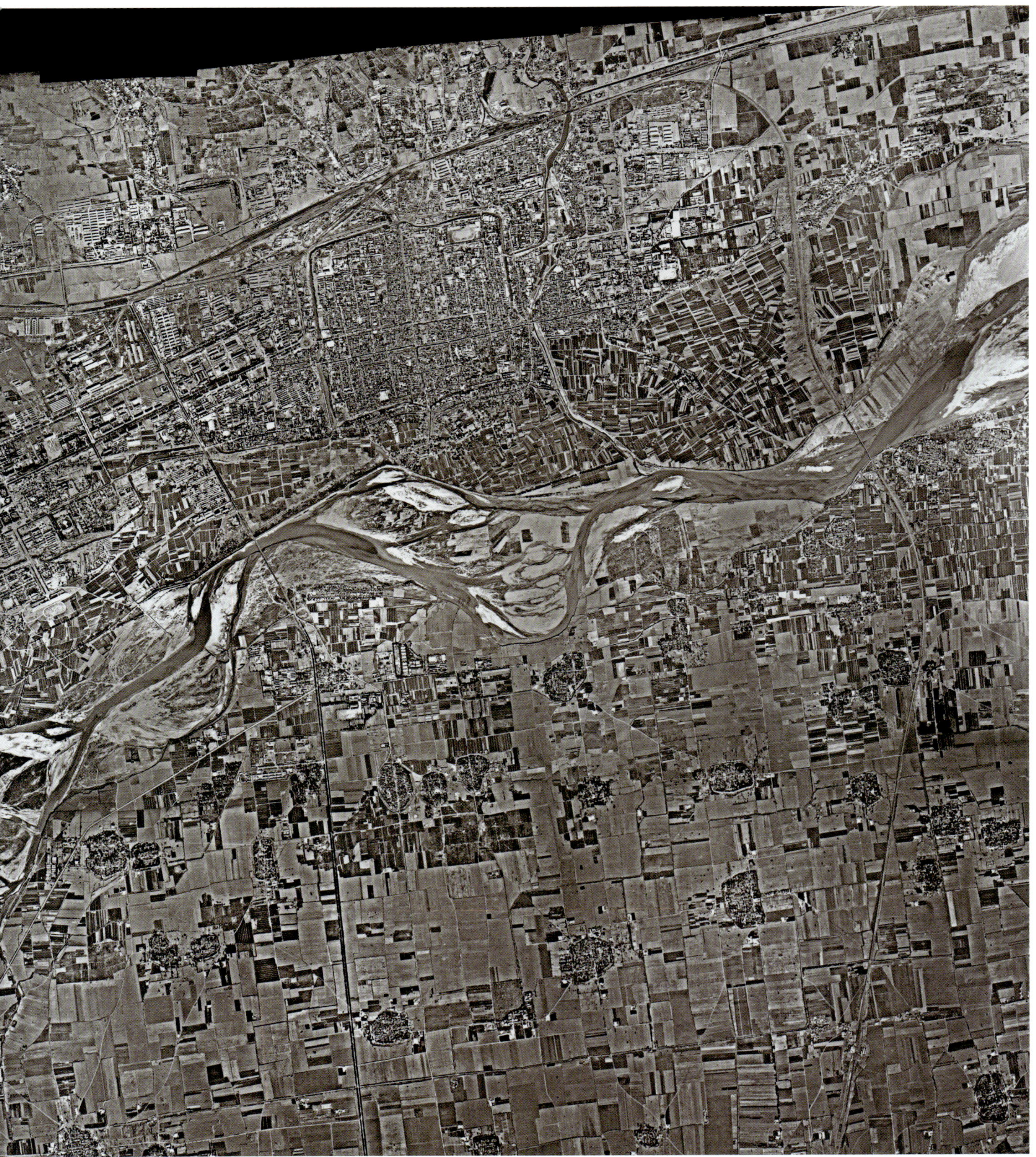

年则久居上阳宫听政。武后于光宅元年（684 年）改东都为神都。天授元年（690 年）武则天正式称帝，改唐为周，即以神都为周都，并“徙关外雍、同等七州户数十万，以实洛阳”[4]，使洛阳人口超过百万之众，成为当时世界上最大的都城和国际贸易中心。武则天在洛阳执掌朝政长达 40 余年。中宗复位后，仍改神都为东都。唐玄宗多次行幸洛阳，称两都为“东西两宫”。五代时期，梁、唐、晋都城仍居于洛，分别名之为“西都”、“洛京”和“西京”。北宋时以洛阳为西京，用隋唐旧城，仍为当时全国的经济和文化中心，并有着盛极一时的园林建筑。北宋末年，该城毁于战火。隋唐洛阳城存在的年代，先后长达 500 余年。

1954 年春以北京大学历史系阎文儒教授为首的调查发掘团对洛阳隋唐城进行了首次考古勘察，初步掌握了隋唐洛阳城外郭城的形制和范围，宫城、皇城以及一些城门的位置等。此后中国科学院考古研究所（1978 年后为中国社会科学院考古研究所）、洛阳博物馆、洛阳市文物考古研究院等单位在此进行了长期系统的考古调查和发掘工作，对洛阳隋唐城遗址有了更加全面、深入的认识。

隋唐洛阳城遗址平面大致呈不规整的长方形，由外郭城、皇城、东城、含嘉仓城、宫城及其附属的曜仪城、圆璧城、陶光园等组成。除外郭城的里坊外，其他诸城均偏居于城址的西北部（图 5–2、5–3）。

二　外郭城

隋称罗城，平面呈不规则的梯形，南宽北窄，城垣东北角在今唐寺闸，东南角在城角村，西北角在苗沟村东南，西南角在古城村西。占地面积 47 平方千米。

1. 城墙

南墙东端自城角村北向西延伸经铁匠村北、杨庄北、古城村西，长约 7290 米；东墙由城角村北侧起向北经贺村东侧、李楼村东，穿塔湾村至唐寺闸村西南角，长约 7312 米；北墙东起唐寺闸村向西经洛阳东站北侧、岳家村北至苗家沟东南，长约 6138 米；西墙北自苗家沟东南向南经午门屯，穿中州路经天仙庙北侧，其南端由古城村西向北，稍呈弧形至聂湾村西，长约 6776 米[5]。计周长 27516 米。

城墙墙体大多掩埋于地下，仅北墙和西墙的局部地面可存。其中道北春都路北侧洛阳储运仓库和家具总厂院内所残存的一段北墙残长 1000 米，残高 3 ~ 4 米，版筑坚实，夯层清晰，墙体厚达 10 米左右（图 5–2 ~ 5–4）。

南墙经局部发掘，墙体残存厚度 1.4、宽 4.7 ~ 5.5 米，夯层厚 0.06 ~ 0.15 米。墙体下基槽呈上宽下窄的等腰梯形[6]（图 5–4）。

西墙以西曾发现壕沟，南北走向，沟宽 13、深 2.5 米，可能为护城壕[7]。

2. 城门

外郭城城门共 8 座，主要分布在南、北、东三面城垣上。西垣未发现城门。

定鼎门　隋称建国门，是外郭城南面正门。遗址位于洛河南岸曹屯村和赵村之间。定鼎门基址由含沙量较大的黄褐色土夯筑而成，地面上是一组由平面呈长方形的墩台、三个门道、两道隔墙、东西飞廊、东西两阙和左右马道、东西涵道等组成的建筑群，整个门址东西长 445 米，南北宽 21.04 米。该门自隋、唐、五代一直沿用至北宋末年。在城门外大道上发现大量骆驼蹄印等人畜遗留痕迹[8]（图 5–5 ~ 5–7）。

长夏门　在定鼎门东 2255 米处，距外郭城东南角 2830 米。古洛渠从门中部穿过，其西部已被支渠破坏。门址宽 30.5 米，进深 18.5 米，城门有三个门道，各宽约 7.5 米，门道间隔墙各宽约 4 米。门外发现道路[9]（图 5–8）。

厚载门　隋称白虎门，位于定鼎门西 1060 米处，被古洛渠水闸破坏，门址全部陷于水塘中。门址的形制与结构已无法了解。1960 年在水塘东南边缘曾出土基石两排，间距 5.45 米，疑为门道的宽度[10]。

上东门　隋称上春门，是郭城东面最北边的一门，门址由于洛水冲刷已无踪迹可寻。按文献上记载的位置应在距东北角以南约 1310 米的地方，即今塔湾村附近。

建春门　隋称建阳门，是郭城东垣的中门。遗址压在今李楼村新村和老村之间的铁路之下，为三门道结构，墩台外侧包砌青石，门道内路土堆积厚达 1 米以上，大致可分为隋唐、五代北宋、金元至明清等三期[11]。

永通门　是隋唐东都城郭城东垣最南之门。遗址位于今李楼乡贺村南约 200 米处。为三门道结构，平面呈长方形，南北长 21.75 米，东西残宽 13 米，两壁及隔墙夯土残高约 0.7 米。门洞内路土面上清理出车辙痕迹，两股车辙的中心间距约为 1.25 米；门址中部三个门道之间清理出两道东西向夯土隔墙，皆宽 3.6 米；在门址附近发掘出郭城东顺城街残宽 31 米，永通门街残宽 31 米[12]。

外郭城北面的徽安门与安喜门具体位置目前尚未找到。

3. 里坊与市

外郭城内由纵横街道组成里坊区，形成棋盘式格局。城内里坊现已勘探出洛河以

图 5-3　隋唐洛阳城遗址航摄影像（1979 年）

图 5-4　隋唐洛阳城北城墙

图 5-5　隋唐洛阳城定鼎门遗址全景

图 5-6　隋唐洛阳城定鼎门西门道遗址

图 5-7　隋唐洛阳城定鼎门门外道

图 5-8　隋唐洛阳城长夏门外街遗址路土

南五十五坊，洛河以北九坊，据钻探的情况并结合文献记载，可大致复原出洛河南区的 81 坊 2 市、洛河北区的 28 坊 1 市，总计为 109 坊 3 市（图 5–9）。已进行过考古调查和发掘工作的有明教坊、修业坊、恭安坊、温柔坊、崇让坊、思恭坊、履道坊等。这些里坊平面近方形，东西长 500 ~ 580 米，南北宽 530 ~ 560 米之间，四周有坊墙，坊内多有东西向和南北向大路各一条，相交形成十字街[13]。

白居易故居遗址是迄今发掘的里坊遗址中最重要的发现。遗址位于外郭城东南部履道坊内，即今洛阳市郊狮子桥村东北约 150 米处。该遗址为庭院式建筑，南有门房，

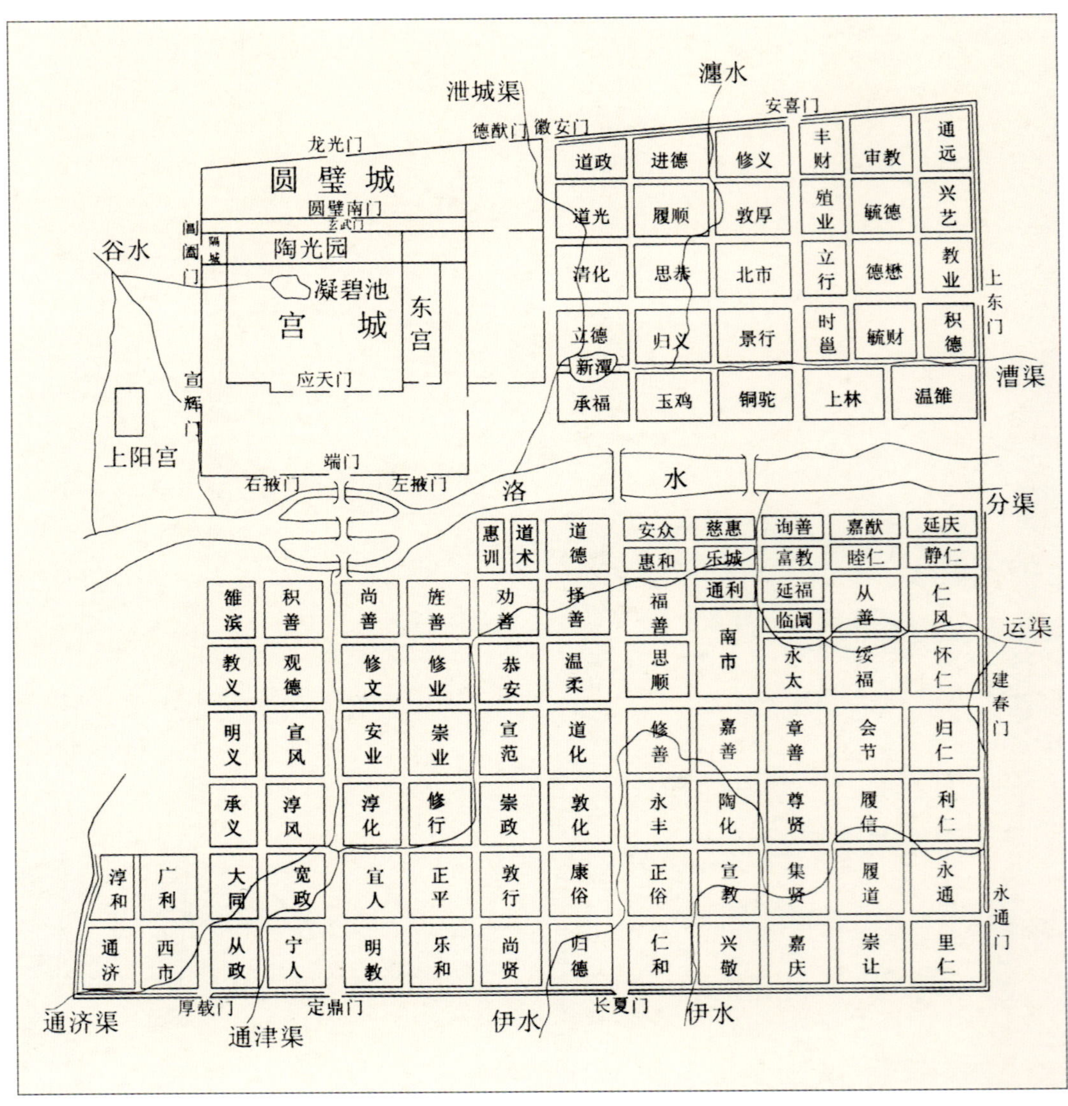

图 5–9 隋唐洛阳城里坊复原图

图 5-10　白居易故居遗址航摄影像（由中国社会科学院考古研究所洛阳唐城队提供）

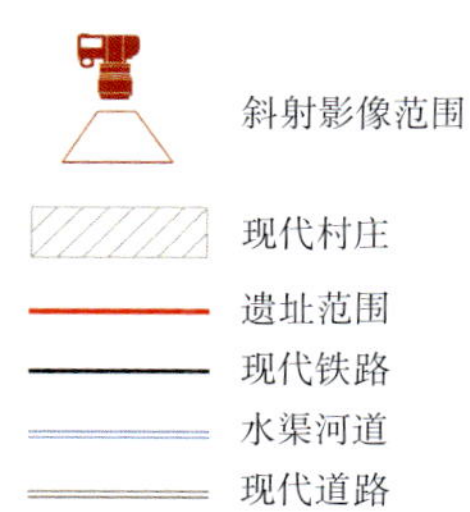

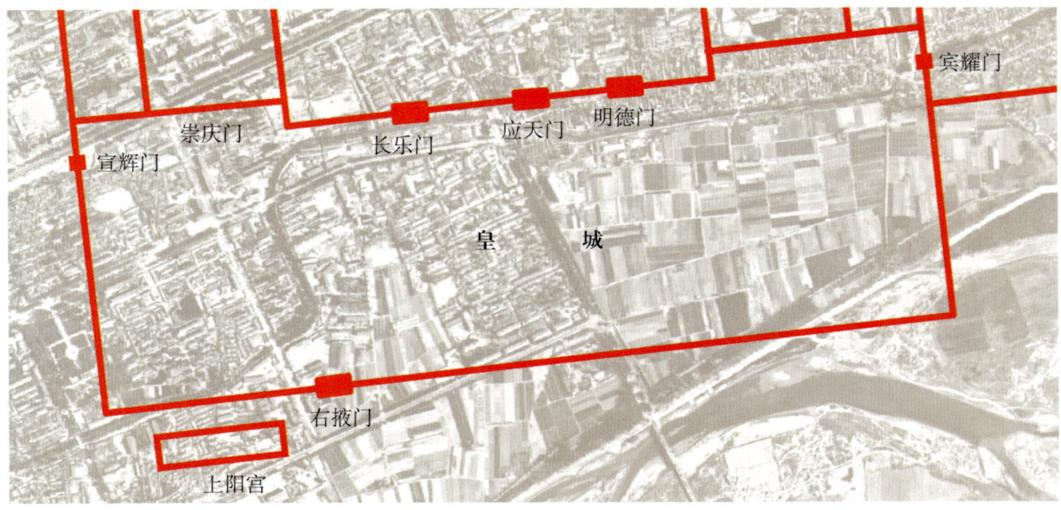
宾耀门
崇庆门
长乐门
应天门
明德门
宣辉门
皇 城
右掖门
上阳宫

图 5-11　隋唐洛阳城皇城航摄影像（1979 年）

中有厅堂，东西有厢房、回廊，北有上房，是前后庭院的两进式院落。遗址西侧发现有两条东西并行的水渠，宽 9.2 ~ 11 米，发掘长度 128 米。两条渠道在履道坊西北隅汇合后折而东去。院里的厅堂平面大致呈方形，东西长 5.5 米，南北宽 5.8 米，东西两端通过回廊向北与东西厢房相连。厢房东西对称，其北各连回廊。自万堂南侧散水往南为白氏宅院的门房遗址，东西总长 5.9 米，南北宽 1.45 米，与万堂南北对峙，基本上处于同一轴线上[14]（图 5-10）。

修业坊遗址位于洛阳师范学院东南隅，1999 年曾发掘了该坊东墙的一段[15]。

思恭坊位于洛北里坊区，遗址地处民族路 19 号，2001 年发掘出由四面砖墙、散水、廊道、夯土墙等构成的民用建筑[16]。

隋唐洛阳城里坊内设有三市，即隋时的丰都、大同、通远三个繁华商业市场。唐时略有变动，改丰都为南市，并缩小半个坊；改通远为北市，并迁移到临德坊；改大同为西市，迁移到固本坊。史载三市内店铺林立，珍货山居，胡商济济。漕渠上“天下舟船之所集，常万余艘，填满河洛”，“商贩贸易，车马填塞”，显示了当时工商繁盛的景观。北市位于今洛阳老城东关外，遗址为现代建筑所压；西市位于郭城西南角、厚载门街之西侧；南市为三市中规模最大的市场，遗址位于今洛阳市安乐镇曙光村、菇凹村一带（见图 5-2、5-3、5-9）。

三　皇　城

又名太微城。位于郭城西北隅（图 5-11）。

1. 城墙

皇城东、西、南三面皆有城墙，北面与宫城共用一道城墙。西墙从郭城西北角向南 865 米起，穿过午门屯，跨过中州路东折，全长 1670 米，墙宽约 10 米。经调查，城墙两侧皆有用砖包砌的痕迹。南墙东段遭洛河冲刷，已破坏无存，西段残存长约 540

米，宽约 11 米，保存尚好。东墙南段遭破坏，北段保存较好，残长约 270 米[17]。

2. 城门

皇城共有 6 座城门。经勘察保存稍好的有右掖门和宾耀门遗址。

右掖门位于皇城南墙西部，为一门三道，门址宽 24 米，每个门道各宽 6 米，两堵隔墙各宽 3 米，城门残高 2.15 米。在东门道东壁下保存有 13 块 1 米见方的柱础石，柱础石上还有砌筑砖壁的痕迹，砖壁间留有凹槽以嵌立木柱。由此看来，该门是用 13 根立柱起架，立柱上架过梁，其上盖筑门楼的建筑形式。门道西壁柱础石已不存，仅留下柱础石之间的夯土痕迹。柱础石下面还有石墩（即基石）。门扉在门道中央，门向内开启。在最中间的柱础石处有结构完整的门框石、门砧。石门槛下面平铺三方石板，石板上和左右门道内均有车辙印痕，宽 1.25 米。中门道破坏严重[18]（图 5–12）。

宾耀门隋称东太阳门，位于皇城东墙南部，距东北角 1115 米，门址压在今洛阳老城西南角下，为单门道结构。门道内发现地石、车道石和路土遗迹等[19]。

宣辉门位于皇城西墙南部，与东墙的宾耀门相对应。其南部还有丽景门[20]。

皇城南面的中门为端门，端门和其东边的左掖门已随城垣的毁没而无存。

四　宫城

又名紫微城、太初宫。位于城西北隅地势高亢处，套居皇城之北（图 5–13）。

1. 城墙

宫城平面近方形，东墙长约 1275 米，西墙长约 1270 米，北墙长约 1400 米，南墙中段向南突出呈“凸”字形，长约 1710 米[21]。

2. 城门

宫城各门自隋至宋，除东面城门未经变动外，其余三面城门数量屡有增减。其中，比较重要的有应天门、长乐门、明德门、嘉豫门、崇庆门、宣政门、龙光门、洛城西门等。此外，宫城内还有几座隔门，如乾元门、玄武门、圆壁城南门等。

应天门为宫城南面正门，隋称则天门，位于周公庙与洛阳日报社之间，门址中部被定鼎南路所覆压，为三门道结构。门址的东西两侧向南突出巨大的双阙，保留长度 45 米，两阙相距 83 米，整个平面呈“凹”字形。在该门址东西两侧发掘清理出朵楼、朵楼与阙楼之间的廊庑等遗迹。连接朵楼与阙楼之间的廊庑长 38、宽约 11、残高 4 米，

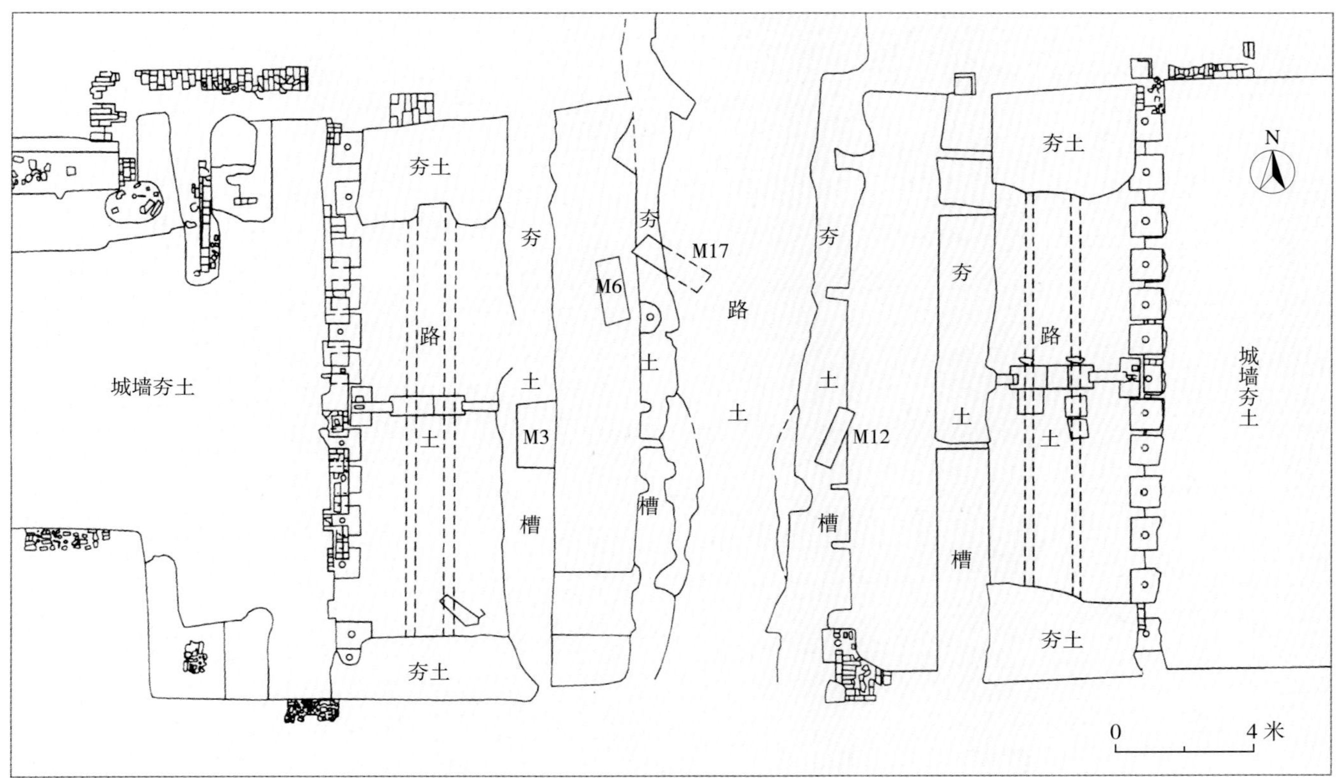

图 5-12 隋唐洛阳城右掖门遗址发掘平面图

为夯土基础，两侧分布有整齐的柱洞，洞外侧砌有青条石基础，基石之间以铁细腰相连，基石外铺设有石散水，所用石料皆精心凿磨，方平规整。阙楼基址东西残长 32.5 米，南北残宽 5 米，南部被中州渠破坏。城门墩台仅揭露了东侧一部分，外侧亦为石构建筑，向东有廊庑与朵楼相接[22]（图 5-14）。

长乐门是宫城南垣西门，位于应天门遗址西约 300 米处。门址主体部分在现今长乐街下，部分遗迹在长乐街小学东墙之内。门址为三门道，门道两侧皆有登城的马道[23]。

明德门为宫城南墙应天门东边之门，西距应天门约 300 米，在今洛阳老城五贤街 6 号居民院内，门址为三门道，每个门洞宽约 4 ~ 4.5 米[24]。

玄武门为宫城北面之正门，南对应天门，北对圆璧城南门，处于宫城的南北中轴线上。据钻探，门址宽约 6 米，为单门道结构[25]。

嘉豫门位于宫城西墙中段，西通夹城，是宫城西向最为重要的通道。为单门道结构，墩台外侧砌青石，建筑规格较高[26]。

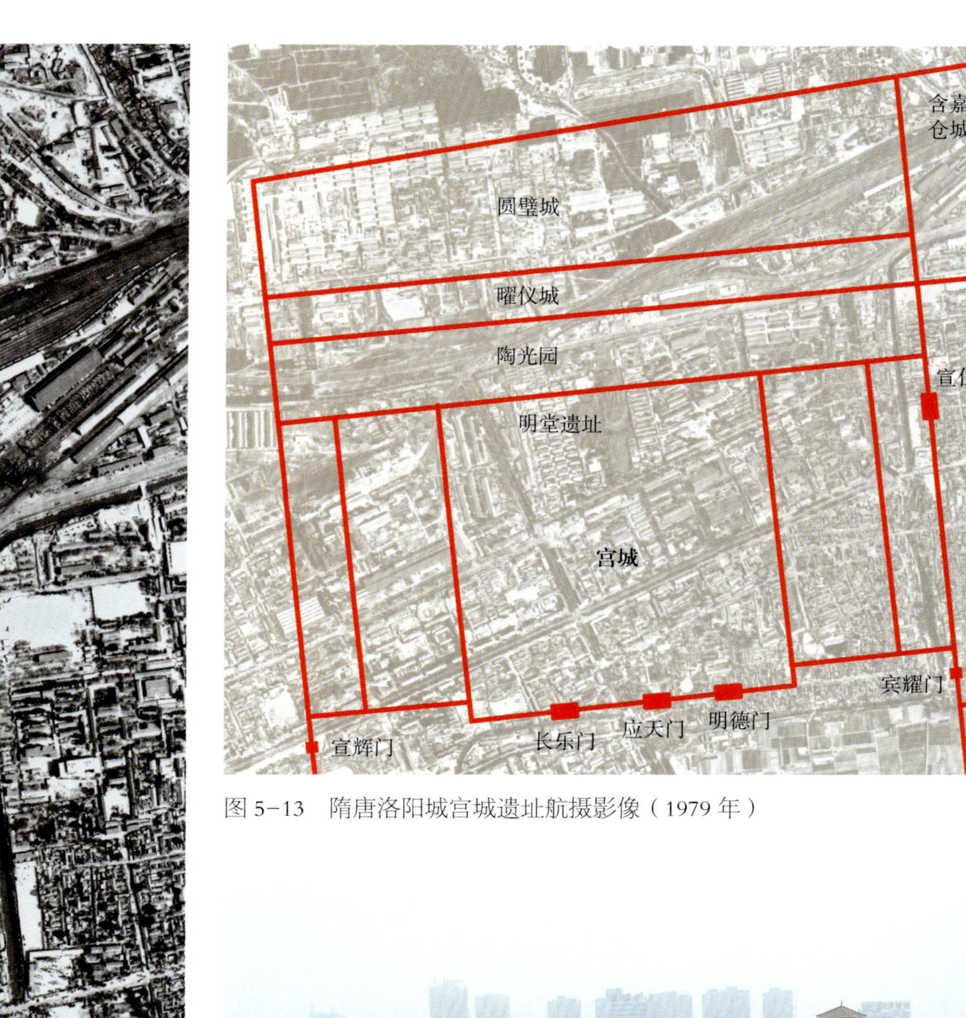

图 5-13　隋唐洛阳城宫城遗址航摄影像（1979 年）

图 5-14　隋唐洛阳城应天门西阙遗址

崇庆门位于宫城南垣西半部拐角的南北城墙中部，居长乐门之西，今洛阳市第三中学足球场西部，坐东朝西，与宣政门东西相对。城门基址埋于今地表以下深约0.4米处。门洞南北阔4.8、进深10.3米，为单门道结构[27]。

宣政门与崇庆门东西相对，坐西向东，为宫城南垣东半部拐角之门，居明德门之东，在今洛阳市豫通街小学院内西侧，为单门洞结构，东西进深同于宫城南垣厚度，约9.5米，南北面阔6米[28]。

洛城西门为宫城西墙南部之门，距南墙约80米，在今洛阳玻璃厂中学门口东侧宿舍楼西部，门址为楼房所覆压，仅在其东西两侧发现有路土[29]。

乾元门为宫城内重要的隔门之一，南距应天门遗址约234米，位于中州路与定鼎路相交的东南角、洛阳市建筑公司院内。门址平面颇似侧置“工”字形，主要由墩台、门道、凸台等部分组成，墩台主体部分东西宽约39.8米，南北长约47米，为单门道结构[30]。

圆璧城南门位于宫城正北，南对玄武门、北对龙光门，隋称曜仪门，唐代中期改为圆璧城南门。遗址为单门道结构，城门墩台夯筑，东西残长24.1米，南北宽约19.5米，残厚0.25 ~ 0.4米[31]。

陶光园南门位于陶光园南墙中部，北与玄武门相对，宽约7.5米。该门史无记载，遗址位于洛阳市唐宫路煤厂后院车库下，距地表深1.7米[32]。

龙光门位于圆璧城北墙的中央部位，距城西北角1050米，在今洛阳烧沟大路西侧。为单门道结构，门址宽6.5米。

3. 宫城内的重要建筑遗址

隋代宫城内宫殿巍峨，富丽堂皇，至唐代“宫内别殿台馆三十五所”[33]，可见当时宫城内建筑豪华。当时宫内主要宫殿有乾元殿、紫宸殿、武成殿、集贤殿等。乾元殿为宫中正殿，于唐高宗麟德二年（665年）三月建成，位置在应天门北乾元门内，左右有万春、千秋门，殿后有紫宸殿。曾几经兴废，几易其名。武则天于垂拱四年（688年）在乾元殿的基址上建明堂，又称万象神宫，高二百九十四尺，方三百尺，中有十围粗的巨木，上下通贯，作为整个建筑的总柱，各种结构都是依该巨木为根本。其后，武则天又在明堂北造天堂，以贮大佛像。这些从遗址的建筑规模和出土的建筑材料上都可得到证实（图5–15）。

目前，宫城范围内经数十次较大规模考古发掘工作，相继发现各类宫苑建筑基址

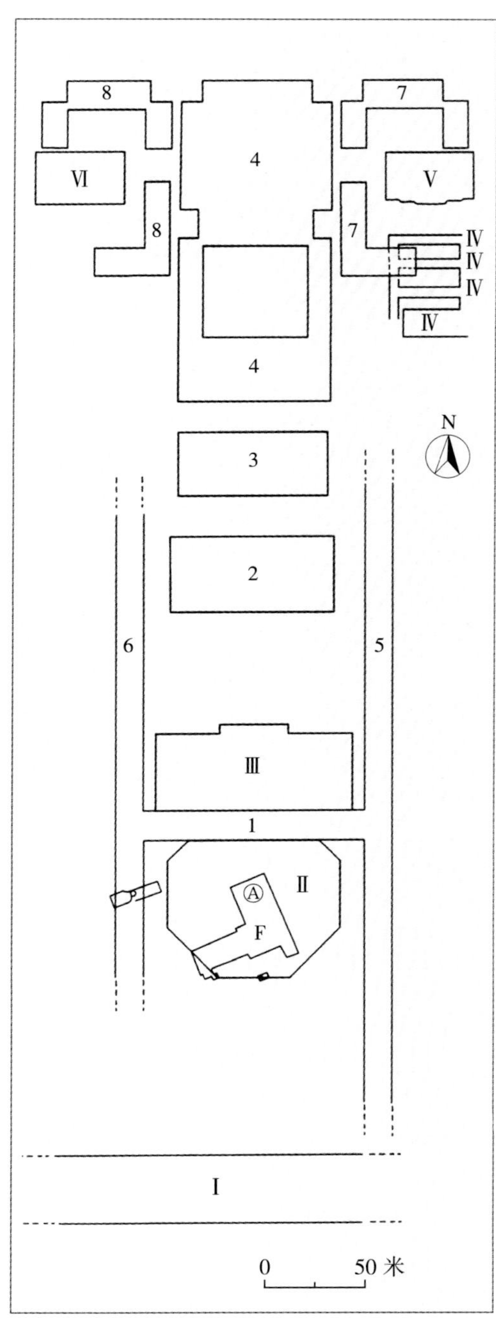

图 5-15　隋唐洛阳城宫城中轴线上夯土台基钻探位置平面图（Ⅰ～Ⅵ为唐代，1～8 为宋代）

200 余处。从应天门至玄武门之间的宫城中轴线上已勘察出 6 片大的殿基，其中最重要的是明堂和天堂遗址。

明堂遗址位于中州路与定鼎路相交的东北角，市公交公司和洛阳市印刷厂院内。南距乾元门遗址约 135 米。遗址为深浅厚度不同的夯土殿基，殿基呈多边形，东西长约 85 米。主要为红褐色夯土，现揭露出来的部分东西长约 54.7 米，南北宽约 45.7 米。从发掘出的西南角夯边测量，得知两边的夹角为 45°，结合钻探资料，整个殿基应为八边形。在夯土殿基的中心位置，发现一圆形大柱坑，坑口直径 9.8 米，自口至底逐渐内收，底径 6.16 米，距夯土面 4.06 米。坑底为四块大青石构成的巨型柱础，每块青石长 2.4、宽 2.3 米左右，厚约 1.5 米。柱坑底部周围有砖砌之八角形短墙[34]（图 5-16、5-17）。

天堂遗址位于定鼎北路与唐宫东路交叉路口的东侧，东距宫城中轴线约 50 米，北部被唐宫东路所覆盖。其东南距明堂遗址约 50 米。基址为圆形台式建筑，夯土筑成，直径 65.8 米，周围用青石包砌。在台基面上有布局整齐的柱基石和“中心坑”。全部柱基石以“中心坑”为圆心分两圈环形向外排列。内圈一周为 12 组，外圈一周共 20 组，内、外组中每组柱基石间距均为 4 米。内圈柱基与“中心坑”内壁距离为 6 米。“中心坑”位于台基中心，直径 14.8 米，现存深度 2.5 米，平底，底径 13.8 米，夯土筑成。周壁全部用大型特制的青石砌筑，表面石缝整齐严密，中间有一周二层台，宽 0.5 米。底部中心是一个用 3 块同样规格的条形石块组成的大型柱础石，在柱础石中心有一个直径 0.32 米的竖穴式柱榫洞，深 0.3 米。柱础石表面有一个以榫洞为中心的阴刻圆圈，直径 0.89 米，圈外表面涂红色[35]（图 5-18 ～ 5-20）。

九洲池是宫城内重要的池苑之一，遗址位于宫城的西北部，陶光园南 250 米处，今洛阳玻璃集团股份有限公司院内，现已探明的范围东西长约 205 米，南北宽约 130 米。池北面东西两

图 5-16　隋唐洛阳城明堂遗址

图 5-17　隋唐洛阳城明堂遗址中心柱柱坑

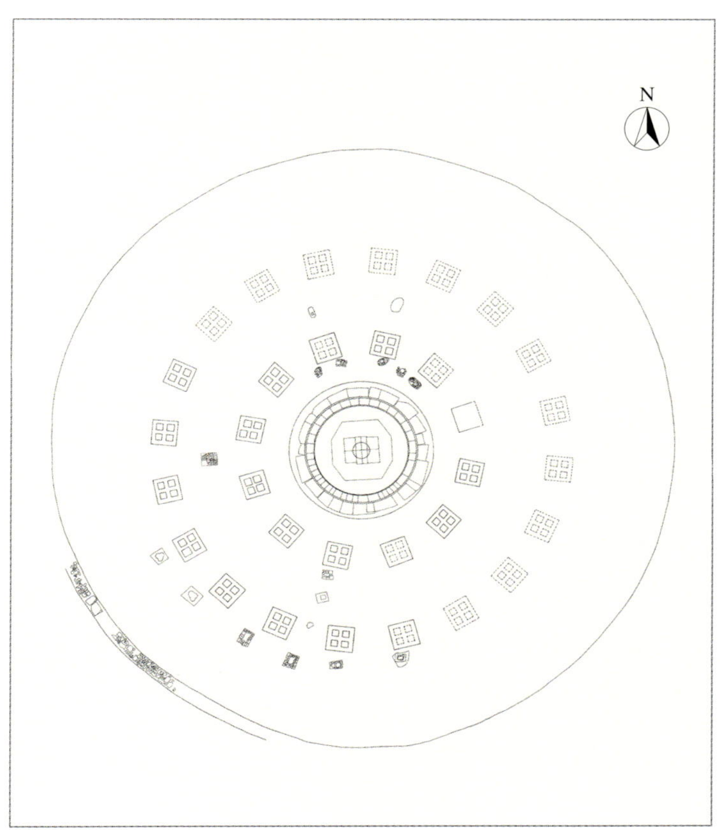

图 5-18　1979 年发掘隋唐洛阳城天堂遗址平面图

图 5-19　隋唐洛阳城天堂中心圆形建筑基址

图 5-20　隋唐洛阳城天堂遗址

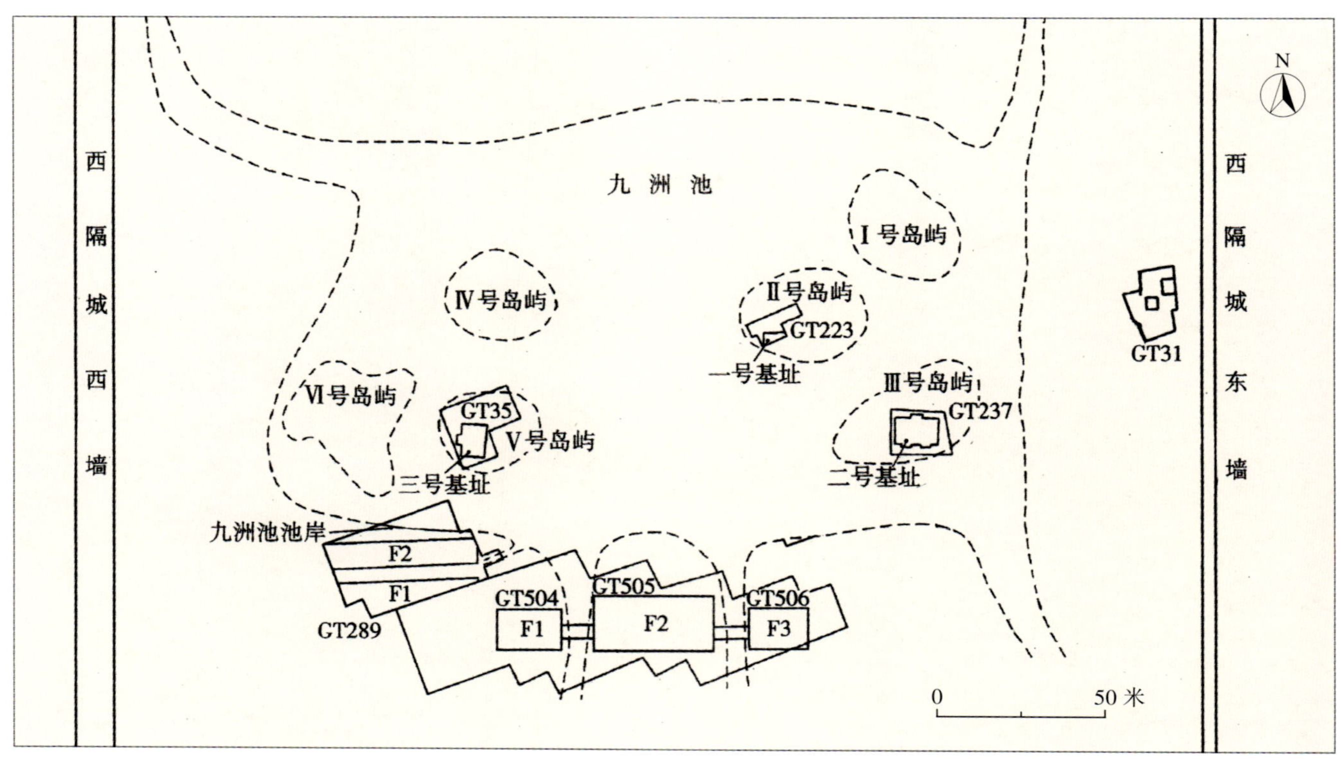

图 5-21　隋唐洛阳城九洲池岛及建筑遗迹探方分布图
（据《隋唐洛阳城 1959 ~ 2001 年考古发掘报告》图 6-64 改绘）

侧各有一条宽约 5 米的渠道向北延伸，至陶光园南墙附近向内折，相交处被晚期淤土破坏。南面东南角也有一条渠道遗迹，可能是九洲池的出水口。在九洲池现有范围内，已探出 6 座小岛[36]（图 5-21），均为生土台基，岛呈椭圆形或近圆形，直径 23 ~ 50 米之间。其中 3 座岛上分别发现亭台建筑基址各一处。1 号亭台建筑基址位于西部居中的Ⅱ号岛上，仅残存西北一角，其余被铁路破坏。基址夯筑而成，夯土厚 0.5 米。基址外侧用长方形小砖包边，包边砖残留两层。基址面上残留柱坑 4 个，柱石 3 块。2 号亭台建筑基址位于东南部的Ⅲ号岛上，为一座坐北向南的长方形建筑，东西长 11.4 米，南北宽 8.58 米。基址经夯筑，夯土台基四周用长方形小砖包砌，单砌横放。这处基址保存比较完整（图 5-22）。3 号亭台建筑基址位于西南部的Ⅴ号岛上，为坐东向西的长方形建筑，南北长 9.72 米，东西宽 6.74 米。四面均灰砖包边，西边有阶梯式踏步。以上 3 座亭台建筑基址虽然保存状况不甚一致，但从其建筑结构、规模和建造技术上看可以确定为同一时期的建筑，形制也应大致相似，当属于唐代园林

图 5-22　隋唐洛阳城九洲池 2 号亭台建筑基址

建筑中的亭台遗迹[37]。

据《唐两京城坊考》记载，九洲池，其池屈曲，象东海之九洲，居地十顷，水深丈余，鸟鱼翔泳，花卉罗植。池之洲，殿曰瑶光，亭曰琉璃，观曰一柱。环池还建有花光院、山斋院、翔龙院、神居院、仙居院等。近几年来考古工作探明的九洲池面貌，与文献记载基本吻合。

九洲池畔的西南侧，发现一处大型廊房建筑，遗址北距九洲池 7 米左右。位于洛阳玻璃厂原平板车间成品库的西部。廊房呈东西向，南北两排并列，其间以砖砌甬道相连，西端被现代建筑所压，尚未到边。在发掘范围内，南排廊房东西长 43.5、宽 6.25 米，北侧砌有包边砖及散水，残存柱石 7 块，柱坑 2 个（图 5-23）。据文献记载，环绕九洲池

图 5-23 隋唐洛阳城九洲池畔廊房建筑遗址

建有多座庭院，这一建筑遗址的发现，为我们进一步研究九洲池及其周围的建筑布局提供了新的资料[38]。

五 东城

东城位于皇城之东的南半部，北与含嘉仓城相临，郭城洛北里坊区之西。平面呈长方形，为隋唐洛阳城的城中之城（图 5-24）。曾驻有尚书省、军器监、少府监、大理寺等重要机构。遗址位于今老城南、北大街西侧。近年来的考古工作先后在东城发现唐代宣仁门遗址、瓷器窖藏和官署建筑遗迹、宋代衙署门址等。

1. 城墙

东墙长 1270 米，位于今老城南、北大街西侧，北与含嘉仓城东墙相连；北墙（即含嘉仓城的南墙）长 620 米[39]，压在现洛阳老城北墙之下，残存最高约 6.5 米；西墙平行于现洛阳老城西墙之西，相距约 25 米；南墙史载“屈曲逐洛水之势”，因遭洛河冲刷，多数遗迹已经无存。

2. 城门

东城有三门，南门承福门，东门宣仁门，北门含嘉门（即含嘉城南门）。承福门未找到，

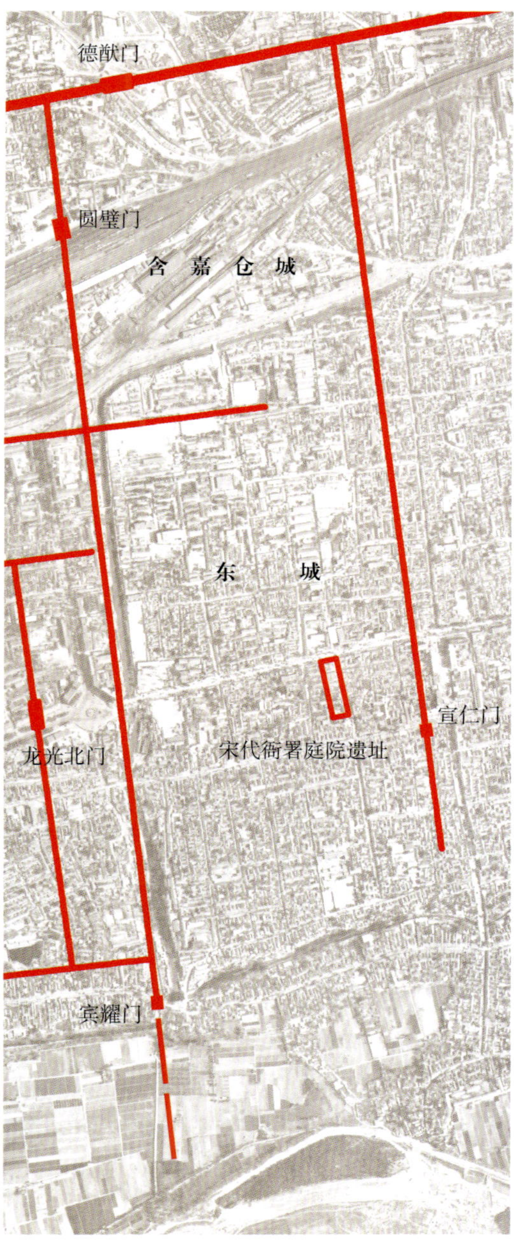

图 5-24　隋唐洛阳城东城、含嘉仓城航摄影像（1979 年）

疑已被洛水冲毁，目前经过正式考古发掘的仅有东城东门宣仁门。

宣仁门位于隋唐城东城东垣上，地处当今洛阳市老城十字街西南角，基址深埋于今地表之下约 2.9 米处。该门始用于隋唐，沿用于五代和宋，金元以后渐废。门址坐西向东，隋唐时期有三个门道，宋代中期仅余中间门道，元以后废。限于客观条件，仅揭露出南门道和中门道西南角。南门道坐在城门底部的整块夯土上，平面呈长方形。门道东西进深 18.32 米，南北宽约 5.36 米[40]（图 5–25）。

3. 北宋衙署庭园遗址

北宋衙署庭园遗址为东城内考古工作的重要发现。遗址发掘面积 2272 平方米，园内殿廊回环，亭榭居中，曲径朱栏，一泓碧水；砖石道路，四下相连；明暗水道，交互相通；亭、路、楼、池有机结合在一起，布局和谐严谨，虽历经沧桑，但仍能显现宋代园林的典雅风韵。此遗址的发掘为研究宋代造园设计规划原则和园林建筑技术提供了珍贵的实物资料[41]（图 5–26）。

六　含嘉城

又称含嘉仓城，位于皇城之东的北半部，南与东城相临，在郭城洛北里坊区之西，是隋唐时期重要的国家粮仓。含嘉仓城平面呈长方形，四面筑有夯土墙，东墙与东城东墙相连，长 765 米，西墙北起岳家村东北角，向南至洛阳旧城西北角，长 725 米。仓城内有东西向和南北向大路各一条，分别宽 12、10 米，将仓城分成四个部分。仓城西北部是一片无窖区，南北长约 300 米，东西宽约 200 米，推测为管理机构所在地[42]。

1. 城门

含嘉城文献载有三门，南垣含嘉门，北垣德猷门，西垣中部有圆璧门；另据刻铭砖所记，含嘉城还有东门和仓中门。经过正式考古发掘的仅北部的德猷门。德猷门位于含嘉仓城北部偏西，即今驾鸡沟西约 150 米处，与仓城内南北路相对应。为单门洞结构，宽 4.9 米[43]。

2. 仓窖区

位于仓城东北部和南半部，已勘探出粮窖 287 座，东西成排，南北成行。从仓窖的排列情况推测，整座仓城内应有 400 余座仓窖。仓窖是由地面向下挖成口大底小如缸形的土窖，窖口径最大者 18 米，一般为 10 ~ 16 米，最深达 12 米，一般为

图 5-25　隋唐洛阳城宣仁门遗址

图 5-26　宋代衙署庭园遗址

7～9米，窖底和周壁经防潮处理，储粮后上部铺席、堆糠、垫草，然后用土密封。从已发掘的仓窖中出土有刻录文字的方形砖，称为“刻铭砖”。刻铭砖正面平整，背面有绳纹，内容记载粮窖所在的位置、诸粮来源、入窖年月及管理人员的官职姓名等，亦即《旧唐书·职官三》记载的“凡凿窖置屋，皆铭砖为瘐斛之数与其年月日、受领粟官吏姓名”。刻铭砖所记年号，大多是唐高宗、武则天和唐玄宗时期的，计有调露、天授、长寿、圣历、开元等，粮食品种有糙米、粟和小豆等，其来源有苏州（今江苏苏州）、越州（今浙江绍兴）、徐州（今江苏徐州）、楚州（今江苏淮安）、润州（今江苏镇江）、滁州（今安徽滁县）、随州（今湖北随县）、濮州（今河南濮阳）、德州（今山东陵县）、邢州（今河北邢台）、冀州（今河北冀县）、魏州（河北十大名县东南）等地。《通典·食货典》记载，天宝八年（749年）含嘉仓纳粮五百八十三万三千四百石，约合今2.5亿斤[44]。杜甫诗颂开元盛世：“忆昔开元全盛日，小邑犹藏万家室；稻米流脂粟米白，公私仓廪俱丰实。”东都含嘉仓的储粮可见一斑。含嘉仓160号窖发掘出满窖唐代炭化的粟米遗存，估算当时该窖储粮达50万斤左右[45]。

隋唐时期洛阳仓窖众多，除含嘉仓外较重要的还发现有位于西工区凯旋东路南的子罗仓、位于铁路分局军事供应站的常平仓、位于市东北郊瀍河乡小李村西邙山大渠以南的回洛仓等遗址。均为地下窖，其结构与含嘉仓相似。

七 上阳宫遗址

位于皇城外西南，北距皇城南墙40米，东距皇城右掖门约250米，是高宗与武则天时期重要的宫廷政治活动场所。已发掘的主要有廊房、水榭、水池、假山、砖砌护岸、卵石路面等遗迹。其中水池、卵石路面保存较好[46]（图5-27）。

1. 水池

呈东西向长条形，南北两岸随地势稍有屈曲。已揭露部分东西长53米，南北宽3～5米，底宽1.2～3米，池深1.5米左右。地势西高东低，入水口在水池西侧，用青石砌成，池底经夯打，上铺河卵石。池岸用太湖石叠垒，高低错落。

2. 廊房

水池南北两岸均发现有廊房基址，南岸廊房分东、西两部分。东部廊房位于水池南岸中部，南北走向，南北残长约10.2米，东西宽5.3米。基址北部尚存4个方形磉礅，两两对应。廊之东西两侧有踏步痕迹。西部廊房位于水池南岸偏西部，东与东部廊房连为一体，西部稍有曲折。呈东西向，西、南两侧均遭破坏，东西残长 14.7 米，南北残宽 3.2 米。基址北部发现东西向一排 5 个柱坑，坑底一般垫方砖一块或长条砖两块，其上置方形圆孔柱础石，柱础石 50 厘米见方，厚 25、榫孔直径 12.5 厘米。东西部廊房基址外侧尚存长方形台基包边砖和散水。北岸廊房位于水池北岸西北部，南北走向，东西宽 3.55 米。

3. 水榭

位于水池西部。池面以上部分已不存，仅余池底部分。基础经夯打，上铺方砖和方形石块，东西两侧平铺两根横木，间距 2.5 米。横木断面为半圆形，直径 0.3 米。每根横木两端各有一圆形柱孔，两孔中心间距为 3 米，柱孔直径均为 0.25 米。从水池南北两岸廊房的走向看，当时修建水榭的目的很可能是为了将两岸廊房连接起来，以便于观光。

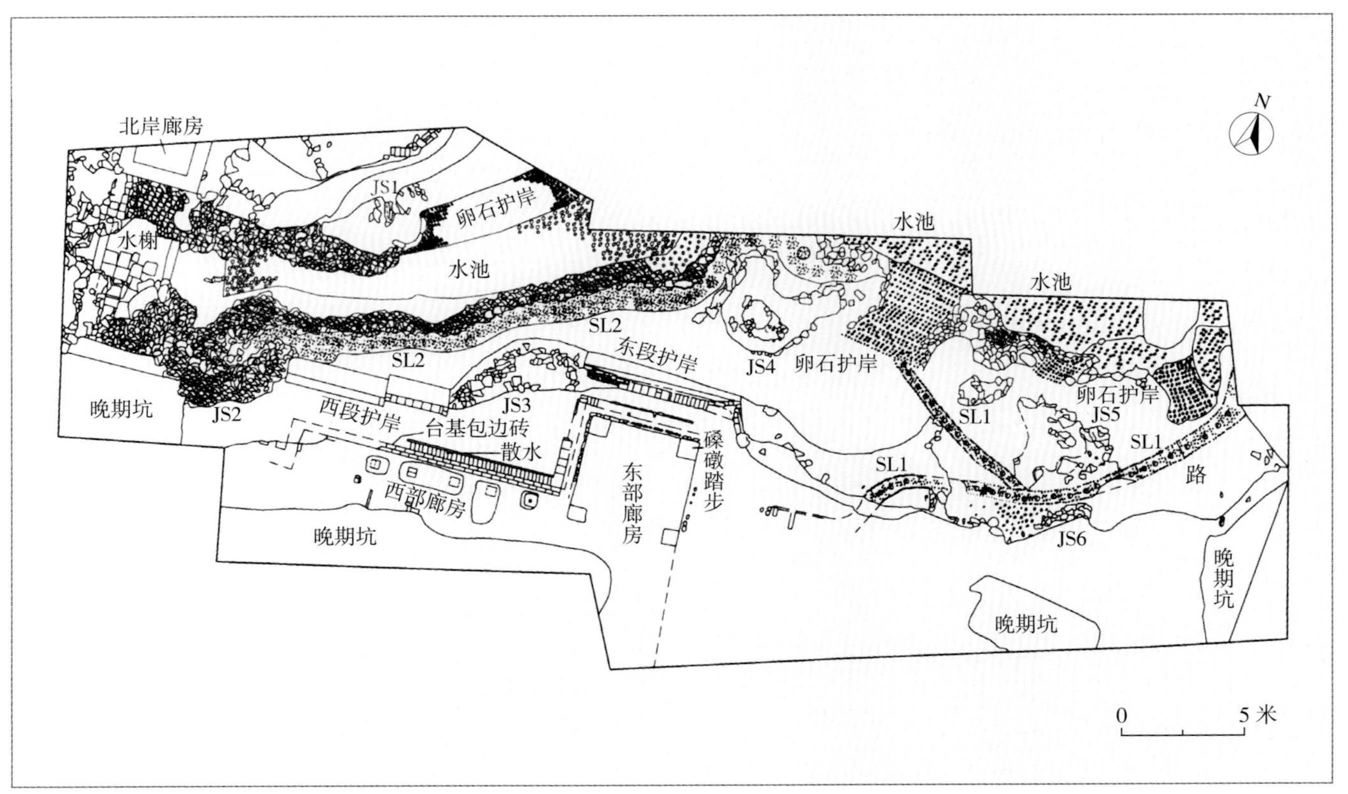

图 5-27　隋唐洛阳城上阳宫园林遗址发掘平面图

4. 卵石路面

水池南还发现两段卵石路面，东段路面以小块卵石铺成，其上各色卵石铺成一组组圆形图案，整齐别致。西段路面以稍大的卵石铺成。

5. 窖穴建筑遗址

遗址东西宽、南北窄，分为上、下两层建筑。一条宽 7.5 ~ 13.5 米的古河道自北向南贯穿遗址东部。遗址的下层建筑建于深约 6.65 米（距现地表深 7.8 米）、口大底小的长方形竖穴之中。穴底面四周放置 16 块大小不一的方形柱础石，在其中央都有直径约 15 厘米的圆洞，各排柱础的圆洞都成直线。穴底面的中心有一条东西向的砖砌沟槽，两端紧贴东、西柱础石，长 10.35、宽 0.15、深 0.35 米。上层建筑已无存。据调查，上层建筑建于遗址的西半部，在距下层建筑底面约 6 米高处发现柱础石 4 方，呈方形

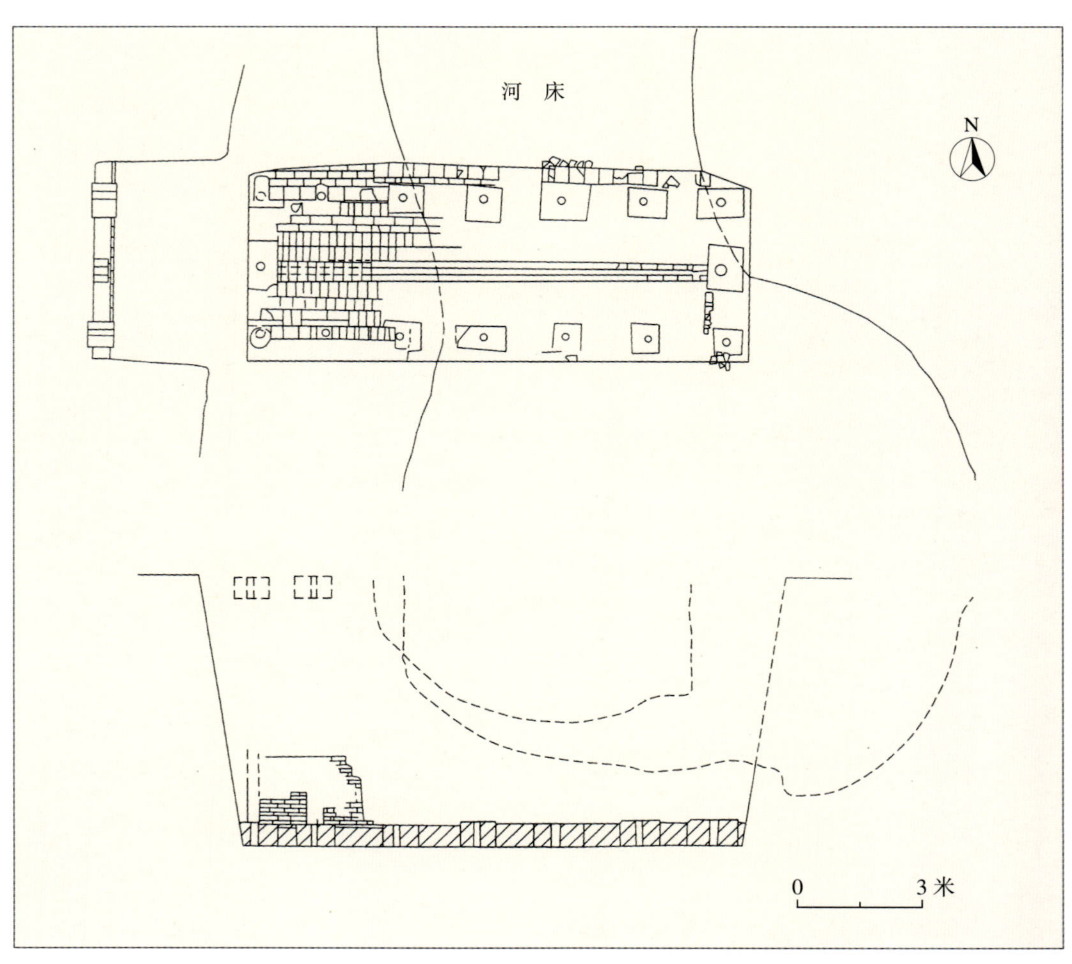

图 5-28 隋唐洛阳城上阳宫窖穴建筑遗址平、剖面图

图 5-29　隋唐洛阳城天津桥遗址

图 5-30　隋唐洛阳城河堤遗址

图 5-31　隋唐洛阳城夜叉磨水利设施遗址

图 5-32　隋唐洛阳城新区唐砖瓦窑遗址

排列，基本与下层建筑最西边的方柱础石相对应。由此推测，上 、下两层建筑应为一个整体，是一个建筑的两部分[47]（图 5-28）。

八　其他重要发现

1. 天津桥与洛河河堤

在今洛阳桥西 150 米处的洛河河床上，发现青石构筑的桥墩基础（图 5-29）。在今洛河桥东的北岸内侧发现两处河堤遗址（图 5-30）。

2. 水利设施

位于洛南新区政和路与永泰路十字路口东南角，洛阳卫生监督疾病防治中心西侧（原夜叉磨村）。由大型石块砌筑而成，平面近长方形，南北两壁中部呈圆弧状向外突出，东西长 41、南北宽 12、高 3.5 米。遗址两侧有两道南北向石墙连接南北两壁。中部有一道东西向的石墙。砌筑的石块一般长 1 ~ 1.6 米，宽与高约 0.5 ~ 0.7 米。整个建筑遗址内布满了鹅卵石，有明显的冲击痕迹（图 5–31）。

3. 烧窑

在隋唐洛阳城内外发现了多处烧制砖瓦的窑群遗址。或三两一组，或成排成列。其筑造方法多为在平地上向下挖一深沟或坑，然后向侧面挖出操作坑、窑门、火膛、窑床、烟孔、烟室等部分。出土器物中绝大多数为建筑构件，说明这些烧窑主要用于洛阳的城市建设[48]（图 5–32）。

注释

［1］《资治通鉴》卷一百九十五注引《唐六典》。

［2］《资治通鉴·隋纪》。

［3］《隋书·炀帝纪》。

［4］《资治通鉴》卷 204《唐纪二十》。

［5］中国科学院考古研究所洛阳发掘队：《隋唐东都城址的勘察和发掘》，《考古》1961 年第 3 期。

［6］洛阳市文物工作队内部资料：《2005 年考古年报》。

［7］洛阳市文物工作队：《1981 年河南洛阳隋唐东都夹城发掘简报》，《中原文物》1983 年第 2 期。

［8］中国社会科学院考古研究所洛阳唐城队、洛阳市文物工作队：《定鼎门遗址发掘报告》，《考古学报》2004 年第 1 期。

［9］~［11］同［5］。

［12］中国社会科学院考古研究所洛阳唐城队、洛阳市文物工作队：《隋唐洛阳城永通门遗址发掘简报》，《考古》1997 年第 12 期。

［13］中国社会科学院考古研究所洛阳工作队：《“隋唐东都城址的勘察和发掘”续记》，《考古》1978 年第 6 期。

［14］中国社会科学院考古研究所洛阳唐城队：《洛阳唐东都履道坊白居易故居发掘简报》，《考古》1994 年第 8 期。

［15］中国考古学会编：《中国考古学年鉴·2000》，文物出版社，2001 年。

［16］中国考古学会编：《中国考古学年鉴·2002》，文物出版社，2003 年。

［17］～［21］同［5］。

［22］同［5］；洛阳市文物工作队：《隋唐东都应天门遗址发掘简报》，《中原文物》1988年第3期。

［23］～［26］同［5］。

［27］中国社会科学院考古研究所洛阳唐城队：《洛阳隋唐东都城1982～1986年考古工作纪要》，《考古》1989年第3期。

［28］同［27］。

［29］同［27］。

［30］中国社会科学院考古研究所洛阳唐城队：《唐东都乾元门遗址发掘简报》，《考古》1994年第8期。

［31］中国社会科学院考古研究所洛阳唐城队：《洛阳唐东都圆璧城南门遗址发掘简报》，《考古》2000年第5期。

［32］同［27］。

［33］《旧唐书·地理志》。

［34］中国社会科学院考古研究所洛阳唐城队：《唐东都武则天明堂遗址发掘简报》，《考古》1988年第3期。

［35］方孝廉：《四十年来洛阳隋唐以降的考古发现与研究》，《洛阳考古四十年》，科学出版社，1996年。

［36］中国社会科学院考古研究所：《隋唐洛阳城1959～2001年考古发掘报告》，文物出版社，2014年。

［37］同［27］。

［38］中国社会科学院考古研究所洛阳唐城队：《1987年隋唐东都城发掘简报》，《考古》1989年第5期。

［39］中国社会科学院考古研究所洛阳工作队：《“隋唐东都城址的勘察和发掘”续记》，《考古》1978年第6期。

［40］中国社会科学院考古研究所洛阳唐城队：《河南洛阳隋唐城宣仁门遗址的发掘》，《考古》2000年第11期。

［41］中国社会科学院考古研究所洛阳唐城队：《洛阳宋代衙署庭园遗址发掘简报》，《考古》1996年第6期。

［42］余扶危、贺官保：《隋唐东都含嘉仓》，文物出版社，1982年；中国社会科学院考古研究所洛阳工作队：《“隋唐东都城址的勘察和发掘”续记》，《考古》1978年第6期。

［43］洛阳博物馆：《隋唐洛阳含嘉仓城德猷门遗址的发掘》，《中原文物》1981年第2期。

［44］余扶危、贺官保：《隋唐东都含嘉仓》，文物出版社，1982年。

［45］河南省博物馆、洛阳市博物馆：《洛阳隋唐含嘉仓的发掘》，《文物》1972年第3期。

［46］中国社会科学院考古研究所洛阳唐城队：《洛阳唐东都上阳宫园林遗址发掘简报》，《考古》

1998 年第 2 期。

［47］余扶危、叶万松：《洛阳发现唐代窖穴建筑遗址》，《考古》1983 年第 6 期。

［48］上文中未注明出处的考古资料均存洛阳市文物考古研究院。

［陆］

洛阳邙山陵墓群

一　概况

洛阳邙山陵墓群位于洛阳市北部、东部和东北部的邙山地区，北依黄河，南临伊洛河盆地。这段邙山是秦岭—崤山山脉余脉，自西向东蜿蜒于洛阳市的孟津县、偃师市，海拔 120 ~ 340 米，相对高度 50 ~ 100 米。总山势为西东走向，西北高东南低。地形地貌属于低山黄土丘陵地带，山上丘陵、岗地相间，地势起伏平缓（图 6–1）。

邙山陵墓群考古调查与勘测项目组于 2003 年 10 月 ~ 2007 年 6 月对邙山陵墓群进行了文物普查[1]，并结合地形图制作了洛阳邙山陵墓群遥感图。陵墓群包括东周、东汉、曹魏、西晋、

图 6–1　洛阳邙山陵墓群地形图

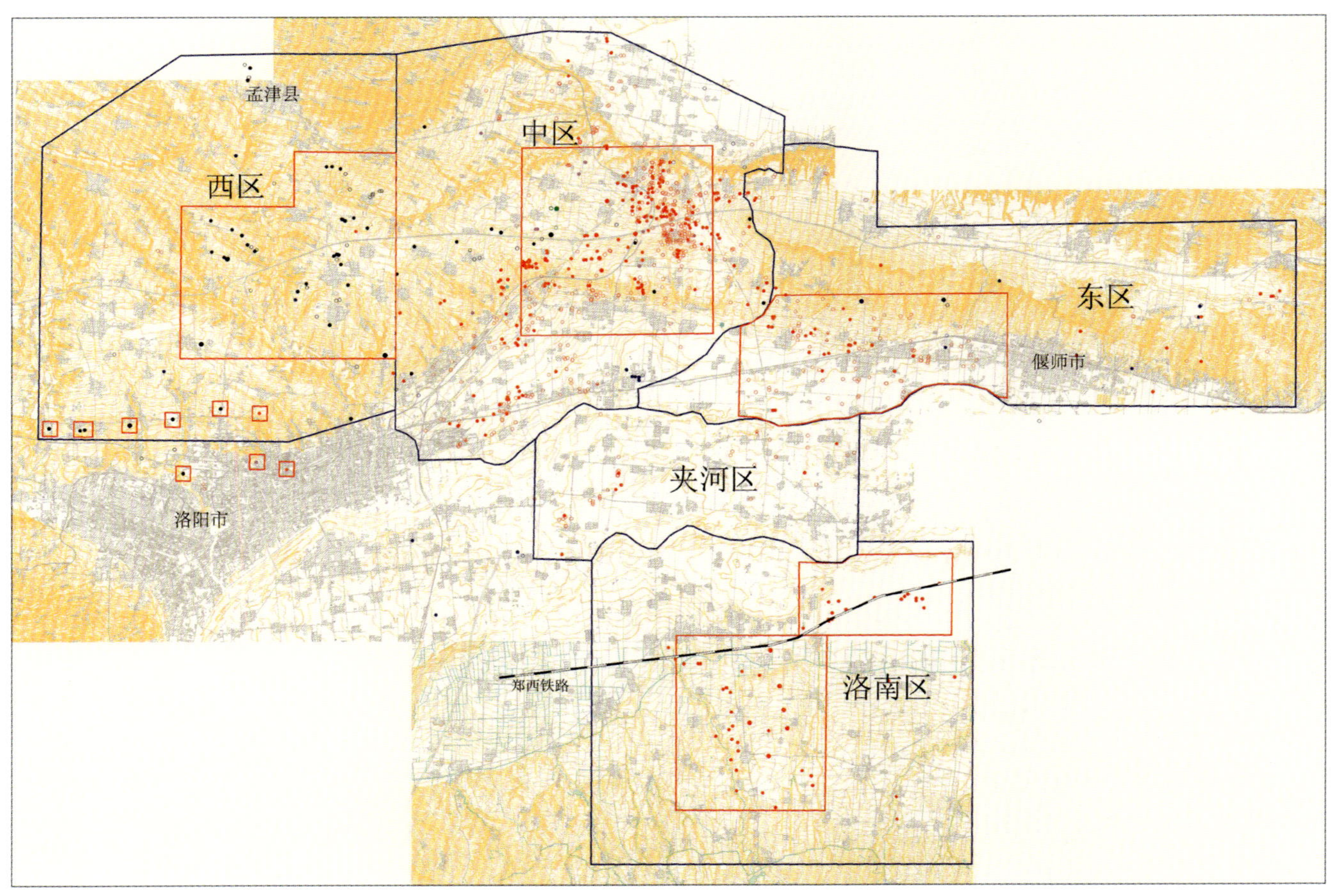

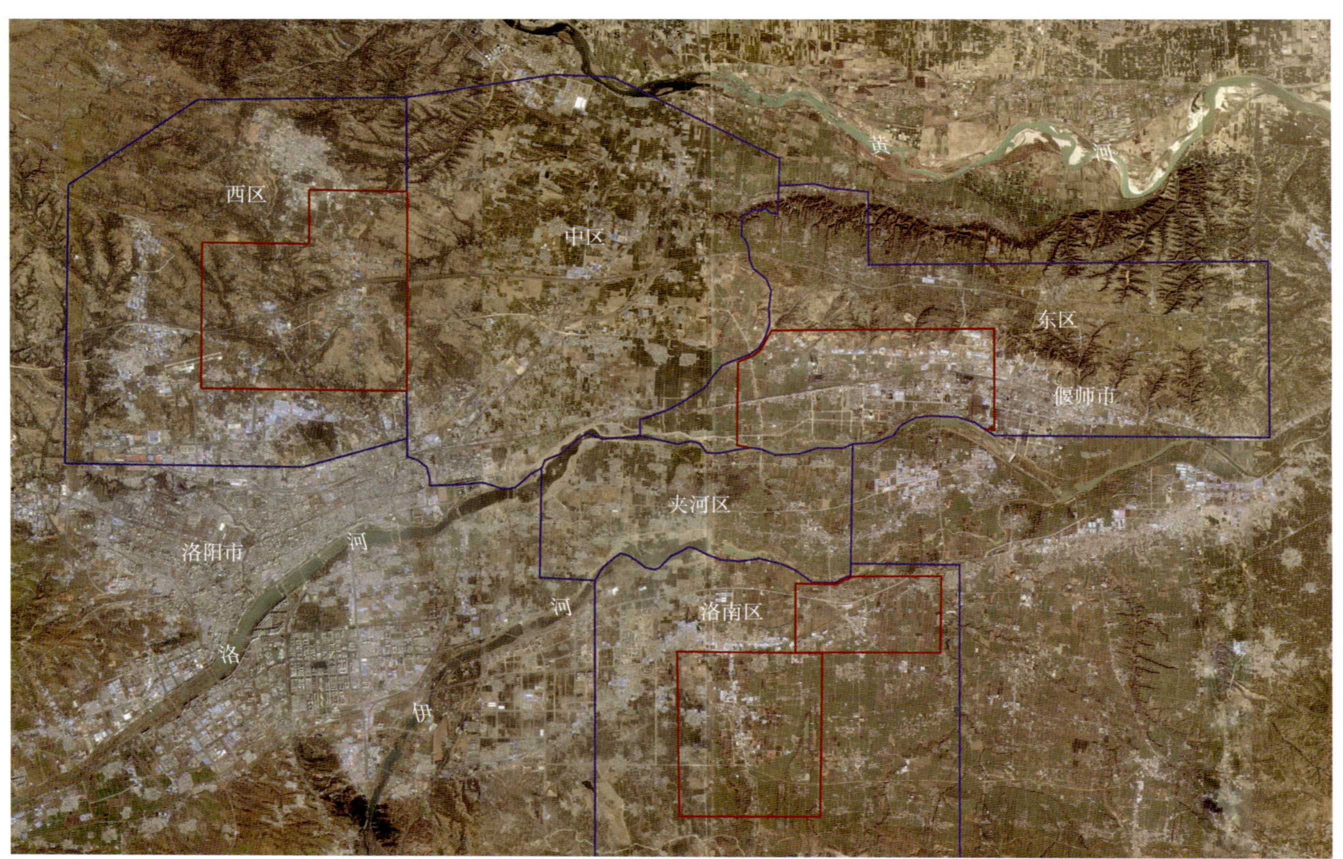

图 6-2　洛阳邙山陵墓群遥感影像（1996 年）

北魏、后唐等 6 代帝陵及其陪葬墓群，地理坐标为北纬 34.65° ~ 34.85°，东经 112.32° ~ 112.88°，占地面积 750 余平方千米，所在区域东西长 50 千米，南北宽 20 千米。地跨洛阳市所属的西工区、老城区、涧西区、瀍河区、洛龙区、偃师市、孟津县七个区县，包括了 20 余个乡镇，360 多个自然村。范围西至孟津县常袋乡酒流凹村—洛阳市红山乡杨冢村一线，东至偃师市山化乡南游殿村—山化乡忠义村一线，北及黄河，南临洛河（图 6-2）。

通过图 6-1、6-2 可以看出，邙山墓冢分布规律大致呈东西向长条形分布，可分为东、中、西、夹河 4 个区段（图中洛南区不在邙山陵墓群范围内，为东汉帝陵南兆域）。其中，中区为东周、东汉、北魏陵区，东区为曹魏、西晋陵区，西区为北魏陵区，夹河区为东汉、西晋墓群。经过调查，古墓冢数量共计 972 座，其中现存墓冢 339 座，夷平墓冢 600 座，已发掘墓冢 33 座。

二　邙山各代帝陵简介

1. 金村东周陵区

位于洛阳郊区白马寺镇金村附近，包括东周时期的王墓 8 座。由于该陵区在《洛阳东周王城遗址》一节中有专述，此处不再赘述。

2. 东汉陵区

（1）北兆域

位于中区东部，汉魏故城西北方，地势平坦开阔，主要为光武帝原陵、安帝恭陵、顺帝宪陵、冲帝怀陵、灵帝文陵及其陪葬墓群。经普查，陵区的核心区域指向了孟津县送庄镇三十里铺村及其附近地域，包括了送庄、平乐两个乡镇的三十里铺、刘家井、送庄、护庄、东山头、后沟、平乐、妯娌新村、朱仓、天皇岭、张盘、新庄、裴坡、上屯、上古等村庄，分布在东西约 6.8 千米、南北约 6 千米的范围内，面积近 40 平方千米（图 6–3）。

在图 6–3 中，核心区域为帝陵区，其西部墓冢稀疏，根据钻探的情况看规格非常高，墓葬形制也属于东汉时期，应和文献记载的“北陵”、“西陵”等后妃的墓冢关系密切。而帝陵区的东部则分布有密集的墓冢，应为贵族陪葬墓区。帝陵区内现存几座保存比较完整的独立大冢，分别是三十里铺的大汉冢（M2–66）（图 6–4 ~ 6–6），平乐村的二汉冢（M2–561）（图 6–7）、三汉冢（M2–560）（图 6–8）、刘家井大冢（M2–67）（图 6–9）。经勘探，独立大冢现存的封土直径分别为：大汉冢 130 米、二汉冢 118 米、三汉冢 70 米、刘家井大冢 114 米，这与文献所载的东汉帝陵的封土规模接近。另外还有一座位于朱仓村西侧，调查编号为 M2–722，封土基本夷平，经钻探原始封土直径约 135 ~ 145 米，墓道宽约 9 米，和大汉冢的规模相似，也应是一处东汉帝陵级别的墓冢（其陵园遗址部分已发掘，见后文）。

图 6–6 为大汉冢实地勘探图。2005 年 12 月，原洛阳市第二文物工作队（现洛阳市文物考古研究院）对大汉冢进行了重点调查和考古钻探。图中封土西侧为 3 座规格很高的陪葬墓冢，封土南侧、东侧为 2 处规模巨大的建筑遗址，大冢东北方向是一片面积大约 20 万平方米的建筑遗址群。

图 6–4、6–5 分别为 2006 年航拍的大汉冢彩色、黑白遥感图像，通过正霜雪效应，可以清晰看出大汉冢封土南侧整齐排列有两排白点，为土层异常导致积雪较难融化所

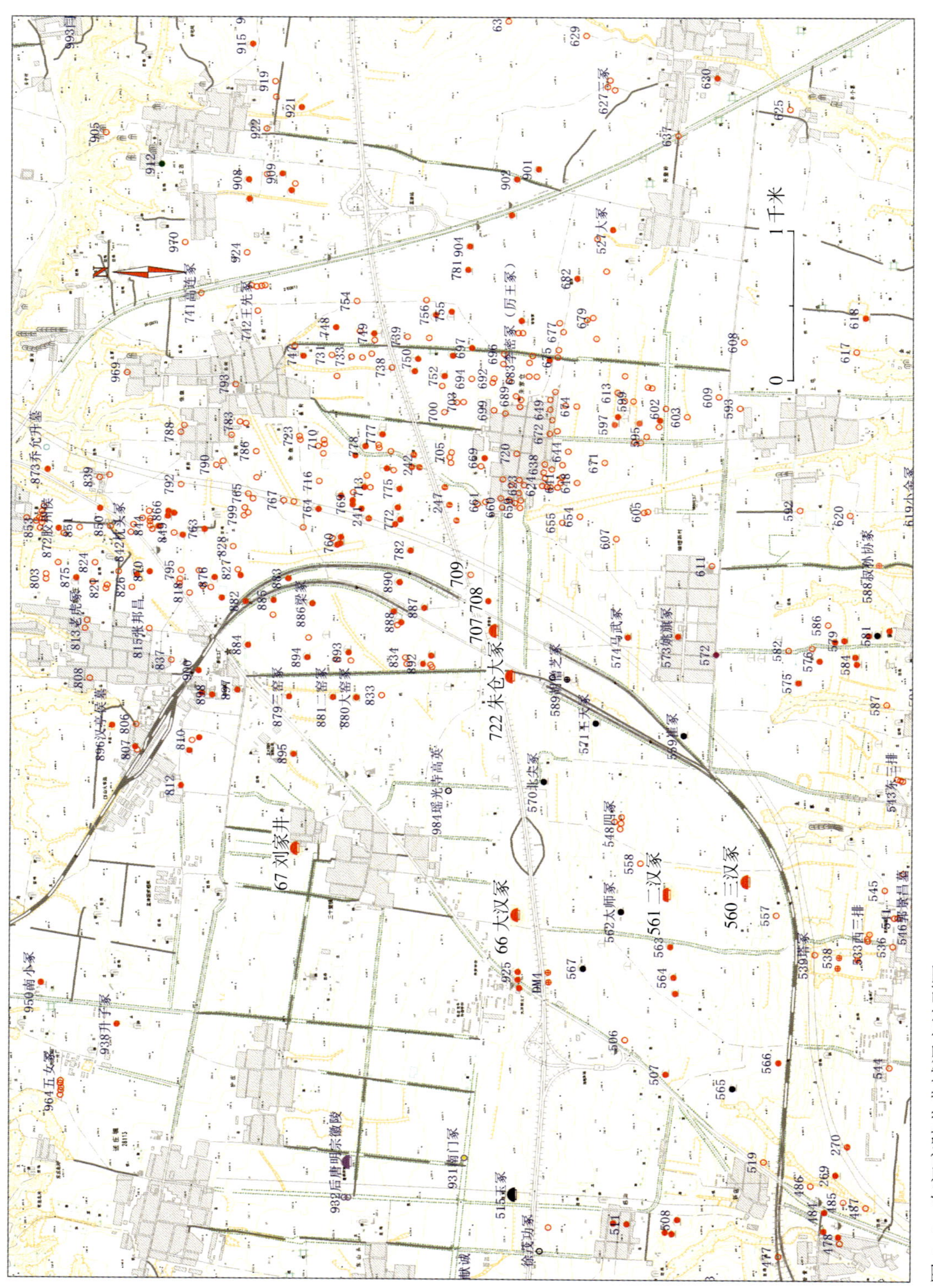

图6-3　东汉帝陵北兆域调查地形图

图 6-4　洛阳邙山东汉陵区大汉冢彩色遥感图像（正霜雪效应，2006 年）

图 6-5　洛阳邙山东汉陵区大汉冢遥感图像（正霜雪效应，2006 年）

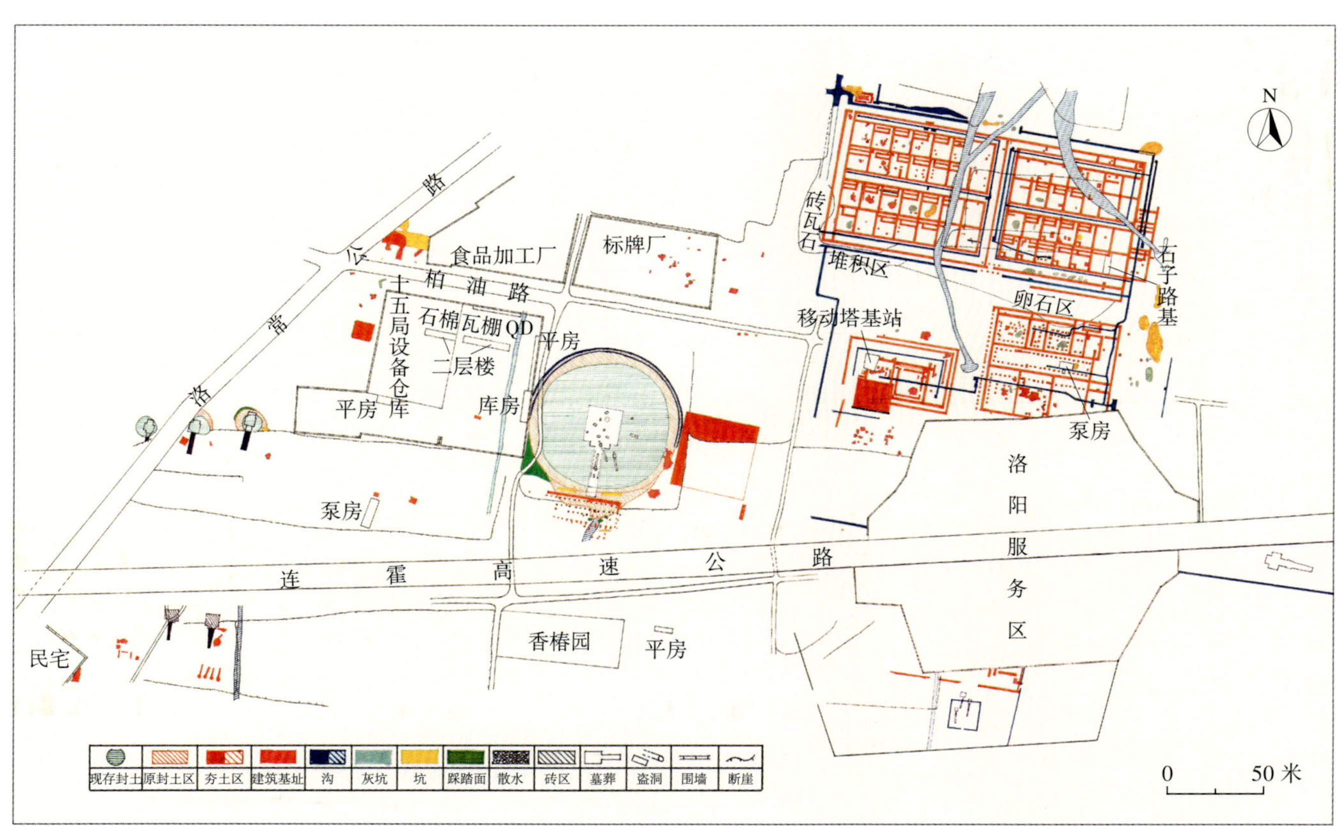

图 6-6　洛阳邙山东汉陵区大汉冢实地勘探图

图 6-7　洛阳邙山东汉陵区二汉冢航摄影像（镜向 0°，1996 年 5 月）

图 6-8　洛阳邙山东汉陵区三汉冢航摄影像（镜向 180°，1996 年 5 月）

图 6-9　洛阳邙山东汉陵区刘家井大冢航摄影像（镜向 180°，1996 年 5 月）

图 6-10　洛阳邙山东汉陵区陪葬墓群局部航摄影像（张盘西南高速北，镜向 0°，1996 年 5 月）

致。经过钻探，该区域为大汉冢陵前建筑遗迹，分布有大量的夯土墩，与遥感图显示的正霜雪效应一致。

图 6-7 ~ 6-9 分别为二汉冢、三汉冢、刘家井大冢的航片，从中可以看出，各冢均被改造为梯田，顶部削平，早已失去原来的面貌。

陵区东部墓冢是整个邙山地区墓冢最为集中的区域，大约有 380 余座（包括夷平冢和实体墓冢）。这些墓冢与西部独立大冢相比，规模要小得多。根据查证的情况看，封土的平面多为圆形，直径一般在 50 米以下，为帝陵的陪葬墓群。这些墓冢密集分布，从布局上看似乎不是专为某一个帝陵陪葬的，而应是从属于整个陵区（图 6-10）。

相比于大冢，邙山上众多小冢的情况更加严重，图 6-11 ~ 6-13 反映了 1958 ~ 2006 年近 50 年间，东汉陵区核心区域——三十里铺附近墓冢的分布、形状大小及实冢数量的变化情况。可以看出，随着时间的推移，一些小冢逐渐消失，大冢也被不断侵蚀，亟待保护。

（2）南兆域

位于偃师市境内，在汉魏故城东南，南依万安山，北临伊河，分别为明帝显节陵、章帝敬陵、和帝慎陵、殇帝康陵、质帝静陵、桓帝宣陵。为能全面掌握洛南陵区内古代墓冢的基本情况，对其进行长期有效的保护规划，2008 年 2 月底，洛阳市第二文物工作队（现洛阳市文物考古研究院）开始对该区域展开文物普查工作，至 2008 年 6 月底，第一阶段的走访调查及田野踏查工作基本结束。

陵区占地面积约 200 平方千米，所在区域东西长 15 千米，南北宽 13 千米，核心区域位于西庞村、辛庄、白草坡、军屯、姬家桥、郭家岭、李家村、陈家窑、寇店村、经周村、经周寨、宁村一带。主要陪葬墓区位于彭店寨、高崖、阎楼、戴庄、半个寨、逯寨一带。本次普查墓冢共计 168 座，其中实冢 41 座，夷平冢 126 座，无封土墓 1 座。年代主要为东汉时期，也零星分布有少量西汉、魏晋、宋、明、清时期墓冢（图 6-14、6-15）。

图 6-15 可以看出，南兆域陵区布局与北兆域相似，后陵分布于帝陵西部，而帝陵区的东北部则分布有密集的陪葬墓群。

图 6-16 为帝陵核心区局部，分布有现存直径 100 米以上的大冢共 3 座，即李家村东南（M1048）（图 6-17）、郭家岭西南（M1054）（图 6-18）、郭家岭西北（M1052）（图 6-19），另有军屯南（M1038）（图 6-20）位于郭家岭西北（M1052）北方。此外，

图 6-11　洛阳邙山东汉陵区封土冢航摄影像（三十里铺，1958 年）

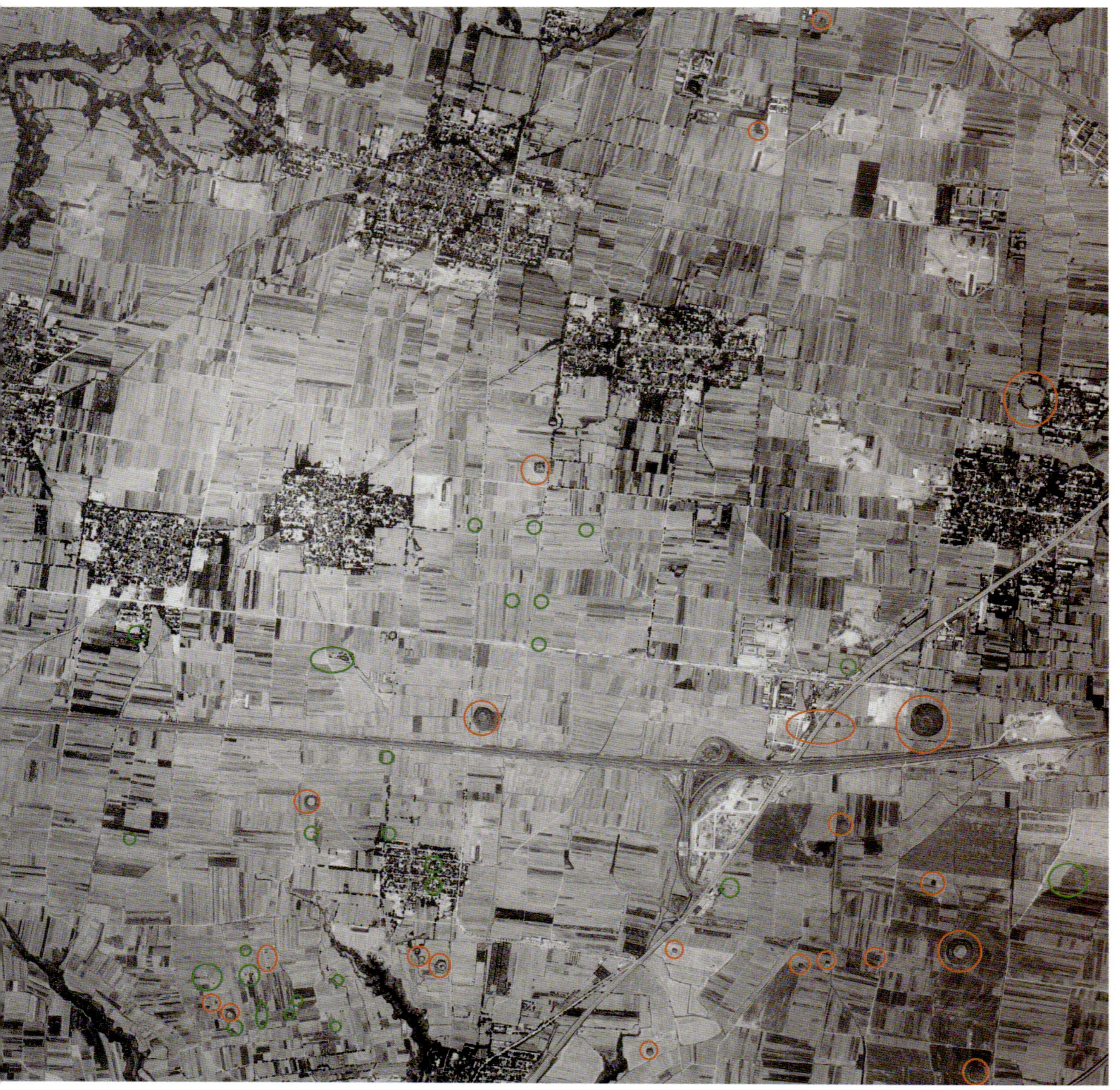

图 6-12　洛阳邙山陵墓群东汉陵区封土冢航摄影像（三十里铺，20 世纪 90 年代）

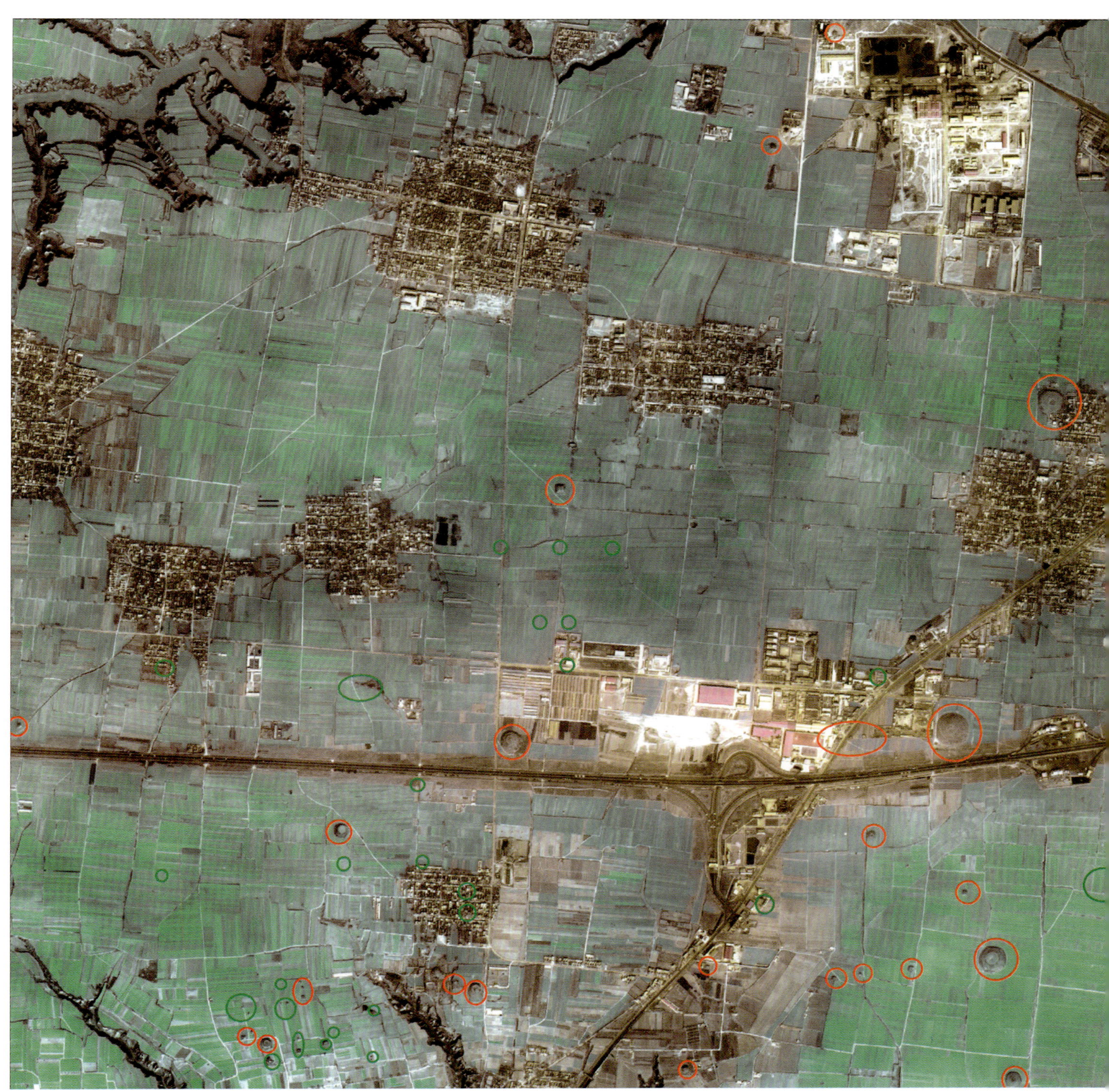

图 6-13　洛阳邙山陵墓群东汉陵区封土冢航摄影像（三十里铺，2006 年）

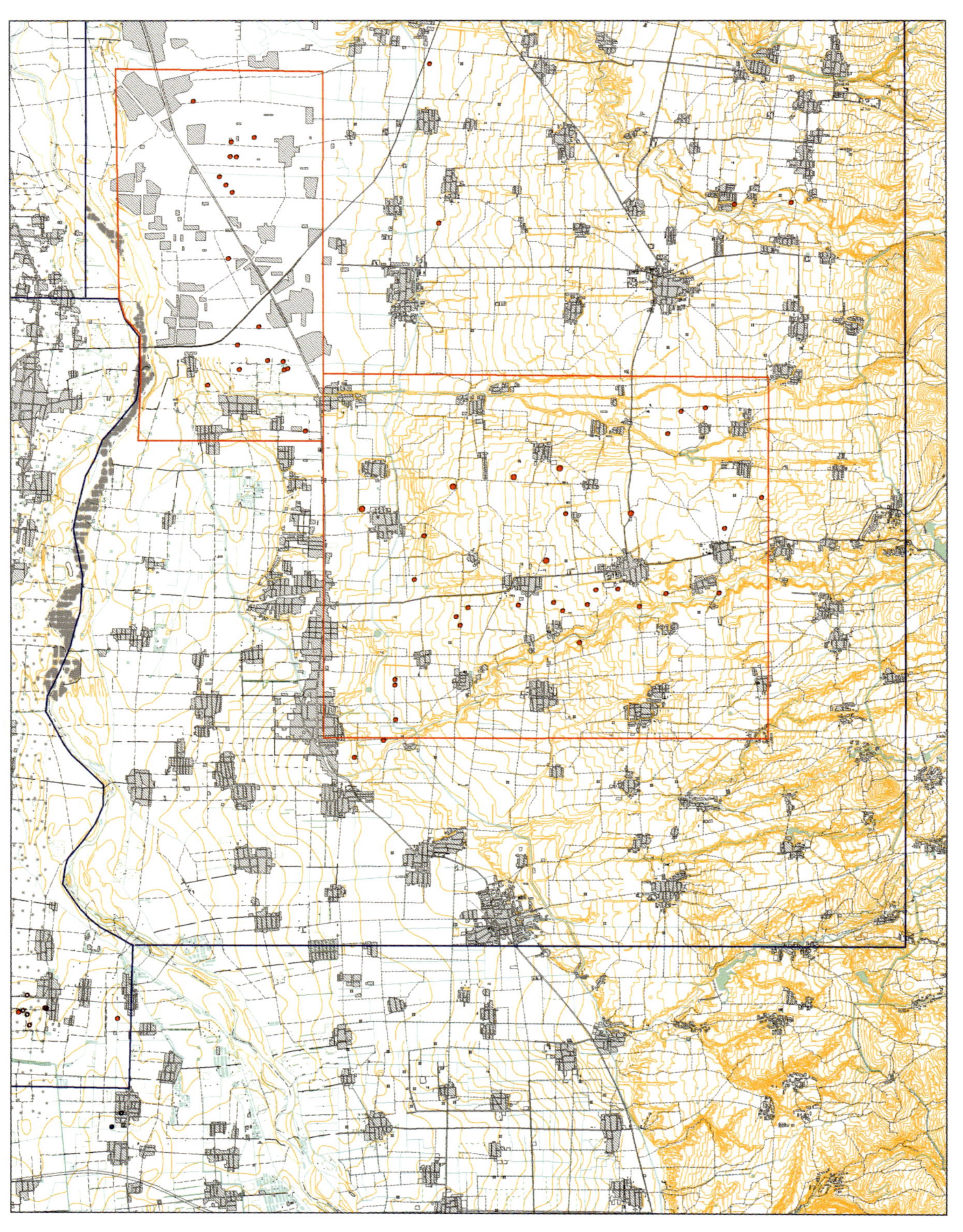

图 6-14 洛阳邙山陵墓群东汉陵区南兆域调查地形图

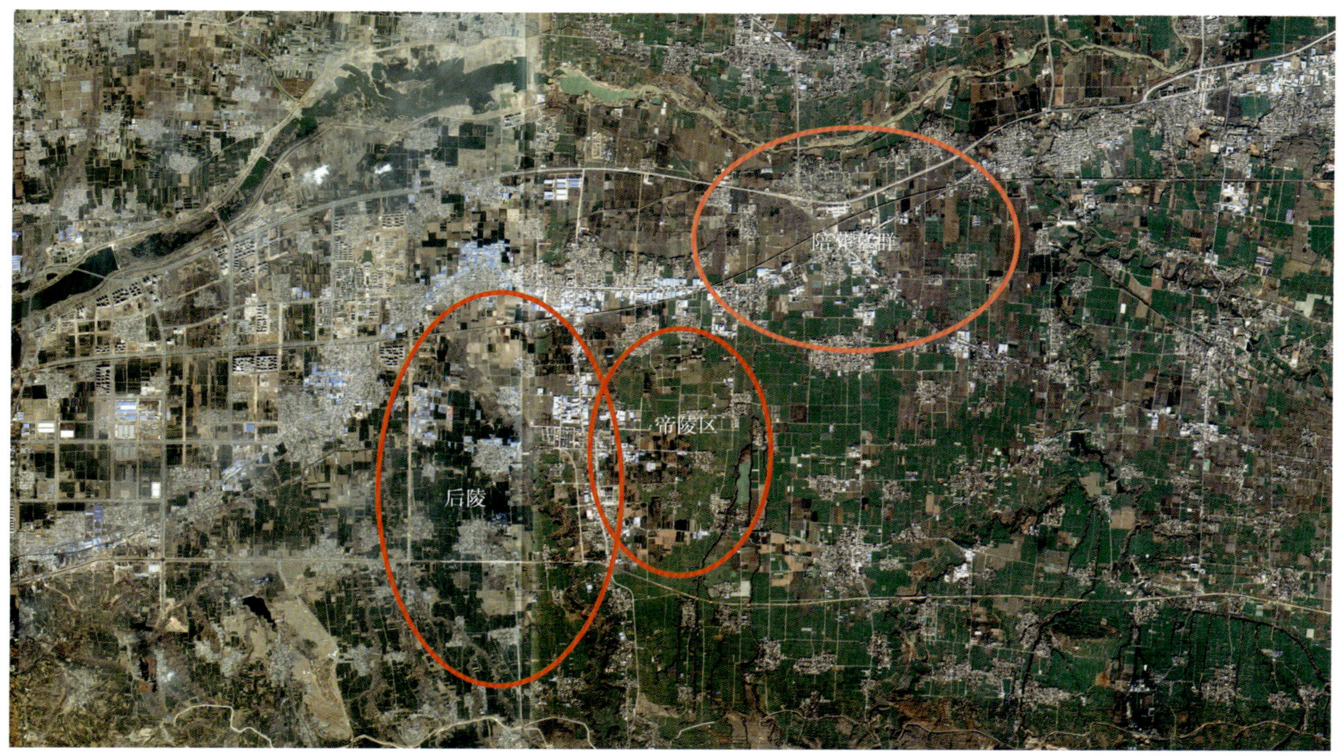

图 6-15　洛阳邙山陵墓群东汉陵区南兆域（洛南）遥感影像（1996 年）

白草坡夷平大冢（M1030）经过钻探，封土直径 125 米，墓道宽 10 米（其陵园遗址部分已发掘，见后文）。位于军屯南（M1038）北方。

3. 曹魏、西晋陵区

位于东区，汉魏故城的东北方，邙山东段首阳山南北两侧。据文献记载，主要有曹魏文帝首阳陵、西晋宣帝高原陵、景帝峻平陵、文帝崇阳陵、武帝峻阳陵、惠帝太阳陵。目前，曹魏帝陵尚未发现。1982 年，中国社会科学院考古研究所洛阳汉魏故城队对西晋帝陵进行了勘察，发现了位于偃师市南蔡庄北鏊子山的晋武帝峻阳陵、位于后杜楼西北枕头山的文帝崇阳陵（图 6-21、6-22），并对两处帝陵陵园遗址进行了钻探和发掘[2]。

图 6-23 为六和饲料厂 08YXM4，为近年来发掘的西晋帝陵陪葬墓之一。该墓在西晋陵区内，是 2002、2008 年基建工程中发掘的 4 座西晋帝陵陪葬墓之一，墓葬形制特殊，规模较大，位于首阳山南麓，毗邻崇阳陵、峻阳陵。该墓为长斜坡墓道单室土洞墓，由墓道、甬道、墓室组成，墓道残长 36 米，宽 8.8 米，北壁内收 5 级台阶，东西两壁

图 6-16　洛阳邙山陵墓群东汉陵区封土冢航摄影像（洛南郭家岭，1958 年）

图 6-17　洛阳邙山陵墓群东汉陵区李家村东南大冢（2008 年）

图 6-18　洛阳邙山陵墓群东汉陵区郭家岭西南大冢（2008 年）

图 6-19　洛阳邙山陵墓群东汉陵区郭家岭西北大冢（2008 年）

图 6-20　洛阳邙山陵墓群东汉陵区军屯村南大冢（2008 年）

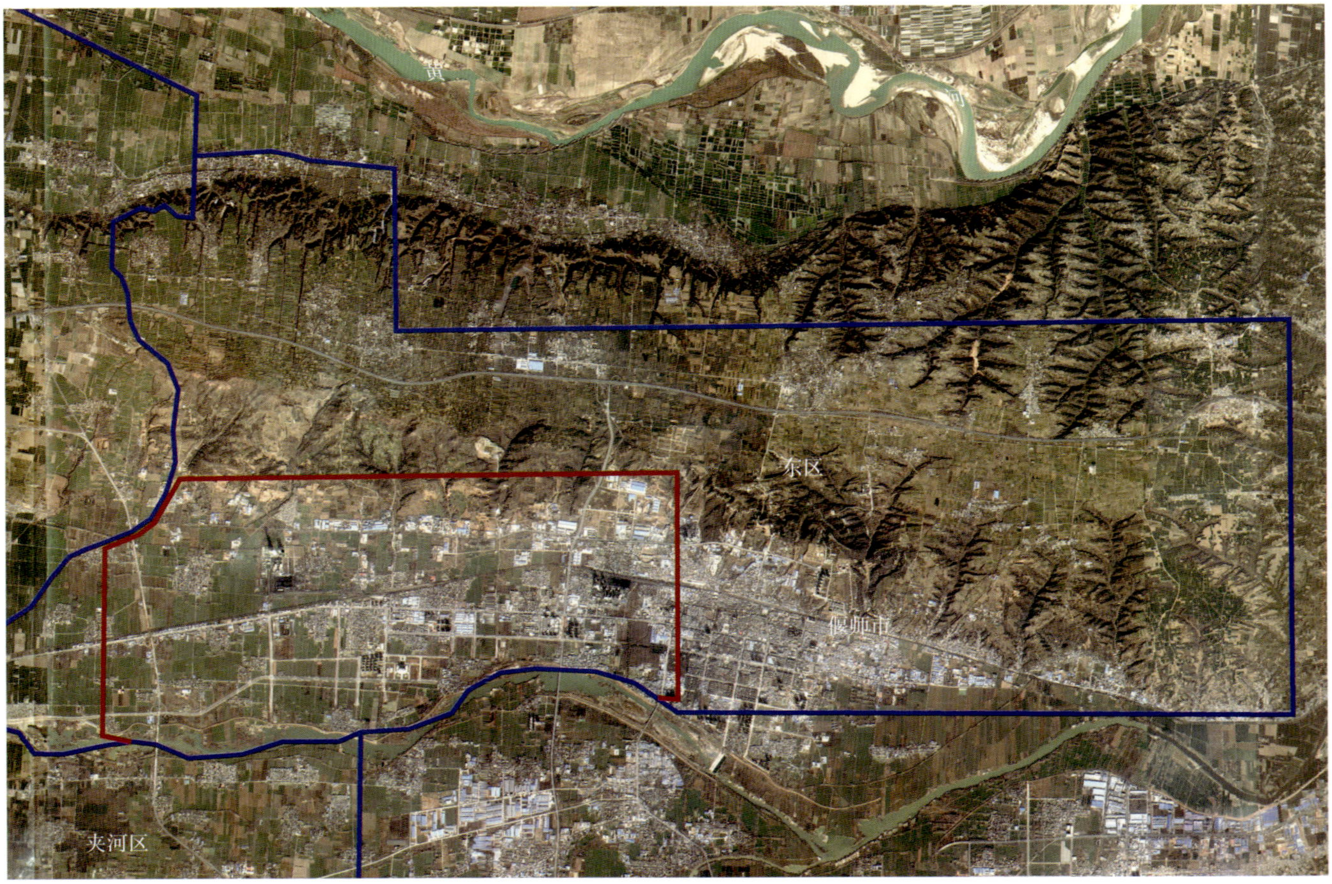

图 6-21　洛阳邙山陵墓群西晋陵区（局部）遥感影像（1996 年）

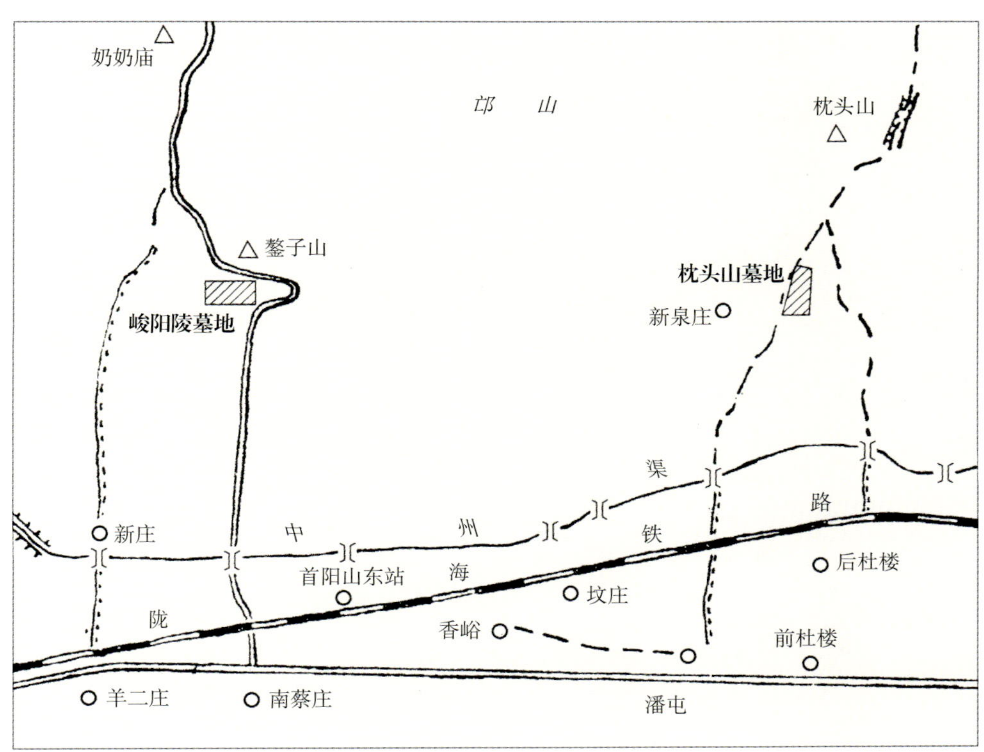

图 6-22 洛阳邙山陵墓群西晋峻阳陵墓地、枕头山墓地位置示意图

图 6-23 洛阳邙山陵墓群西晋帝陵（六和饲料厂 08YXM4）陪葬墓（2008 年）

各内收 7 级台阶[3]。

4. 北魏陵区

位于西区的全部、东区的西半部，汉魏故城的西北方，东汉陵区的西侧，瀍河东西两岸，帝陵多位于瀍河西岸，陪葬墓则集中在瀍河东岸。帝陵分别是孝文帝长陵、宣武帝景陵、孝明帝定陵、孝庄帝静陵。经过普查，陵区指向了孟津县朝阳镇、送庄镇、城关镇，洛阳市红山乡、邙山乡、瀍河乡、白马寺镇等 7 个乡镇的 50 余个村庄。东西大约长 20 米，南北宽 16 千米，面积近 320 平方千米。墓冢比较集中分布在官庄、崔沟、高沟、冢头、老苍凹、徐家沟、安驾沟、河东、伯乐凹、北陈庄、煤窑新村、张扬（障阳）、南陈庄、朝阳村、向阳、南石山、小梁、凤凰台、权家岭、营庄、太仓、后沟、东山岭头、西山岭头、白鹿庄一带。西南部在马坡、小李村、拦驾沟、马沟、西吕庙、东吕庙、刘坡、左坡、左家寨、太仓、后沟一线和东汉墓冢群有交叉（图 6–24、6–25）。

1991 年中国社会科学院考古研究所汉魏故城考古队和洛阳古墓博物馆对景陵进行了考古发掘[4]，北魏帝陵的墓葬形制已经基本清楚。目前，根据出土墓志及考古工作，北魏孝文帝长陵、宣武帝景陵的位置基本得到确定，孝明帝定陵、孝庄帝静陵的地望获得了重要线索。

2004 年 2 ~ 5 月，洛阳市第二文物工作队对北魏孝文帝长陵进行了为期 3 个月的调查和钻探[5]。图 6–26 为北魏孝文帝长陵调查勘探图。从图中可以看出，长陵陵园遗址的范围、布局、结构和规模得到了确认，还发现了遗址的垣墙、垣门、壕沟、人工渠、建筑基址等许多重要遗迹。这是北魏帝陵陵园遗址的首次工作。

5. 五代后唐陵区

位于今洛阳市孟津县送庄镇护庄村西南，邙山陵墓群的中区，封土呈覆斗形。根据文献记载和封土形制，该冢基本被确定为后唐明宗徽陵（图 6–27）。

三　邙山考古新收获

近年来，配合基建考古，我们对几处东汉陵园遗址的局部进行了发掘，加深了对邙山陵墓群的认识。

1. 洛南东汉陵区

白草坡村东汉帝陵陵园遗址位于偃师市庞村镇白草坡村东北，是万安山北麓高坡和伊洛河谷地交接的前缘，属于洛南陵区核心区域的北端。2006 年 7 月洛阳市第二文

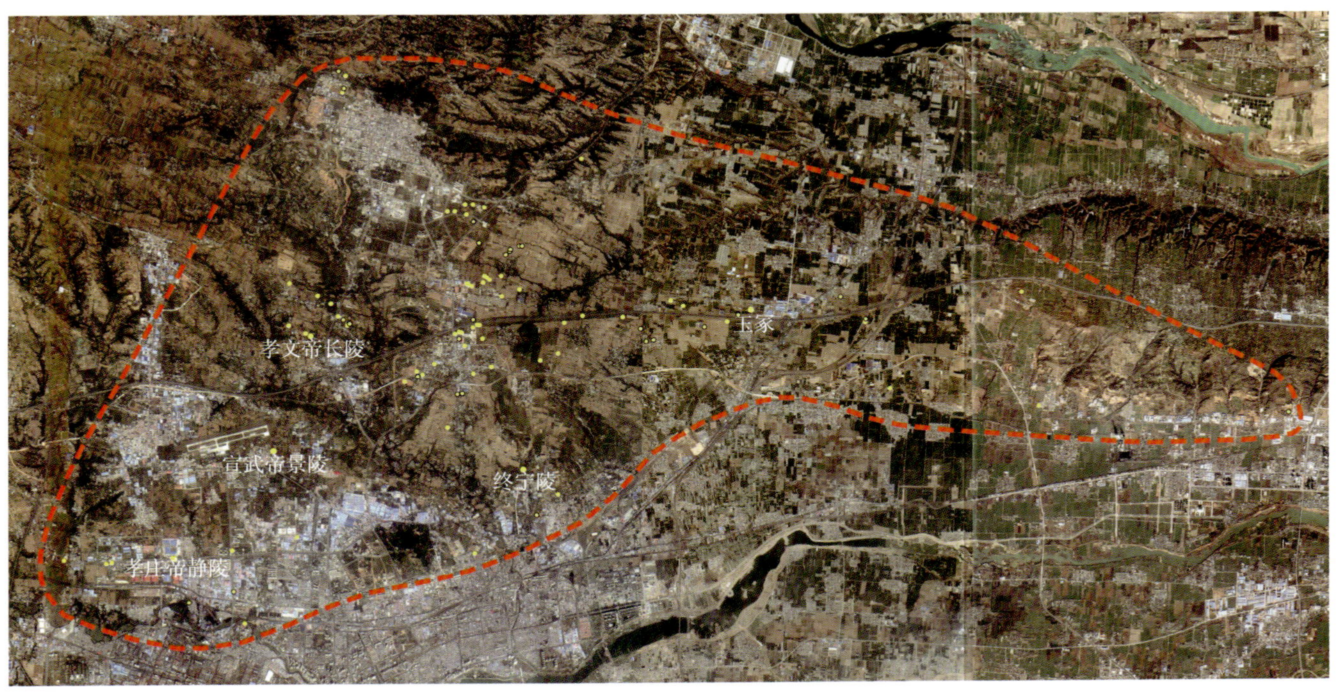

图 6-24　北魏陵区遥感影像（1996 年）

图 6-25　北魏宣武帝景陵航摄影像（南—北，2007 年）

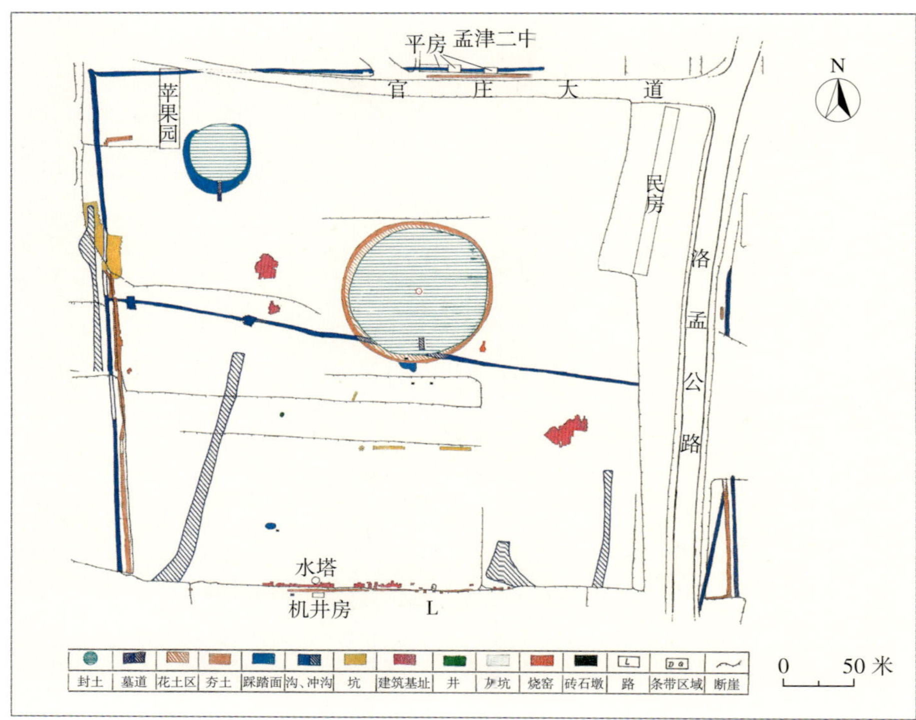

图 6-26　北魏孝文帝长陵调查勘探图

图 6-27　后唐明宗徽陵（2005 年）

物工作队对该遗址进行了调查、钻探和发掘工作。至2007年5月，共发掘4500余平方米，钻探36万平方米[6]。该遗址是一处外围筑有夯土垣墙的建筑遗址群。经调查钻探可知，建筑遗址群南北长380米，东西宽330米，面积约12.5万平方米，方向10°。夯土垣墙基槽宽3.4米，尚未发现门址。遗址内是纵横交错的夯土墙、房屋基址和人工沟渠。南部有大型的夯土台基，北部的建筑基址规模较小。在遗址的西南方100米左右，是1座大型夷平封土墓，封土的原始直径约125米（图6-28、6-29）。

在对建筑遗址群西北角长约230米、宽约20米的区域进行发掘时发现的重要遗迹有东汉时期的垣墙、沟渠（图6-30）、房基、粮窖（图6-31）、道路等。

2. 邙山陵区

2009年2月16日，连霍改扩建工程洛阳段的考古工作正式开始，该工程西起孟津后沟村的玉冢北魏陵园遗址，东至连霍、二广高速交叉口的朱仓遗址，中间为大汉冢遗址及陪葬墓。至2010年5月，共调查钻探34.59万平方米，加上前期沿线调查钻探的面积，共计47.28万平方米；发掘墓葬177座，包括2座大型东汉贵族墓，1座大型曹魏贵族墓（曹休墓）；发掘遗址面积近23000平方米，包括东汉和北魏陵园遗址、墓园遗址16200余平方米。这些发现中，朱仓遗址区东汉帝陵陵园遗址、曹魏贵族墓葬较具代表性。

（1）朱仓遗址区

位于孟津县平乐镇朱仓村西，洛阳服务区至连霍、二广高速立交桥之间。遗址工作区全长约1800米，宽30～50米，包括朱仓M722、M707两处帝陵陵园遗址的中部[7]和M708、M709两处帝陵陪葬墓园遗址的北部[8]。

朱仓遗址自2009年3月6日开始发掘，2010年5月结束，发掘遗址面积近1.2万平方米，发掘墓葬52座。图中遗址自西向东分成5个小区，1区、2区为朱仓M722陵园遗址（即M707以西）；3区为朱仓M707陵园遗址；4区、5区为朱仓M708、M709两处帝陵陪葬墓园遗址。

朱仓M722帝陵陵园遗址中，发现了四面垣墙及东垣外壕沟，陵园平面大体呈正方形，边长420米。封土位于陵园西部，陵园建筑位于陵园东部、南部，多为夯土台基和庭院建筑。院落位于寝殿东侧，呈闭合式，由东西两排对称房屋构成（图6-32）。

朱仓M707陵园遗址紧邻朱仓M722陵园遗址，位于其西侧。没有发现垣墙遗迹，

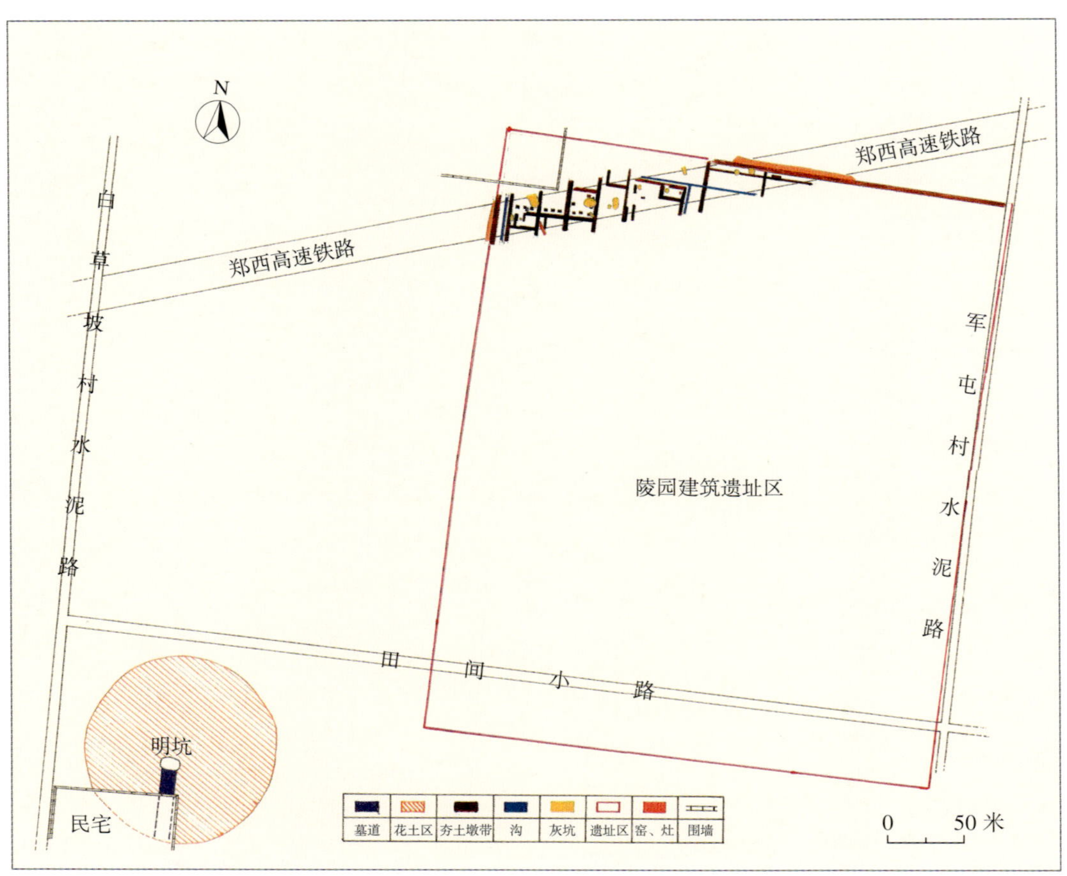

图 6-28　白草坡东汉陵园遗址调查勘探图

图 6-29　白草坡东汉陵园遗址发掘全景（2007 年）

图 6-30　白草坡东汉陵园主水渠（2006 年）

图 6-31　白草坡东汉陵园粮窖（2006 年）

图 6-32　朱仓 M722 陵园遗址院落（2010 年）

图 6-33　朱仓 M707 陵园遗址院落（2010 年）

但是陵园的遗址范围基本清楚。封土东侧发现 1 处大型夯土基址、1 处庭院遗址。院落位于寝殿东侧，对称分布于一条南北向石板通道两侧（图 6-33）。

朱仓 M708、M709 两处陪葬墓园遗址的布局结构基本清楚，为闭合式庭院遗址（图 6-34、6-35）。

图 6-34 为 M708 陪葬墓园遗址发掘全景，图中大冢为 M707，小冢为 M708，墓园

图 6-34　朱仓 M708 陪葬墓园遗址（2010 年）

图 6-35　朱仓 M709 陪葬墓园遗址（2010 年）

图 6-36　朱仓曹休墓（2010 年）

遗址位于 M708 东北部。

图 6-35 为 M709 陪葬墓园遗址发掘全景，图中远处大冢为 M707，小冢为 M708，机井房处为夷平冢 M709，墓园遗址位于 M709 东北部。

（2）朱仓 ZM44（曹休墓）

位于洛阳市孟津县送庄镇三十里铺村东南，大汉冢东汉帝陵陵园遗址和朱仓 M722

东汉帝陵陵园之间，连霍高速公路的南侧。2009 年 5 月 ~ 2010 年 5 月底，对其进行了发掘[9]。该墓没有发现封土迹象，形制为长斜坡墓道砖券多室墓，由墓道、甬道、耳室、前室、北侧室、南双侧室、后室等组成，方向 98°。墓葬土圹平面“十”字形，东西全长 50.6 米，南北最宽 21.1 米，深 10.5 米，土圹内收 7 级台阶（图 6–36）。

曹休墓最重要的出土物为铜印，该枚印章出土于后室北侧，边长约 2 厘米，桥形纽，篆书白文“曹休”二字。

注 释

[1] 洛阳市第二文物工作队：《洛阳邙山陵墓群的文物普查》，《文物》2007 年第 10 期。

[2] 中国社会科学院考古研究所洛阳汉魏故城工作队：《西晋帝陵勘察记》，《考古》1984 年第 12 期。

[3] 洛阳市第二文物工作队、偃师市文物局：《河南偃师市首阳山西晋帝陵陪葬墓》，《考古》2010 年第 2 期。

[4] 中国社会科学院考古研究所洛阳汉魏城队、洛阳古墓博物馆：《北魏宣武帝景陵发掘报告》，《考古》1994 年第 9 期。

[5] 洛阳市第二文物工作队：《北魏孝文帝长陵的调查和钻探》，《文物》2005 年第 7 期。

[6] 洛阳市第二文物工作队、偃师市文物管理委员会：《偃师白草坡东汉帝陵陵园遗址》，《文物》2007 年第 10 期。

[7] 洛阳市第二文物工作队：《洛阳孟津朱仓东汉帝陵陵园遗址》，《文物》2011 年第 9 期。

[8] 洛阳市文物考古研究院：《洛阳孟津朱仓东汉墓园遗址》，《文物》2012 年第 12 期。

[9] 洛阳市第二文物工作队：《洛阳孟津曹魏贵族墓》，《文物》2011 年第 9 期。

[柒]

洛阳大遗址保护概况

从 2005 年起，在各级政府的关心和大力支持下，洛阳大遗址保护工作稳步有序地展开。通过几年努力，洛阳片区大遗址保护在考古研究、规划编制、法规建设、本体保护和环境治理等方面都取得了显著成效。

目前，洛阳市已完成二里头遗址、偃师商城、汉魏故城和隋唐洛阳城等 4 处大遗址保护规划编制，均已得到国家文物局批复同意并已经省政府批准公布。邙山陵墓群保护规划也正在抓紧落实。通过省、市人大制定颁布了二里头遗址、偃师商城、汉魏故城和隋唐洛阳城、邙山陵墓群等 5 处大遗址保护条例，洛阳大遗址保护已步入法制化管理阶段。

自 2007 年初开始，洛阳市展开了以重要遗址点保护为核心、以建设考古遗址公园为最终目标的大遗址保护工程。目前已启动偃师商城、汉魏洛阳故城和隋唐洛阳城等 3 处考古遗址公园建设，即将启动二里头遗址和邙山陵墓群考古遗址公园建设。完成偃师

图 7-1　洛阳大遗址保护研讨会

商城西城墙、宫城遗址，汉魏故城阊阖门、东北城墙、宫城二号门、三号门、铜驼大街、宫城西南墙，隋唐城定鼎门、明堂、天堂等遗址保护展示工程，并且先后成功举办了大遗址保护研讨会（图 7–1）、大遗址保护现场会、大遗址保护高峰论坛（图 7–2）等大型活动，发布了《大遗址保护洛阳宣言》，在我国大遗址保护历程上具有里程碑意义。

通过努力，隋唐洛阳城和汉魏洛阳故城 2 处考古遗址公园建设已初具规模。2010 年 10 月，隋唐洛阳城遗址入选第一批国家考古遗址公园名单。2013 年 12 月，汉魏洛阳故城入选第二批国家考古遗址公园，偃师商城遗址获得国家考古遗址公园立项。

一　二里头遗址与偃师商城遗址的保护工作

二里头遗址是全国重点文物保护单位，位于偃师市区西南翟镇镇二里头村一带，东西长约 2.5 千米，南北宽约 1.5 千米，面积约 3 平方千米以上。

由于历经数千年的沧桑，二里头遗址遭受了自然与人为因素的双重破坏，使得遗

图 7–2　洛阳大遗址保护高峰论坛

图 7-3　二里头宫城区保护效果鸟瞰图

址区内文化遗存遭到不同程度的毁坏，特别是暴雨造成伊洛河水位上涨、冲刷遗址，对遗址原始边界造成一定程度的破坏。

二里头遗址位于城乡结合部的农业区，其全部遗存本体叠压于二里头、圪垱头、四角楼三个自然村的村落、耕地和建设用地地表之下约 0.2 ~ 1.8 米。随着农村经济发展和人口增长，生产建设与住房扩建对遗址的保护和环境风貌产生了一定的干扰和破坏。就目前情况来讲，居民生产生活活动是构成遗址环境风貌危害的重要因素。

国家和当地政府一直非常重视遗址的保护，通过控制遗址范围内的村庄、道路与企业的发展规模，逐步迁移保护区内部分居民等有效措施，对遗址进行保护工作。目前，除历史上自然形成的村庄、道路外，在遗址重点保护区范围内大部分为农田和绿地，地表保持了遗址原有的环境和历史风貌（图 7-3）。

偃师商城遗址为全国重点文物保护单位，位于偃师城关镇大槐树村与塔庄村之间，北依邙山，南临洛河，东与偃师市区相毗邻，西距汉魏洛阳故城 10 千米，西南距二里头遗址约 8 千米，是我国保留下来的唯一一处未遭破坏的商代早期都城遗址。

偃师商城遗址地处城乡结合部，近些年城镇的快速扩展对遗址造成了一定的影响。城关镇塔庄村位于遗址重点保护区，周围居民区较多、人流量大，当代人的生活、生产和建设活动对商城遗址及其保护形成了潜在威胁。

图 7-4　偃师商城西城墙保护后

图 7-5　偃师商城遗址保护工程

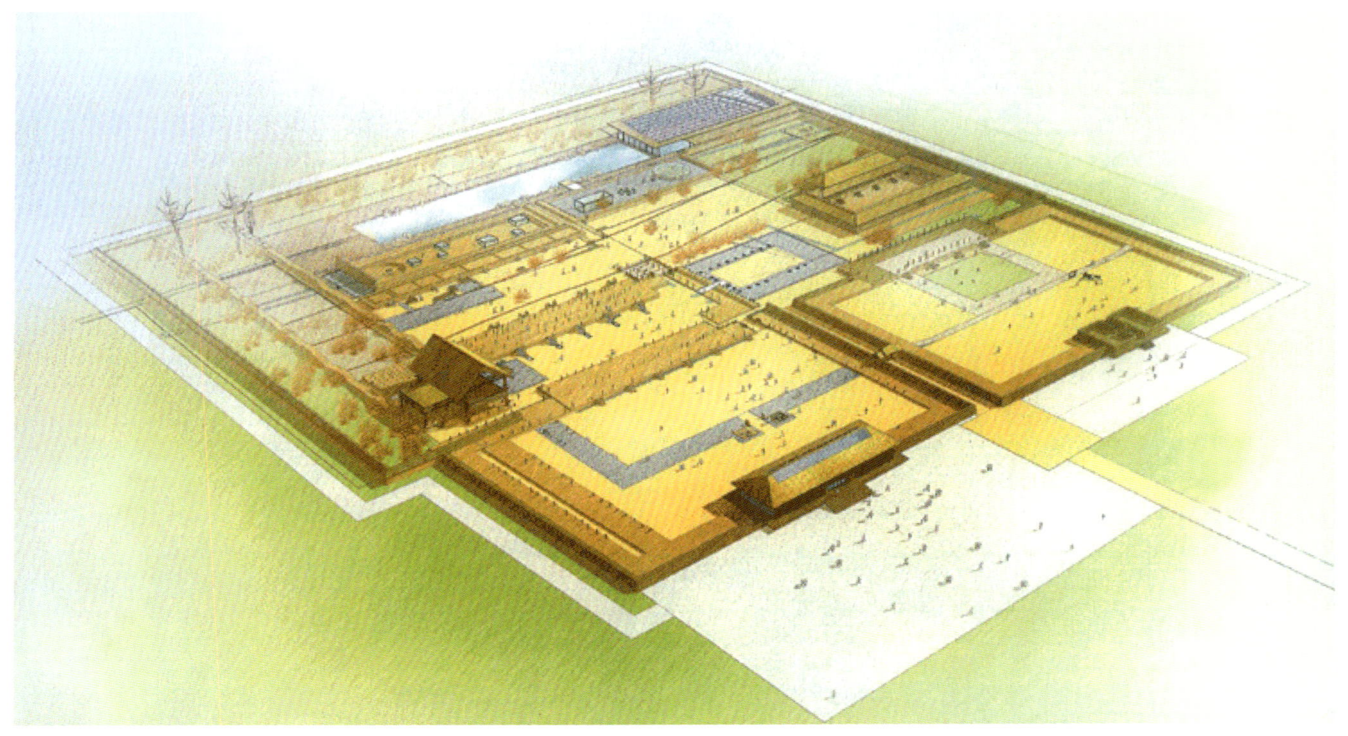

图 7–6　偃师商城遗址保护展示设计鸟瞰效果图

作为洛阳片区大遗址的主要组成部分，从 2005 年起，文物部门先后编制了《二里头遗址保护总体规划》、《偃师商城遗址总体保护规划》，并于 2009 年 7 月由省人大通过了《洛阳市偃师二里头遗址和尸乡沟商城遗址保护条例》，成为遗址保护管理工作强有力的法律保障。

偃师商城遗址的保护规划设想是建设占地 3000 亩的偃师商城遗址苑森林公园；在遗址区建立遗址博物馆，全方位立体展示遗址风貌；完成宫城、宫殿遗址保护，并适当复原城门、城墙、宫殿等。

2006 年国家启动偃师商城遗址西城墙保护工程，原址保护展示偃师商城西城墙以及城门、水道、道路，同时配以绿篱和绿化带保护（图 7–4）。

目前正在进行偃师商城宫城遗址的保护展示工程（图 7–5）。在新的保护理念的指导下，通过分阶段实施对 4 号、2 号、8 号等建筑遗址的保护展示工程，一座规模宏大、完整展示 3600 年前商代都城的大型遗址公园即将出现在世人面前，偃师商城必将焕发出新的青春与活力（图 7–6）。

二　东周王城遗址的保护工作

东周王城遗址现基本上位于城市商业居住中心，受现代城市建设发展威胁十分严重，除西北城角一段城墙残留于地表之上，被现代建筑包围并遭受风雨侵蚀外，其余全部位于城市建成区之下，除了已经发掘的区域之外，仍有诸多不明晰的地方，保护面临着诸多困难。

随着经济社会的发展，人们对于文化遗产的认识越来越深刻，遗产对于城市的价值作用越来越被更多的人所理解和关注。在这样的背景下，21 世纪以来，洛阳市相关部门开始尝试在王城遗址区内，对一些重要的遗址点，或回填保护，或原址陈列展示，为城市留下诸多历史的记忆，在社会、经济两方面均取得了良好的效益。王城广场以及唐宫路小学两处车马坑的原址保护展示，则为其中的典范。

1.“天子驾六”车马坑保护展示工程

2002 年 7 月底，为配合河洛文化广场的建设，洛阳市文物部门组织了由洛阳市文物工作队等 4 家机构人员参加的钻探发掘团队，在洛阳火车站南约 1 千米的王城遗址东北区域内，边钻探边发掘，展开积极的协同工作。

当年 10 月，在编号为中区 K5 的陪葬坑内，清理发现“天子驾六”遗迹，立即引起相关领导、专家、学者的注意。12 月，经媒体报道后，更是引起了社会各界的关注，对于这一遗迹的保护方式，大家见仁见智，热议纷纷。

为妥善保护这一重大遗迹，在发掘清理过程中，洛阳市文物工作队采取了搭建保护棚、层层保暖、喷洒化学材料等各种措施（图 7–7）。

2003 年 5 月，国家文物局经研究最终决定，原址保护展示“天子驾六”遗迹，同时发现的其他陪葬坑就地回填保护。洛阳市委市政府立即着手修改既定的广场修建方案，设计博物馆建筑。经过几个月紧张繁忙的工作，10 月 1 日，博物馆开馆，迎来了第一拨观众。

周王城天子驾六博物馆，建筑面积约 1700 平方米，计有展厅两个。文物展厅面积 324 平方米，天子驾六遗迹展厅面积约 900 平方米（图 7–8）。在文物展厅，用文物、沙盘、多媒体、图片等多种形式简要展示了东周洛阳城的考古成果。

土遗址保护是遗产保护领域的难点之一。发掘过程中的保护措施为“天子驾六”车马坑的保护打下了较好的基础。博物馆开馆后，馆方对于遗迹的保护也给予了很大

图 7-7 “天子驾六”车马坑发掘现场

图 7-8 天子驾六博物馆

的关注，与有关文物保护机构合作，对坑内的遗迹进行了一次全面的化学处理，在防风化、防霉变等方面取得了较好的成效。日常维护方面，馆方非常注意馆舍内部温湿状况的监测，适时启用空气调节设备控制温湿，并不定期清除集聚在马骨之上的粉尘，以防霉菌的生长。

在管理方面，博物馆共设置有办公室、讲解部、安保部、财务部等几个功能科室，在完善内部管理、观众接待、社会公益的同时，还安排有专门的市场推广人员，拓宽市场渠道，积极筹措保护资金，加大遗迹保护力度。

2. 唐宫路小学车马坑保护展示工程

2006 年 3 ~ 6 月，洛阳市文物工作队为了配合洛阳市唐宫路小学综合楼工程建设，对占地约 2000 平方米的区域进行了考古发掘，清理中小型古墓葬 21 座，车马陪葬坑 2 座，马坑 1 座，揭露并解剖夯土区域 1 处。该区域地处东周王城遗址东北部的王陵区内，东南距离“天子驾六”车马陪葬坑约 500 米。

两座车马坑均开口于第 2 层下，南北紧邻，中间仅相隔一道宽 0.2 米左右的生土隔墙。K1 居北，平面呈南北向长方形，长 4.3、宽 3.7 ~ 3.8 米，深 1.7 米，方向 170° 。填土经夯打，坑内葬车 1 辆马 6 匹。车衡南舆北，衡长 1.3 米，辕长 3.3 米，车舆面宽 1.2 米，进深 1.1 米，轮径 1.3 米，车辐 30 根，轮距 1.8 米，轴长 2.4 米，车轴两端各有一贴金铜辖軎。车辕两侧各有马 1 匹，另 4 匹放置于车舆之下，侧身背向中间对称摆放。K2 居南，南部被打破，残长 5.7 ~ 6.9 米，东西宽 3.5 米，深 1.7 米，方向 175° ，填土及夯打状况同 K1。坑内葬有车 2 辆马 4 匹，均为一车二马之“驾二”配置。二车衡南舆北，顺序摆放。居北的 1 号车车衡部分被居南的 2 号车车舆叠压。车的各部分形制尺寸与 K1 内车相仿。

根据填土内出土陶片的特征，以及车身上发现的铜质车器的形制分析，发掘者认为其时代为战国早期，下限不晚于战国中期。这一发现为研究洛阳地区东周时期的车马葬制、车制结构、车马坑特点及东周的物质文化等提供了重要的资料。

该车马坑被清理发掘后，引起各方的高度重视，经过积极磋商，确定了在原址建馆保护展示的妥善方案。建设方唐宫路小学修改原建筑规划，于建筑区西端增建独立的保护房；建设施工过程当中，建设方及文物部门共同负责遗迹的安全；内部装修、遗迹保护、展示运营由周王城天子驾六博物馆负责。

经过紧张的施工，2009 年 4 月保护展馆建成开放。该展馆面积约 260 余平方米，重点展示两座车马陪葬坑。天子驾六博物馆安排了专门的安保、讲解团队，负责展馆的管理及接待工作。在车马遗迹得到保护的同时，也取得良好的社会效益。

这两处保护展示工程的成功运营，极大地增强了相关部门对遗产保护的信心，为王城遗址下一步保护规划的编制，提供了很好的借鉴。

对于城市建成区内新发现的遗址，积极探索新的保护方式，尽可能多地进行保护，将遗产展示给公众。久而久之，由点成面，一个逐渐清晰的东周王城将呈现在公众面前。

三　汉魏洛阳故城遗址的保护工作

汉魏洛阳故城地面尚存内城城墙遗址、北魏太极殿遗址、金墉城遗址、永宁寺塔基遗址、灵台遗址。宫城、外郭城、太学、明堂和金村大墓等重要遗迹均为农田所覆盖，保存相对完整。

随着社会经济的迅猛发展，在人口密集、经济发展迅速的地区，要继续有效地保护规模如此广大的古城遗址是十分困难的。地面尚存的城垣遗址经过上千年的自然风化、雨雪冲刷，损毁日益加重，高度逐年下降，城墙有部分地段已渐成平地，甚至成为当地村民的责任田。由于城垣常年暴露于田野，村民在城墙上打井、取土、垦荒种植等破坏行为时有发生，防不胜防，更加速了城垣的损毁。另外，保护区内分布着平乐、首阳山、白马寺、佃庄等乡镇及数十个行政、自然村，民居逐年扩大，村镇农田基本建设、发展乡镇企业等经济活动严重威胁着地下遗存。现仅内城区内的金村、翟泉、保庄、龙虎滩等村落，村民的住房建设逐年向周边扩张，逼近宫城、金墉城等重要遗址。

2007 年初开始，汉魏洛阳故城正式展开了以建设考古遗址公园为最终目标、以重要遗址点保护为核心的大遗址保护工作。2007 ~ 2013 年，先后完成了汉魏洛阳故城北魏宫城阊阖门遗址、内城墙东北角段、北魏宫城二号宫门遗址、北魏铜驼大街遗址、宫城三号门遗址、宫城城墙西南角段等遗址的保护展示工程，形成汉魏故城遗址公园核心区（图 7–9）。

“十二五”期间，以大遗址保护与丝绸之路申遗为契机，汉魏洛阳故城主要围绕丝绸之路申遗展开大遗址保护项目，立足汉魏洛阳故城宫城核心区保护展示，分片展示宫城区各宫殿及衙署分布，实施重点遗址的本体保护和基础设施建设，对永宁寺等遗址进行整体保护展示，在适当位置规划建设汉魏洛阳故城遗址博物馆和游客服务管理中心等服务设施；对宫城遗址太极殿等重要建筑遗迹进行考古调查及保护展示；对

图 7-9　汉魏洛阳故城宫城中轴线遗址保护工程航摄影像（东南 - 西北，2013 年 8 月）

内城城墙整体进行保护展示，同时对西阳门、建春门等重要城门遗址进行保护展示，向南跨过洛河对南部礼制建筑遗址（明堂、灵台、辟雍）实施保护展示，从而建成国家考古遗址公园。

1. 北魏宫城阊阖门遗址保护工作

阊阖门遗址位于洛阳北魏宫城南墙正中略偏西。由于汉魏时期洛阳城的正南门因洛河改道被冲毁，宫城正门阊阖门就成为该城现存最重要的城门建筑，在整个都城中其地位也是其他城门不可替代的。

由于遗址距现地表很浅，周围是正在耕种的农田，日益遭到生产、生活活动的破坏。加上自然的雨水侵蚀与风化现象较为严重，对遗址的保护工作迫在眉睫。作为汉魏洛阳故城大遗址保护展示的一部分，国家和各级人民政府对遗址的保护十分重视，2006 年国家投入专项资金对阊阖门遗址进行保护展示。于 2007 年 1 月开始对遗址进行发掘清理。2007 年 5 月 15 日保护工程正式开工实施，同年年底完成主体保护工程。

保护工程按发掘时北魏阊阖门遗存情况采取地表模拟保护展示的保护方法，先在

图 7-10　对阊阖门遗址铺沙覆土保护

原遗址上铺垫一层细沙隔离层，再在隔离层上覆土保护，并对遗址现象进行复原展示（图 7-10）。门址台基及阙间广场地面采用三合土地面；门址台基上的墩台和隔间墙、东西阙台采用三合土夯筑。在建筑遗址周围种植绿化带，以保持与周围环境的协调一致。

保护展示后的阊阖门遗址将作为汉魏洛阳故城遗址公园的主体供人们参观游览（图 7-11）。

2. 永宁寺塔基遗址的保护工作

永宁寺是北魏时期修建的规模最宏伟、建筑最豪华的皇家寺院。平面是以塔为中心、前塔后殿的布局，为我国汉地佛寺建筑布局由以佛塔为中心的印度廊院式布局向以佛殿为中心的汉地纵轴式布局演变的典型代表，其中尤以雄矗在寺院中心的木结构佛塔最负盛名。

永宁寺塔基是北魏洛阳城遗址的重要组成部分，是研究北魏历史、宗教、文化、经济及建筑艺术和科技水平的实物例证，具有极高的历史文化价值。

北魏永宁寺塔基遗址位于汉魏洛阳故城内城中南偏西处，由于塔基遗址本体为夯

图 7-11　阊阖门遗址保护工程

土遗存，长年暴露于田野，周边农田耕作、风雨侵蚀、动植物活动等因素已使塔基遗址残缺不全，高度不断降低，严重威胁着遗址的安全，保护工作迫在眉睫。

从 1992 年起，洛阳市文物部门开始着手北魏洛阳永宁寺塔基遗址的保护工作，制定并上报永宁寺塔基遗址保护的请示报告和方案。经国家文物局原则同意，拨款 40 万元，河南省文物局拨款 20 万元，围绕塔基征地 30 亩，圈围墙，建办公房。1997 年 10 月，洛阳市白马寺汉魏故城文管所正式搬迁至此办公。1999 年 3 月，永宁寺塔基遗址保护方案得到国家文物局原则同意，并先后拨专款 150 余万元。经过一年多的工程准备工作和专家多次论证，2000 年 10 月，永宁寺塔基遗址保护工程正式启动。文物部门对塔基遗址重新进行了考古发掘清理，边发掘清理边保护。保护方式采取地表模拟保护展示的方式。夯土塔基四周及慢道用仿原遗址出土规格的青石条镶包，百米见方地基及塔基表面、塔心实体均实行原地覆土加高保护，并在加高的覆土表面做出仿遗存原貌供展示参观（图 7-12）。

3. 汉魏洛阳故城内城东北城垣保护工程

汉魏洛阳故城内城，即东周、东汉、曹魏、西晋都城，北魏时因增修外郭城而成为内城。整个城垣南北向长东西向短，呈不规则长方形。现除南城墙因受洛河的北移

图 7-12　永宁寺塔基遗址保护后

被冲毁外，东、西、北三面城墙断断续续依然在望，保存较好。通过对内城城垣的试掘，发现城墙夯土的构成分属不同时期，除最早的原筑夯土外，其余均为后期修补和增筑，夯筑年代最早可上溯到西周，最晚可到北魏，城墙不同部位夯土的始筑年代和增筑年代也表现出较大差异。由此可见，现存内城的规模与形制不是一个时代的产物，是经过几个朝代的增筑与修缮才逐渐形成的。汉魏洛阳故城作为中国古代早、中期都城发展的典型代表，经历朝代之多、延续年代之久、城市形制变化之纷繁复杂，对研究中国古代都城及其演变具有重要的历史价值。

由于城墙遗址大多位于农田之中，受风蚀雨侵、寒冻、动植物活动、农耕等自然和人为因素破坏，城垣大部分已成残垣断壁，许多地段甚至已夷为平地。如不立即予以保护，将有消失殆尽的危险。因此，洛阳市文物部门决定首先对保存较高、较长的内城东北段城墙予以保护展示，并经国家文物局立项批复并拨专款。工程于 2009 年 6 月 15 日正式开工，同年 10 月完成。

东北城墙遗址主要是指汉魏故城内城连接东墙北数第一门建春门至北墙东数第一门广莫门（北魏时期）之间的城墙遗址，残高约 6 ~ 12 米，是汉魏故城保存相对完好的一段城墙遗址。此次先选定该处的 950 米作为城墙遗址保护展示的第一期工程。

2008 年 11 月 ~ 2009 年 3 月，考古工作者采用考古钻探结合考古测量的方法对东北城墙现地面上和地面下残存的城墙遗迹及道路遗迹确定相应位置。通过对东北角城墙的勘探和实测了解到，目前此段城墙的地面隆起部分大约宽 10 ~ 40 米，残高 3 ~ 10 米，其中北墙东段宽 25 ~ 40 米，残高 6 ~ 10 米；东墙北段宽 10 ~ 30 米，残高 3 ~ 7 米。在北城墙外发现一座马面，该马面遗址伸出城墙外侧（北侧），南北长约 10 米，东西宽约 13 米。东城墙内侧发现三座城墙凸台遗迹，初步推测它们极有可能是设置在城墙内侧上下城墙的马道遗迹。

在保护过程中，严格遵守不改变文物原状的原则，保持遗址的真实性、完整性、延续性。通过遗址保护工程，提高遗址的安全性、稳定性，使现存遗址更好地保存下来；整治环境，综合治理，改善遗址的保护管理环境，并通过合理的开放展示与积极的科学研究，向社会公众充分展现其所具有的历史文化价值。

对城墙大型土遗址的保护主要是消除周围环境对遗址的影响，保护现存城墙不再

图 7–13　汉魏洛阳故城内城东北城墙遗址保护工程

继续遭受破坏，加强对城墙的有效管理，并加以展示。首先，清除城墙遗址本体表面的杂草、树木，对树根进行药物处理，对城墙顶部平整部分进行覆土绿化保护。顶部狭窄、土质疏松部位采用铺设土工格栅的方法进行加固处理；城墙上的洞穴及过水洞、裂缝采用填砌土坯加固或灌注泥浆。其次，进行展示措施。根据考古钻探，确定城墙边缘位置，被损毁的城墙沿边缘用三七灰土夯筑至高于散水 0.3 米。在现存城墙遗址内侧沿城墙边缘向外分别夯筑城墙散水、参观道路，种植草坪。草坪外边缘密植绿篱隔离带，与周边环境隔开，并在城墙边设置标志牌。通过采取有效保护措施，使城墙遗址避免了自然风雨侵蚀和人为的进一步破坏（图 7–13）。

四　隋唐洛阳城遗址的保护工作

隋唐洛阳城遗址位于现洛阳市城市建成区的洛河两岸，地跨瀍河区、老城区、西工区、洛龙区等四个城区。遗址区内人口密集、企事业单位众多，且遗址多被现代建筑包围或覆压，随着城市建设的进展，随时都有被蚕食和破坏的危险。特别是洛北宫皇城遗址位于城市建成区，保护难度很大。洛南里坊遗址区多为村庄和农田。就里坊区整体而言，遗址保存得相对完整。

国家对隋唐洛阳城遗址的保护非常重视，将隋唐洛阳城作为 2006 年全国重点支持的 3 处大遗址之一。从 2005 年 10 月开始，经过四年时间，完成了《隋唐洛阳城遗址保护总体规划》的编制，并结合丝绸之路申遗和大运河申遗工作，以文物保护为前提，展开大遗址保护展示工程，隋唐洛阳城国家考古遗址公园已初具规模。

对隋唐洛阳城的保护，主要是在前期工作的基础上，按照突出重点、分步实施的原则进行的，重点保护展示隋唐城宫城核心区以及中轴线重要文物遗迹。先期开展的有两个区域，即一区一轴：一区即宫城核心区，主要保护展示宫城区明堂、天堂、应天门和九洲池等重要遗迹。一轴是定鼎门遗址向北以天街为中轴线，包括定鼎门、天街、天津桥、天枢、端门等标志性建筑遗址的保护展示。

隋唐洛阳城的洛南里坊遗址区是我国现存古代隋唐都市保存最完整、规模最大的里坊制遗址区。里坊区遗址位于原洛阳城市区的洛河南岸，是城市发展的黄金地段。为了完整保护隋唐洛阳城洛南里坊区遗址，早在 20 世纪 90 年代第三期城市规划时，洛阳市就提出以洛河为轴线洛河南北对称发展，跨越洛河和隋唐城里坊区遗址向南建设新区的城市发展新格局。为全面做好隋唐洛阳城遗址保护展示，在洛南里坊遗址区

图 7-14　隋唐城遗址植物园

西部、现代城市的中心部位规划为城市绿地，建成了 2800 亩的隋唐城遗址植物园，成为洛阳城市中心的“绿肺”（图 7-14）。

从 2005 年起，开始对定鼎门遗址进行环境整治，对遗址进行原址保护，并以此为契机，进而保护整个洛南里坊区。

在定鼎门保护展示工程开始以前，遗址被现代村庄和乡镇企业占压严重，周围不协调建筑比比皆是，环境较恶劣。此外，修建于清代的古洛渠是洛河以南重要的农业灌溉渠，至今仍在使用，古洛渠流经遗址北部，对遗址造成了很大的破坏（图 7-15）。为了积极响应大遗址保护，自 2005 年底开始，洛阳市政府投入巨资开始对隋唐城里坊区周边环境进行整治，对古城路北侧位于隋唐城遗址保护范围内的古城、曹屯村的村民和乡镇企业实施整体搬迁，拆除不协调建筑物、构筑物，对部分区域实施绿化保护。特别是根据定鼎门遗址保护展示工程的需要，搬迁拆除了水泥制品厂等 6

图 7–15　定鼎门遗址古洛渠

家乡镇企业；对占压定鼎门和南城墙遗址的古洛渠实施改道，解决了长期无法解决的问题，大大改善了定鼎门遗址和洛南里坊区的周边环境。

在制定保护展示方案过程中，文物保护工作者以保护为主、合理利用为原则，努力开拓保护新思路、新方式，分别制定了地面模拟展示、建现代风格的保护房、建仿唐代风格的保护房等三种保护展示方式。经过广泛征求意见和多次论证，最终确定了既能有效保护遗址，又能展示遗址原貌，同时还能使公众领略到唐代建筑风格的方案，即建仿唐代风格的保护房，对定鼎门遗址、飞廊、东西阙台全部进行原址保护展示。保护工程建筑主体采用钢架加桁架结构，上下共三层，其中地下一层为遗址原貌展示，地上两层作为博物馆陈列展厅，重点展示与定鼎门遗址及丝绸之路有关的陈列展览。保护工程完工后建成定鼎门遗址博物馆，并已对外开放，取得了很好的社会效益（图 7–16、7–17）。

图 7-16　定鼎门遗址博物馆

图 7-17　定鼎门遗址博物馆内部

图 7-18　隋唐洛阳城宫城遗址公园鸟瞰效果图

2014 年，定鼎门遗址（含宁人坊、明教坊）由于独特的文化价值及真实性、完整性，成功列入中、哈、吉三国联合申报丝绸之路世界文化遗产 33 处系列遗产点之一。

对位于城市中心区的洛河北部宫皇城区，采取强有力的措施、手段进行控制和保护，由于对文物遗址的保护政策，这里的建设一直受到严格控制。特别是天堂、明堂遗址所在的宫城核心区，居民们仍然居住着 20 世纪五六十年代盖的房子或由车间改造的简陋住房。长期以来，这里成为环境脏乱差的地方。

随着大遗址保护工作的全面展开，在做好隋唐城里坊区保护的同时，洛阳市启动了隋唐城宫城核心区重要文物遗迹的保护展示，重点保护展示明堂、天堂、应天门等重要文物遗迹。2007 年 9 月，洛阳市决定投资 2.7 亿元，启动宫城核心区域的拆迁整治，拟在此建设隋唐洛阳城宫城考古遗址公园，将对从隋至北宋不同时期重要的建筑遗址根据考古工作提供的遗址保存状况，采用覆土保护、建筑台明复建展示、跨空结构建设保护性建筑、绿化标识展示等多种方式加以保护展示（图 7-18）。

图 7-19　隋唐洛阳城宫城遗址公园

同时，宫城核心区域 218 亩土地已划归文物部门管理使用，涉及的原印刷厂、市公交公司、建机厂等近 30 家企事业单位和 800 多户居民已拆迁完毕。累计拆迁 10 余万平方米，并对城市主干道唐宫路实施了改线。

2015 年 4 月，隋唐洛阳城国家遗址公园明堂天堂景区全面建成并对公众开放（图 7-19）。曾经作为最高权力象征最终化为灰烬的神圣殿堂，历经风雨沧桑，千百年后在原址上重新屹立，让寂寞无声、深埋地下的文物遗址以前所未有的形态变得可看、可触，使其文化价值得以充分展示、阐释，让文化遗址真正鲜活起来。自此，沉睡了 1300 多年的明堂、天堂又重新映入世人的眼帘，焕发出新的生机。应天门遗址保护项目已完成前期拆迁和考古发掘工作，正在进行保护展示工程。

最近，为进一步扩大隋唐城宫城核心区保护展示规模，结合大遗址保护，洛阳市委、市政府决定斥资数亿元，规划整体搬迁占地 877 亩的洛阳玻璃厂，彻底解决占压隋唐城宫城核心区的问题，使皇家园林九洲池等重要文物遗迹得以有效保护，把九洲池区域和明堂、天堂遗址区域连为一个整体，精心打造大遗址保护和工业遗产保护相协调的文化展示园区，真正实现隋唐城大遗址保护“出形象、出效果、成规模”的目标。

目前，九洲池遗址保护前期拆迁和全面考古勘探发掘工作已完成。保护展示工程于 2015 年 4 月正式启动，2016 年 4 月完成工程主体建设。

五　邙山陵墓群的保护工作

洛阳邙山地区是全国最大的古墓集中地，汇集两周、两汉、曹魏、西晋、北魏、隋、唐、五代、宋、金、元、明、清等各个时期、各种类型的古代墓葬，估计约有数十万之众，号称“无卧牛之地”。

邙山上的陵墓群分布范围广，墓冢数量众多，墓主人是当时的最高统治者或达官贵人，珠玉珍宝当悉纳其内，因此在历史上屡遭自然破坏或人为盗掘，目前，居民的生产、生活对陵墓群的蚕食侵占，更使陵墓群遭到了严重的破坏。墓冢数量加速减少，墓室被盗掘，封土和陵园遗址被毁坏，多数封土几乎都无法显示其完整的形制，陵墓群被破坏程度相当严重。总的看来，现在对邙山古墓冢的破坏有几种常见形式：水土流失、取土、建房、打窑洞、烧砖窑、开荒种地、改作他用、非法建设。因此加强对邙山陵墓群的保护迫在眉睫。

首先是对邙山陵墓群进行详细的考古勘探和调查。2001 年 7 月，为了加强文物保护和深化考古学研究，解决邙山陵墓群存在的种种问题，洛阳市第二文物工作队向国家文物局申报了国家级考古项目“邙山陵墓群考古调查与勘测”，于次年 5 月由国家文物局批准立项，2003 年 10 月项目正式启动，为期十年。此项目是为了通过考古调查，了解整个邙山陵墓群的基本状况，整理出关于邙山陵墓群的一整套科学全面的基础资料，从而为文物保护和进一步的考古学研究提供依据（图 7-20）。

目前，调查勘测已完成文物普查面积 750 余平方千米，调查古墓葬 1008 座；重点钻探面积 150 余万平方米，包括帝陵陵园遗址 4 座，墓园遗址 4 处，古墓冢 500 余座；发掘遗址面积 10000 多平方米，发掘古墓葬 100 多座，为下一步开展考古学研究与文物保护工作奠定了良好的基础。

在进行调查勘测的同时，对邙山陵墓群的保护规划设想也在不断地探索过程中，酝酿拟订邙山陵墓群保护规划。同时计划对已经初步确定地望的帝陵进行环境整治，搬迁

图 7-20　对北魏孝文帝长陵进行考古勘察

陵园范围内居民，由政府征地进行绿化经营，并进行专题陈列展示。对保存较好的陪葬墓，在墓冢周边一定范围内建立保护隔离带，对其进行绿化保护，对破坏严重的陪葬墓进行培土、围砌、绿化，防止其进一步遭到破坏。规划用 5 ~ 7 年，分东汉、西晋、北魏、后唐 4 个区域，分别将各个时期的帝陵与陪葬墓群结合在一起绿化，然后形成大面积绿化保护区，建设邙山陵墓群遗址公园。在保护区内竖立碑石、修建护栏、陈列文物、规划旅游线路、介绍历史背景及保护区内各要素之间的联系和布局分布等，在保护文化遗产的同时也能促进旅游的发展。

1981 年，洛阳市政府公布周山陵区中的三王陵、周灵王陵为市级重点文物保护单位，其后树立保护碑，实施了绿化周山、建设城市周边绿色生态屏障的工程。2002 年初，洛阳市第二文物工作队对这 4 座高大封土堆进行了考古调查，之后开始绿化建设周山森林公园，绿化面积 8000 余亩，并成功申请成为“河南省洛阳周山省级森林公园”。

图 7-21　周灵王冢绿化后

图 7-22　大汉冢绿化后

这不仅改善了城市生态环境，为市民提供了一个旅游、休闲、健身的好去处，而且使遗址得到了较好的保护，并在弘扬古文明、展示优秀历史文化和爱国主义教育方面发挥了作用（图 7–21）。

在开展邙山陵墓群绿化过程中，洛阳市于 2005 年启动了北邙绿色生态屏障建设，邙山陵墓群绿化工程被列为北邙绿色生态屏障建设工程的重要部分。古墓冢绿化全部按照“工程招标、业主承包、全程监理、分期付款、按株结算、资金审计”的造林机制实施，古墓冢及墓冢四周栽植侧柏、女贞等。2006 年孟津县政府组织力量绿化邙山古墓冢 138 座，栽植各类苗木 13.5 万株，并组织专人管理，使得昔日黄土冢披上了绿装（图 7–22），有效地遏制了水土流失等问题。

邙山陵墓群绿化工程的实施，不仅改善了北邙古墓冢密集地区的生态环境，防止水土流失和人为破坏，提高国家重点文物保护单位的文物保护水平，有效保持现有古墓冢的完整性，而且为文化旅游产业的发展提供了资源保证。

附录

1996年中国航空摄影考古工作简报

为落实文化部、国家文物局九六年工作要点，启动并开展航空考古工作，在国家文物局的直接组织领导下，由中国历史博物馆，洛阳市文物管理委员会办公室共同抽调专业人员组成洛阳航空考古课题组，并聘请了我国在德国波鸿鲁尔大学从事航空考古研究工作的宋宝泉博士为顾问，共同承担这次航空考古任务。此次航空考古于1996年5月10日至5月27日在洛阳地区进行，这是我国航空考古工作的第一次尝试。

这次航空考古的目的，着重于尝试早在20世纪20年代欧洲一些国家开展航空摄影考古方法在中国开展的可行性，利用现代化的手段来寻找地下的古遗址、古墓葬，以此达到发现、保护、发掘和开发利用的目的，掌握解决基本建设与文物保护之间的矛盾的主动权。中国首次航空考古试点选在古都洛阳，一是洛阳地下古遗址、古墓葬最为丰富，二是洛阳市政府对进行航空考古极为重视。

这次对五大古代遗址区，即邙山古墓群、汉魏洛阳故城、隋唐东都城里坊区、偃师尸沟乡商城、偃师二里头遗址进行了航空考古。先后使用了运5飞机和R22直升机，实际飞行了44个小时，飞行时间选在小麦抽穗、扬花直至成熟的生长期，由于地下古迹、土壤状况的变化影响着植物的生长，从而在地面反映出较为清晰的迹象，通过这些解译标志，发现了大量地下古代遗存，可以说硕果累累。对洛阳考古工作中的一些重要课题获得了新认识，尤其在汉魏故城、偃师商城、邙山等区域收获颇丰。从这次航空拍摄照片看，确实能反映出地下遗迹的现象，有不少新的发现，可以肯定地说，航空考古意义重大。

通过这次工作，在技术上再始建立起典型的解释标识，对比了不同飞机的利弊，试验了不同类型胶片的性能，摸索了适合中国特点的最佳飞行季节和时间。来自北京和洛阳的文物考古工作者在实践中探索这项工作的专业知识和技能，在进行大量组织、协调工作，探索了航空考古联络筹备工作的运行机制，为今后开展航空考古积累了经验。这次工作拍摄资料将在北京予以科学处理，分析制图，以便得到最终的科学成果。

在这次航空考古工作中，济南空军、郑州空军十九师、洛阳市人民政府、洛阳市计委、中国民航飞行学院洛阳分院、安阳航空运动学校给予了大力支持，使得这次工作能够圆满地完成。

这次航空考古的成功宣告中国航空考古事业的开始，证明了这次航空摄影考古技术的引进和应用大有可为，必将对加强我国的文物保护、开发利用文物旅游资源，促进经济发展发挥较大作用。

中国航空考古工作小组

洛阳市文物管理委员会办公室

1996 年 5 月 30 日

安阳航校 R-22（B-7008）在洛阳航飞时间记录

日期	地点	起飞	着陆	工作时间
5 月 20 日	安阳到洛阳	08:40	10:30	1 小时 50 分钟
	停机坪到 1 号库			10 分钟
5 月 21 日		09:30	11:40	2 小时 10 分钟
5 月 23 日		09:18	12:15	2 小时 57 分钟
5 月 24 日		15:48	18:00	2 小时 12 分钟
5 月 25 日		09:36	12:06	2 小时 30 分钟
		15:16	17:46	2 小时 30 分钟
5 月 26 日		09:08	11:50	2 小时 42 分钟
		15:09	16:26	1 小时 17 分钟
5 月 27 日		09:38	11:40	2 小时 2 分钟
5 月 28 日	预计洛阳到安阳	09:00	10:50	1 小时 50 分钟
总飞行时间	24 小时 10 分钟			
飞行记录：宋宝泉		飞行员：杨义海		
		1996 年 5 月 27 日		

安阳航校运五（B-8747）在洛阳航飞时间记录

日期	起飞	着陆	工作时间
5 月 10 日	8:40	10:10	1 小时 30 分钟
5 月 11 日	9:02	10:45	1 小时 43 分钟
5 月 11 日	16:20	18:23	2 小时 3 分钟
5 月 12 日	9:12	11:14	2 小时 2 分钟
5 月 12 日	16:12	17:22	1 小时 10 分钟
5 月 13 日	9:14	10:38	1 小时 24 分钟
5 月 15 日	16:32	18:52	2 小时 20 分钟
5 月 17 日	9:10	10:10	1 小时
5 月 17 日	16:22	17:58	1 小时 36 分钟
5 月 18 日	9:21	11:35	2 小时 14 分钟
5 月 18 日	16:23	18:21	1 小时 58 分钟
5 月 19 日	9:22	12:04	2 小时 42 分钟
5 月 20 日	9:08	11:02	1 小时 54 分钟
5 月 20 日	16:03	18:02	1 小时 59 分钟
5 月 22 日	9:00	10:30	1 小时 30 分钟
总飞行时间	27 小时 5 分钟		
飞行记录：宋宝泉		机长：常振武	
		1996 年 5 月 27 日	

后记

1996年5月在河南洛阳进行的中国首次航空考古勘察实践活动——洛阳大遗址航空考古勘察项目是中国考古史上的一件大事。它是在国家文物局直接领导和支持下，在征得国家科委、外交部、总参作战部、空军司令部、公安部、安全部、中国社会科学院考古研究所等部门的有条件许可后启动的。

回顾这一重要的航空考古活动，当年飞机选型出现一波三折的情景依旧历历在目。我们最初商定与北京航空航天大学合作，使用其自主研发的蜜蜂3C型超轻型飞机进行航空摄影。由于洛阳机场方面不允许此种机型进场起降，虽机组人员认为可在野外起降，但为安全起见，洛阳市文物管理委员会办公室的同志坚持主张利用正规机场，因此几经协调后，我们只能遗憾地放弃使用国产的蜜蜂飞机！在此，我们仍要向北京航空航天大学的黄青、黄杰表示真挚的感谢！经过空十九师推荐，我们最终决定使用安阳航校的运5型运输机（B-8747）和R22型直升机（B-7008）执行飞行任务，机组人员分别是常振武、石改斌和杨义海，他们飞行技术过硬，保证了飞行任务的顺利完成。我们使用的航空摄影设备则是1996年4月中国历史博物馆航空摄影考古工作小组购置的两台当时最新型的尼康F4单反相机。

参加本次洛阳航空摄影考古勘察的单位和人员包括：中国历史博物馆（今中国国家博物馆）的俞伟超、袁虹、徐为群，中国文物研究所（今中国文化遗产研究院）的陈超平，洛阳市文物管理委员会办公室（今洛阳市文物管理局）的王生儒、李万厚、段小宝、周立、谢虎军等。顾问组成员有国家文物局文物二处的孟宪民、关强，以及德国波鸿鲁尔大学的宋宝泉。

由于当时参与洛阳航空考古项目的人员先后调离中国历史博物馆，使得这一重要航空考古项目的报告资料整理和研究工作一度停滞。2005 年以来，中国国家博物馆遥感与航空摄影考古研究中心、洛阳市文物考古研究院、解放军郑州测绘学院、东南大学建筑学院等单位再次调集业务人员，重启洛阳大遗址航空考古勘察项目的报告整理和编写工作，对 1996 年的斜射航片、1966 ~ 1979 年垂摄航片进行定位及纠正处理，重绘了遗址地形图，中国资源卫星应用中心提供了国产卫片作为参考数据，以空中视角结合洛阳多年考古发掘收获的综合研究形式，对洛阳五大都城遗址和邙山陵墓群遗址进行了全面展示和介绍，以求对洛阳大遗址有更加清晰和全面的认识，也为洛阳大遗址的保护工作提供参考。

自重启整理和编写工作以来，我们得到了国家文物局、中国国家博物馆、洛阳市文物局等单位领导的关心和支持。国家文物局关强副局长经常过问整理工作的进展。原中国历史博物馆馆长、中国国家博物馆常务副馆长朱凤瀚先生一直关心、督促本书的编写工作。国家博物馆馆长吕章申先生更是撰写了序言，勉励我们继续发扬勇于开拓创新的精神，提高机载设备的研发、集成和数据综合处理水平，为我国的航空遥感考古事业做出新的贡献。前后分管综合考古部工作的中国国家博物馆副馆长张威先生、陈成军先生，以及洛阳市文物局原局长郭引强先生、原党组书记李万厚先生、现任局长刘德胜先生及洛阳市文物考古研究院院长史家珍先生、副院长吕劲松先生等也都给予了热情的支持和有力的帮助。

整理和编写工作由杨林、朱亮主持，周立、吕振洲、李刚、高虎负责图片数据的加工和编辑工作。《前言》由周立执笔，《洛阳地理环境与历史沿革》由朱亮执笔，《遥感考古的理论、方法及洛阳航空考古勘察实践》由杨林执笔，《偃师二里头遗址》由俞良亘执笔，《偃师商城遗址》由商春芳执笔，《洛阳东周王城遗址》由程永建执笔，《汉魏洛阳故城遗址》和《洛阳大遗址保护概况》由王阁执笔，《隋唐洛阳城遗址》由朱亮执笔，《洛阳邙山陵墓群》由严辉执笔。英文提要由北京大学考古文博学院 2015 级博士研究生王音翻译。郑州解放军信息工程大学测绘学院黄晓波、中国测绘科学院中测新图（北京）遥感技术有限责任公司丁晓波指导了早期全色航片的纠正和镶嵌工作。胡小宝、胡瑞、高向南、宋伟参与了制图工作。东南大学建筑学院城市与建筑遗产保护教育部重点实验室的董卫教授指导了航片转译图和遗址地形图的调绘、配准。中国资源卫星应用中心的陆书宁、傅俏燕、潘志强、张浩平、乔志远等在国产卫星数据的使用上给予了大力支持。中国社会科学院考古研究所的钱国祥、石自社、陈国梁、陈建军等对遗址发掘资料的整理工作给予了热情的帮助。

谨对支持、参与此项工作的诸位同仁表示衷心的感谢！也以此书缅怀和纪念我们十分崇敬的中国航空考古事业的开创者俞伟超先生。

编 者

Abstract

This is the first monographic archaeological survey using the technology of aerial photography in the PRC. From April 26th to May 28th, 1996, under the direction of Mr. Yu Weichao, a famous archaeologist and then curator of the Museum of Chinese History, the Aerial Archaeology Workgroup of the Museum of Chinese History, cooperated with Luoyang Municipal Management Commission Office of Cultural Relics and other units, used 5 transport aircrafts and R22 helicopters to fly over Luoyang Basin for more than 40 hours and cover a survey area of more than 1000 km^2. Aerial photography and visual reconnaissance activities were carried out, and a number of aerial photos were taken over the sites of Erlitou, Yanshi City of Shang Dynasty, Capital City of Han and Wei Dynasties, Mausoleums of Mangshan Mountain, Longmen Grottoes, as well as Mausoleums of Song Dynasty in Gongyi, etc.

In 2006, with the support of the State Bureau of Cultural Relics, the Archaeological Research Center of Remote Sensing and Aerial Photography of the National Museum of China cooperated again with Luoyang Municipal Work Team of Archaeology to organize these important aerial photography data. Moreover, for the purpose of using aerial photos of different periods to analyze the remains and conservation situation of these sites from the view in the sky, we also collected aerial mapping photos of Luoyang Basin taken from the 1960s to 1970s as reference, and included in the study the Capital City of East Zhou Dynasty along with Luoyang City of Sui and Tang Dynasties which were not shot in 1996.

Erlitou Site of Yanshi is located on the south bank of Luohe River, about 10 km east of Luoyang and 9 km southwest of Yanshi. It is about 2400 m long from east to west and 1900 m wide from north to south, covering a total area of about 3 million m^2. The site was discovered in 1957, with the excavation area being more than 50,000 m^2 so far. Remains like the base of a large palace building, bases of small houses, roads, pottery kilns, copper workshops and tombs are found, and the city is considered to be the capital of the late Xia Dynasty. According to the aerial photographic survey, the yellowing area of wheat is related to the distribution of underground remains.

The site of Yanshi City of Shang Dynasty is located between Dahuaishu Village and Tazhuang Village at the west side of Yanshi. It was discovered in the spring of 1983. The site is composed of a large city, a small city and an imperial city. The large city is about 1700 m long from north to south and 1215 m wide form east to west, covering an area of about 190 million m^2. The city is buried 1 to 4 m deep under the ground. Gates, palaces, storehouses, ditches, houses, tombs and copper workshops are found, which make the site an important city of the early Shang Dynasty. The yellowing area of wheat is also related to the distribution of underground remains according to aerial photographic survey.

The site of the Capital City of East Zhou Dynasty is located at the west side of Luoyang. It was discovered in the 1950s. The plane shape is square, and the side length is 3500 to 4000 m long. Important remains like palaces, storehouses, workshops, mausoleums and tombs are found in the city. The walls were built during the Spring and

Autumn Period, and experienced restoration in the Warring States Period, the Qin and Han Dynasties, till the Tang Dynasty. In 1966 and 1979, some remains of the city walls were still visible on panchromatic aerial photos.

The site of the Capital City of Han and Wei Dynasties is located 15 km east of Luoyang, backed by Mangshan Mountain in the north and facing Yiluo River in the south. The city comprises an imperial city, an inner city and an outer city. Survey and excavation tasks have been conducted since the 1950s, with important remains like gates, palaces, temples, ritual buildings, markets, roads and tombs found. Walls and building bases can be seen on panchromatic and color aerial photos of different times.

The site of Luoyang City of Sui and Tang Dynasties is located in the main urban area of Luoyang. The side length of the outer city is 6138 to 7312 m, covering an area of 47 km^2. It was the capital of the Sui and Tang Dynasties, as well as the Later Liang, the Later Tang, and the Later Jin of the Five Dynasties Period. The site is composed of an outer city, an inner city, an east city, city of Hanjia Granary, and an imperial city. Remains like bridges, river levees, ditches and kilns are found. Due to the dense distribution of modern buildings in this area, only panchromatic aerial photos of 1966 and 1979 are available for reference.

The Mausoleums of Mangshan Mountain are located in the northern, eastern and northeastern parts of Luoyang, where the Mangshan Mountain lies. There are mausoleums and subordinate tombs of 6 dynasties as the Eastern Zhou Dynasty, the Eastern Han Dynasty, the Cao Wei Dynasty, the Western Jin Dynasty, the Northern Wei Dynasty, and the Later Tang Dynasty, which distribute within a range of 50 km long from east to west and 20 km wide from north to south, covering an area of more than 750 km^2.

Mounds of the mausoleums were visible on panchromatic aerial photos from the 1950s to 1970s, while a lot of mound shapes were also recorded in aerial color photos of 1996.

As an important ancient capital and a famous historic and cultural city of China, and with its rich resources of archaeological sites and cultural relics, Luoyang has become one of the major great site conservation regions supported by the State Bureau of Cultural Relics since 2005. There are 5 ancient capital sites distributed within a range of less than 50 km from east to west along the Luohe River. Among them, Erlitou Site, Yanshi City of Shang Dynasty, the Capital City of Han and Wei Dynasties, as well as Luoyang City of Sui and Tang Dynasties are listed as the first 36 conservation key spots in "*The Outline of National Conservation of Great Sites*" by the State Bureau of Cultural Relics and the National Ministry of Finance. The site of the Capital City of East Zhou Dynasty has recently been approved as a national key cultural relics conservation unit. The site of Mausoleums of Mangshan Mountain is included in the list of 100 national conservation key great sites during the 11th Five-Year Plan period.